Educação ambiental na formação do administrador

Dados Internacionais de Catalogação na Publicação (CIP)
(Câmara Brasileira do Livro, SP, Brasil)

Barbieri, José Carlos
  Educação ambiental na formação do administrador /
José Carlos Barbieri, Dirceu da Silva. --
São Paulo : Cengage Learning, 2011.

  Bibliografia.
  ISBN 978-85-221-1158-9

  1. Administração de empresas 2. Administradores -
Formação profissional 3. Desenvolvimento
sustentável 4. Educação ambiental 5. Educação
superior - Currículos 6. Empresas -
Responsabilidade ambiental 7. Empresas -
Responsabilidade social I. Silva, Dirceu da.
II. Título.

11-08056   CDD-658.408

Índices para catálogo sistemático:

1. Educação ambiental na formação do
     administrador : Gestão ambiental empresarial :
     Administração   658.408

José Carlos Barbieri
Dirceu da Silva

Educação ambiental na formação do administrador

Austrália • Brasil • Japão • Coreia • México • Cingapura • Espanha • Reino Unido • Estados Unidos

Educação ambiental na formação do administrador
José Carlos Barbieri e Dirceu da Silva

Gerente Editorial: Patricia La Rosa
Supervisora de Produção Editorial: Nolma Brocanelli
Supervisora de Produção Gráfica: Fabiana Alencar Albuquerque
Editora de Desenvolvimento e Produção Editorial: Gisele Gonçalves Bueno Quirino de Souza
Copidesque: Deborah Quintal
Revisão: Alessandra Borges e Adriane Peçanha
Capa: Thiago Lacaz
Pesquisa iconográfica: Vivian Rosa
Diagramação: SGuerra Design

© 2012 Cengage Learning Ltda.

Todos os direitos reservados. Nenhuma parte deste livro pode ser reproduzida, sejam quais forem os meios empregados, sem a permissão, por escrito, da Editora.
Aos infratores aplicam-se as sanções previstas nos artigos 102, 104, 106 e 107 da Lei nº 9.610, de 19 de fevereiro de 1998.

Esta editora empenhou-se em contatar os responsáveis pelos direitos autorais de todas as imagens e de outros materiais utilizados neste livro. Se porventura for constatada a omissão involuntária na identificação de algum deles, dispomo-nos a efetuar, futuramente, os possíveis acertos.

Para informações sobre nossos produtos, entre em contato pelo telefone **0800 11 19 39**

Para permissão de uso de material desta obra, envie seu pedido para **direitosautorais@cengage.com**

© 2012 Cengage Learning. Todos os direitos reservados.

ISBN-13: 978-85-221-1158-9
ISBN-10: 85-221-1158-8

Cengage Learning
Condomínio E-Business Park
Rua Werner Siemens, 111 — Prédio 20 — Espaço 04
Lapa de Baixo — CEP 05069-900 — São Paulo — SP
Tel.: (11) 3665-9900 — Fax: (11) 3665-9901
SAC: 0800 11 19 39

Para suas soluções de curso e aprendizado, visite
www.cengage.com.br

Impresso no Brasil.
Printed in Brazil.
1 2 3 4 15 14 13 12

À minha esposa e minhas filhas, pelo carinho sempre presente em minha vida e pelo estímulo que me faz caminhar e descobrir caminhos. E para Julia com amor, carinho e esperança de que viva em um mundo melhor.

JOSÉ CARLOS BARBIERI

Dedico este livro à minha querida Audrinha por tudo que ela representa na minha vida.

DIRCEU DA SILVA

Sumário

Siglas	ix
Os autores	xi
Introdução	xiii

Capítulo 1: A emergência da educação ambiental — 1
1.1. As diversas concepções de educação ambiental — 5

Capítulo 2: Educação ambiental e desenvolvimento sustentável — 19
2.1. A educação ambiental associada ao desenvolvimento
sustentável — 20
2.2. A Agenda 21 — 29
2.3. Educação para o desenvolvimento sustentável — 32
2.4. Críticas e objeções ao desenvolvimento sustentável — 42
2.5. O debate educação ambiental × educação para o
desenvolvimento sustentável — 50
2.6. O Tratado de Educação Ambiental para Sociedades
Sustentáveis — 55
2.7. O papel das instituições de ensino superior — 61
2.8. Iniciativas regionais — 69

Capítulo 3: A educação ambiental na legislação brasileira — 71
3.1. A Política Nacional do Meio Ambiente — 72
3.2. A Política Nacional de Educação Ambiental — 75
3.3. A implantação da EA na esfera federal — 82

Capítulo 4: Os cursos de graduação em Administração — 97
4.1. Os primeiros cursos de graduação em Administração — 98
4.2. Estrutura curricular — 102
4.3. Competências e habilidades do administrador — 105

**Capítulo 5: Educação e gestão ambiental em cursos de
Administração** — 113
5.1. Entendimentos sobre meio ambiente — 113

Educação ambiental na formação do administrador

5.2. Ambientalismo e ecologismo	117
5.3. O papel da ciência e da tecnologia	127
5.4. Ética e responsabilidade social	137
5.5. Disciplinas e temas transversais	147
5.6. Conceitos básicos para EA	151
5.6.1. Níveis de ser	153
5.6.2. Ciclos	155
5.6.3. Sistemas complexos	156
5.6.4. Crescimento populacional e capacidade de suporte	158
5.6.5. Desenvolvimento ecologicamente sustentável	160
5.6.6. Desenvolvimento socialmente sustentável	161
5.6.7. Conhecimento e incerteza	162
5.6.8. Sacralização	162
5.7. Disciplinas específicas de EA	163
Capítulo 6: Gestão ambiental	**167**
6.1. Áreas temáticas	168
6.2. Introdução de temas ambientais nos cursos de graduação em Administração	174
6.3. Disciplina de gestão ambiental	183
6.4. Cursos de gestão ambiental	186
6.5 Gestão e Educação Ambiental caminhando juntas na prática	187
Referências	**193**
Anexo 1: Declaração do Rio de Janeiro sobre meio ambiente e desenvolvimento	209
Anexo 2: Declaração de Tessalônica	215
Anexo 3: Tratado de educação ambiental para sociedades sustentáveis e responsabilidade global	221
Anexo 4: Pegada ecológica: exemplos de cálculos	231
Anexo 5: Declaración de Talloires	233
Anexo 6: Ciência, Tecnologia e Sociedade (CTS)	239
Índice Remissivo	**243**

Siglas

ABNT	Associação Brasileira de Normas Técnicas
CDS	Comissão de Desenvolvimento Sustentável
CETESB	Companhia de Tecnologia de Saneamento Ambiental
CMDS	Cúpula Mundial sobre Desenvolvimento Sustentável
CMMAD	Comissão Mundial sobre Meio Ambiente e Desenvolvimento (*Comissão Brundtland*)
CNUMAD	Conferência das Nações Unidas para o Meio Ambiente e Desenvolvimento (Rio, 1992)
CNUMAH	Conferência das Nações Unidas para o Meio Ambiente Humano (Estocolmo, 1972)
CONAMA	Conselho Nacional do Meio Ambiente
DNUEDS	Decênio das Nações Unidas da Educação para o Desenvolvimento Sustentável
EA	Educação Ambiental
EDS	Educação para o Desenvolvimento Sustentável
EPS	Educação para o Futuro Sustentável
IES	Instituições de Ensino Superior
ENANPAD	Encontro Nacional de Pós-Graduação em Administração
ENGEMA	Encontro Nacional sobre Gestão Empresarial e Meio Ambiente
IUNC	União Internacional para a Conservação da Natureza
LDB	Lei de Diretrizes e Bases
MEC	Ministério da Educação
MMA	Ministério do Meio Ambiente
MME	Ministério das Minas e Energia
OG-PNEA	Órgão Gestor da Política Nacional do Meio Ambiente
OIA	Organização dos Estados Ibero-Americanos
OMC	Organização Mundial do Comércio
OMS	Organização Mundial da Saúde
ONG	Organização Não Governamental

ONU	Organização das Nações Unidas
P&D	Pesquisa e Desenvolvimento Experimental
PIEA	Programa Internacional de Educação Ambiental
PNB	Produto Nacional Bruto
PNEA	Política Nacional de Educação Ambiental
PNMA	Política Nacional do Meio Ambiente
PNUD	Programa das Nações Unidas para o Desenvolvimento
PNUMA	Programa das Nações Unidas para o Meio Ambiente
PPA	Plano Plurianual
PROCEL	Programa Nacional de Conservação de Energia Elétrica
ProNEA	Programa Nacional de Educação Ambiental (após 2004)
PRONEA	Programa Nacional de Educação Ambiental
SETAC	Society of Environmental Toxicology and Chemistry
SIBEA	Sistema Brasileiro de Informação em Educação Ambiental
TEASS	Tratado de Educação Ambiental para Sociedades Sustentáveis e Responsabilidade Global
UNCTAD	Conferência das Nações Unidas para o Comércio e o Desenvolvimento
UNEP	United Nations Environment Program (PNUMA)
UNESCO	Organização das Nações Unidas para a Educação, Ciência e Cultura
UNIDO	Organização das Nações Unidas para o Desenvolvimento Industrial
WWF	World Wildlife Fund

Os autores

JOSÉ CARLOS BARBIERI: professor do Departamento de Administração da Produção e Operações da Escola de Administração de Empresas de São Paulo da Fundação Getulio Vargas (EAESP-FGV) desde 1992, instituição na qual se formou doutor em Administração. Lecionou em renomadas instituições de ensino e pesquisa, como a Pontifícia Universidade Católica de São Paulo e a Universidade Federal de Mato Grosso do Sul, sendo que nesta última foi coordenador do curso de Administração, membro do Conselho de Ensino, Pesquisa e Extensão, coordenador do planejamento administrativo, e desenvolveu diversas atividades de extensão universitária. Atuou como pesquisador do Instituto de Pesquisas Tecnológicas do Estado de São Paulo (IPT) nas áreas de propriedade industrial e transferência de tecnologia. É membro do Fórum de Inovação da EAESP e professor do programa de pós-graduação *stricto sensu* da EAESP, da linha de pesquisa Gestão socioambiental e da saúde. Membro da comissão do Inmetro para criação de normas para certificação de sistemas de responsabilidade social. Coordena e atua em diversos projetos de pesquisa nas áreas de gestão do meio ambiente, da responsabilidade social empresarial e da inovação. Participa de comitês científicos de diversas revistas e congressos científicos nacionais e internacionais, bem como de várias agências de fomento para as áreas científicas e tecnológicas. Autor de livros, capítulos de livros e artigos sobre gestão ambiental, responsabilidade social empresarial e inovação publicados no Brasil e em diversos países.

DIRCEU DA SILVA: Graduou-se bacharel e obteve licenciatura em Física pela Universidade de São Paulo (USP) em 1981, obteve licenciatura em Matemática pela USP em 1982, mestrado em Física pela USP em 1989 e doutorado em Educação (avaliação e cognição) pela USP em 1995. Atualmente é professor do programa de pós-graduação em Administração da Universidade Nove de Julho (Uninove) e da Universidade Estadual de Campinas (Unicamp), esta última em regime parcial. Tem experiência na área de administração e educação, com ênfase em planejamento e avaliação educacional, e avaliação de mercado com ênfase no desenvolvimento de metodologias quantitativas de análise de dados numéricos e análise multivariada de dados. Participa de comitês científicos de diversas revistas e congressos científicos nacionais e internacionais, bem como de várias agências de fomento para as áreas científicas e tecnológicas. Autor de capítulos de livros e artigos sobre administração e educação publicados no Brasil e em diversos países.

Introdução

A Educação Ambiental (EA) é um importante instrumento de política pública estabelecido pela Constituição Federal de 1988, pela Política Nacional do Meio Ambiente e pela Política Nacional de Educação Ambiental. É fato notório que os cursos de graduação de Administração ainda não introduziram a EA conforme estabelece a legislação brasileira. Tal situação é particularmente preocupante, pois este é um dos cursos que mais cresceram no Brasil nos últimos anos, com um contingente de mais de meio milhão de alunos espalhados por todo o território nacional. Os administradores estão entre os profissionais que mais causam impactos ambientais, pois tomam decisões sobre o que, quanto, quando e onde produzir, e com que recursos produzir, decisões essas que causam impactos diretos e indiretos sobre o nível de utilização dos recursos e de poluição resultante das atividades de produção, distribuição e uso ou consumo de bens e serviços.

Recentemente, pôde-se observar um crescimento do interesse pelo tema entre esses profissionais e nos cursos de formação superior em Administração, acompanhando a crescente preocupação mundial a respeito deste tema. A elaboração das normas da série ISO 14000 sobre gestão ambiental, a partir de 1996, fez os melhores cursos de graduação em Administração passarem a dedicar algum tempo a esse tópico. Muitos cursos até criaram disciplinas específicas, denominadas genericamente de gestão ambiental, para tratar de assuntos ambientais relacionados com a gestão global das organizações. Porém, esse tipo de abordagem, embora de grande valia para a formação dos futuros administradores, não se enquadra nas ações de EA como estabelece a legislação brasileira.

Antecipando o que será detalhado mais adiante, a EA deve ser implementada mediante abordagens inter, multi e transdisciplinares. Uma disciplina específica, como a gestão ambiental, deveria fazer parte do elenco de disciplinas de formação do administrador, pois este lida permanentemente com questões ambientais relativas a assuntos da sua profissão, entretanto o oferecimento dessa disciplina de modo isolado pode dar a falsa impressão de estar fazendo "a coisa certa" em termos de EA.

Faltam informações sobre o estado da EA nesses cursos, assim como sobre iniciativas implantadas bem-sucedidas. As reuniões acadêmicas relacionadas com a gestão ambiental mostram crescimento da importância dos temas ambientais, como tem ocorrido no Encontro Nacional sobre Gestão Empresarial e Meio Ambiente (ENGEMA), no Encontro Nacional de Pós-Graduação em Administração (ENANPAD) e no Simpósio de Administração, Logística e Operações Industriais (SIMPOI).

Considerando que a implementação da EA avança muito aquém do que seria esperado, constituindo uma não conformidade legal para as instituições de ensino superior que ministram cursos de Administração, pergunta-se: quais são os fatores que contribuem para retardar o processo de implantação da EA? Quais meios e providências seriam desejáveis para acelerar esse processo?

O objetivo desta obra é apresentar uma discussão em torno de tais questões. Em termos específicos, pretende-se obter um quadro de referências sobre a EA, de um modo geral, para orientar a proposição de ação educacional apropriada aos cursos superiores de Administração. A ideia central neste texto é que a atual legislação sobre EA deve ser implementada com a máxima urgência, mas não por uma questão meramente legal. Os princípios, conceitos e diretrizes presentes na legislação estão afinados com as principais orientações geradas pelo movimento do desenvolvimento sustentável, um dos movimentos sociais de caráter planetário mais importantes da atualidade.

O texto inicia com uma visão sobre a emergência da EA, destacando as principais concepções que foram criadas ao longo do tempo e que refletem diferentes modos de entender a relação do ser humano com o meio ambiente. Neste primeiro capítulo são apresentadas, de forma resumida, 15 concepções de EA e uma delas será tratada com detalhes nos capítulos seguintes.

O Capítulo 2 discute uma EA afinada com o movimento pelo desenvolvimento sustentável e começa pela iniciativa pioneira da Unesco que, em 1968, lançou o programa Homem e Biosfera, em vigor até hoje. Por exemplo, a Reserva da Biosfera da Mata Atlântica faz parte desse programa, assim como tantos outros em todos os continentes. Neste

Introdução

capítulo são discutidos alguns dos principais documentos fundadores desse movimento de natureza geral, como as declarações das conferências da ONU e a Agenda 21. Porém, o centro da discussão se dará em torno dos objetivos, das diretrizes e das recomendações constantes nos documentos gerados especificamente para a EA em conferências intergovernamentais promovidas pela Unesco em Belgrado, Tbilisi, Moscou, Jomtien, Tessalônica e Dacar, que são as principais. Uma seção é dedicada exclusivamente ao Tratado de Educação Ambiental para a Sociedade Sustentável e Responsabilidade Global, um documento elaborado de forma independente durante a Conferência das Nações Unidas para o Meio Ambiente e Desenvolvimento, realizada no Rio de Janeiro, em 1992, e que influenciou a legislação brasileira sobre EA, assunto tratado no Capítulo 3. Também são apresentadas diversas iniciativas voluntárias criadas pelas Instituições de Ensino Superior para se colocarem como parceiras do desenvolvimento sustentável, dentre elas, a Declaração de Talloires, da qual fazem parte muitas IES brasileiras, como a Unicamp, uma das criadoras dessa iniciativa.

O Capítulo 3 inicia-se com a apresentação das principais disposições legais sobre EA, começando pela que instituiu a Política Nacional do Meio Ambiente, em 1981, posteriormente recepcionada pela Constituição Federal de 1988. Depois, são discutidas as principais questões constantes nas leis e regulamentos concernentes à Política Nacional de Educação Ambiental, instituída em 1999. Entre as disposições estabelecidas por essa política está a obrigatoriedade da EA em todos os cursos, formais e informais. Em seguida, é abordada a evolução da implementação dessa Política, na qual são comentados os principais avanços das diversas versões do Programa Nacional de Educação Ambiental e como foi estruturada no âmbito do Executivo Federal para dar conta da sua efetivação no território nacional. O capítulo termina com a apreciação dos fatores que facilitam ou dificultam a implementação da EA, segundo avaliação de especialistas do tema.

O Capítulo 4 discute os cursos de graduação em Administração no Brasil. Inicialmente, apresenta-se a origem dos cursos de Administração de Empresas, que são os mais numerosos, e os dados sobre a evolução até os dias recentes, mostrando que este foi o curso que mais cresceu no Brasil e é o que oferece mais vagas: são em média 2.300 cursos e, ao todo, mais de meio milhão de alunos. Depois, discute-se as três regulamentações feitas pelo MEC, detendo-se na última para discutir as competências e habilidades mínimas para a formação profissional do administrador e os conteúdos a serem oferecidos pelos cursos.

Das questões que podem dificultar a implementação da EA nestes cursos, cinco delas são discutidas no Capítulo 5, a saber: o entendimento parcial sobre meio ambiente; a visão antropocêntrica extremada e a dificuldade dos administradores de participar de um debate com defensores de posicionamentos ecocêntricos; as questões relativas ao papel da ciência e tecnologia; as questões relativas à ética e responsabilidade social empresarial e as decorrentes da necessidade de implantar a EA por meio da multi, inter e transdisciplinaridade, que são abordagens educacionais estranhas ao mundo desses cursos.

No Capítulo 6 é apresentada uma proposta baseada no fortalecimento das matérias de gestão ambiental para criar portas de entrada para a implantação da EA. A ideia básica é fazer temas de gestão ambiental serem tratados transversalmente nas diversas disciplinas do curso, algo ainda carente pelos motivos que serão explicados no capítulo, o que preencheria uma lacuna na formação profissional do administrador. A introdução de tais temas não constitui EA conforme a legislação comentada no Capítulo 3, mas facilitaria o debate para alcançar novos patamares de consciência, habilidade e ativismo necessários diante dos graves problemas socioambientais que tornam incerta a vida em nosso planeta.

Capítulo 1

A emergência da educação ambiental

As origens da Educação Ambiental, como qualquer assunto, podem suscitar diferentes opiniões e, portanto, diferentes periodizações. Esse início poderia ser os *Idílios* de Teócrito, autor grego que viveu em cerca de 300 a.C., criador do gênero pastoril, segundo Garrard (2006, p. 56), ou as obras de Virgílio, poeta romano do último século antes de Cristo, em especial *Bucólicas* e *Geórgicas*, que inspiraram diversos movimentos de celebração da vida campestre e do trabalho rural. Um marco inicial poderia ser a publicação do livro *Generelle Morphologie der Organismen*, escrito por Ernest Haeckel, em 1866, no qual aparece pela primeira vez a palavra ecologia entendida como "a totalidade da ciência das relações do organismo com o meio ambiente", conforme mostra Acot.[1] Essa data se justificaria pela importância da ecologia como ciência que estuda a relação dos seres vivos entre si e com os componentes abióticos do meio ambiente, tais como relevo, precipitações, temperatura etc. Tal data também faria justiça aos naturalistas, a palavra cientista ainda não era usada, que contribuíram para colocar o ser humano no reino da natureza, contrariando a visão marcada pela cosmogonia cristã que o colocara no reino de Deus. Outros momentos importantes para marcar o nascimento da EA se relacionam com o surgimento de uma nova sensibilidade em relação aos animais e às plantas na Europa, por volta de 1800, o que promoveu fissuras no antropocentrismo dominante no início da era moderna.[2]

[1] ACOT, 1990, p. 27.
[2] THOMAS, 1983.

Educação ambiental na formação do administrador

O início da EA poderia ter ocorrido também no ano de 1872, o qual marca a criação do Parque Nacional de Yellowstone, nos Estados Unidos, considerado o primeiro do mundo de acordo com uma concepção que chega até os nossos dias. Esse parque e essa data representam o início de um movimento global para a criação de áreas protegidas, que se tornariam locais privilegiados para a contemplação da natureza biológica e física e, portanto, para o reencontro dos humanos com a natureza preservada das suas próprias ações degradadoras. Muitas atividades de EA se dão em áreas protegidas das mais variadas categorias de manejo, das quais os parques são apenas uma delas. Não só isso, as lutas para criar tais áreas e mantê-las diante das constantes e diversificadas ameaças que pesam sobre elas (invasões, visitações desordenadas, degradação no seu entorno etc.) têm propiciado importantes oportunidades para ampliar a consciência ambiental de amplos segmentos da sociedade em praticamente todos os países e regiões, particularmente das populações que vivem em seu entorno ou desfrutam das amenidades ambientais que elas proporcionam.

A evolução da EA incorporou influências significativas de alguns grandes pensadores, escritores e educadores dos séculos XVIII e XIX, notadamente Goethe, Rousseau, Humboldt, Haeckel, Froebel, Dewey, Montessori e Geddes.[3] Dias, um dos mais importantes ativistas da área

---

[3] PALMER, 1998, p. 4. Wolfgang Johann Goethe (1749-1832), filósofo, naturalista, poeta, romancista e um dos líderes do movimento romântico alemão *Sturm und drang* (tempestade e ímpeto). Professa uma concepção panteísta pela qual a natureza não é mais que uma roupagem da divindade. Jean Jacques Rousseau (1712-1778), filósofo francês iluminista. Fez reflexões profundas sobre as condições e o significado do retorno à natureza com base na ideia da razão como ordem e equilíbrio de todos os aspectos da vida humana. A obra *Discurso sobre as origens da desigualdade* defende a ideia do *bom selvagem*. Em *Emilio* expõe uma doutrina educacional na qual o impulso para aprender deve vir da natureza e de forma espontânea. Friedrich Alexander Humboldt (1769-1859), naturalista alemão que deixou uma obra vultosa, algumas muito populares em seu tempo, como *Cosmo,* escrita em 1845. Foi um dos primeiros a propor uma relação lógica entre vegetação e clima, à qual deu nome de Geografia das Plantas. Ernest Haeckel (1834-1919), filósofo e naturalista alemão que se notabilizou pela criação da palavra ecologia e pela defesa da teoria evolucionista de Darwin. Friedrich August Wilhelm Froebel (1782-1852), pedagogo alemão, criou métodos de ensino baseados em jogos lúdicos e brinquedos e na ideia de que a educação deve respeitar as etapas de desenvolvimento da pessoa (infância, puberdade etc). A ele se atribui a criação do primeiro jardim de

A emergência da educação ambiental

no Brasil, apresenta uma longa cronologia sobre fatos relacionados com o meio ambiente e a EA, dentre eles o ano de 1889, associado a Patrick Geddes, considerado o pai ou fundador da EA.[4] De acordo com Alier e Schlüpman, deve-se a Geddes um dos primeiros intentos de crítica à economia que leva em conta as contribuições de outras ciências, como a física aplicada, a biologia dos organismos, a sociologia etc. Ele foi um dos primeiros a usar o consumo de recursos renováveis como base para estabelecer uma periodização histórica. Em seus escritos insistia que a economia, geografia, sociologia e antropologia deveriam começar pelo estudo do meio ambiente.[5] Para Munford, Geddes, "que publicou pouco, porém semeou muito", trouxe em seus estudos sobre a natureza uma diagnose social mais compreensiva, que se tornaria tão básica para a ação social quanto o exame sistemático do corpo humano para o médico e lançou as bases para um movimento pelo desenvolvimento urbano e regional.[6]

Entre os pensadores do século XIX que também são lembrados estão Henry Thoreau, John Muir e Gifford Pinchot,[7] os dois últimos

....

infância. John Dewey (1859-1952), filósofo norte-americano que trouxe contribuições sobre a educação em uma sociedade industrial. Maria Montessori (1870-1952), educadora italiana que desenvolveu um método de ensino para crianças que leva seu nome e se baseia na ideia de que a própria criança é quem estabelece o seu ritmo no processo de ensino-aprendizado. Patrick Geddes (1854-1932), biólogo, urbanista e educador escocês, considerado um dos pioneiros do planejamento urbano e da educação ambiental (Fontes: ABBAGNANO, 2000 e ACOT, 1990).

[4] DIAS, G.F., 2004, p. 29.

[5] ALIER; SCHLÜPMAN, 1991, p. 116-124.

[6] MUNFORD, 1955, p. 435.

[7] Henry David Thoreau (1817-62), escritor norte-americano, autor de obras políticas, como *Desobediência Civil*, e sobre a vida em contato com a natureza, como em *Walden* e *Vida no bosque*. O escocês John Muir (1838-1914), radicado nos Estados Unidos, foi um autodidata que exerceu diversas atividades, entre elas: artesão, agricultor, naturalista e escritor. Foi defensor da criação de áreas protegidas para preservar a vida selvagem, excluindo-as do uso dos seres humanos, exceto para fins de recreação e educação. Deixou livros sobre relatos de viagens em terras inóspitas, como *Travels in Alaska*, nos quais não faz economia no uso de superlativos ao se defrontar com paisagens intocadas pelo ser humano. Gifford Pinchot (1865-1946) era engenheiro florestal norte-americano e defendia a criação de áreas conservadas mediante manejo adequado. Há quem veja nele um dos precursores do movimento pelo desenvolvimento sustentável, como Diegues (1996, p. 29).

Educação ambiental na formação do administrador

representam duas concepções distintas de relacionamento dos humanos com o meio ambiente, o preservacionismo e o conservacionismo, respectivamente. Na primeira metade do século XX, Aldo Leopold e Eugene Odum estão entre os que exerceram grande influência sobre a EA. As obras de Leopold, principalmente *A sand county almanac*, combatem a ideia de que a natureza é algo externo ao ser humano e propõem uma ética para a Terra e todos os seres vivos[8], assunto que será tratado com mais detalhes oportunamente. O livro de Eugene Odum, *Fundamentals of ecology*, foi um dos mais lidos por pessoas preocupadas com o meio ambiente desde uma perspectiva científica.[9] Essa obra tornou-se um texto básico dos estudos de ecologia e certamente não existe ecólogo contemporâneo que não a tenha lido.[10] A lista de nomes dos precursores da EA não para por aqui, em praticamente todas as épocas e lugares houve quem desse alguma contribuição para o que hoje se conhece e se pratica como EA.

A primeira vez que a expressão *educação ambiental* foi usada suscita dúvidas. Há quem diga que ela aparece pela primeira vez na obra de Paul e Percival Goodman, de 1947, denominada *Communitas*, e há quem sugere que foi na Conferência da União Internacional para a Preservação da Natureza (IUPN, do inglês: *International Union for the Protection of Nature*), realizada em Paris, em 1948.[11] A IUPN, criada nesse mesmo ano, é formada por profissionais, cientistas e organizações governamentais e não governamentais preocupados com a conservação da natureza. A partir de 1956, passou a chamar-se União Internacional para a Conservação da Natureza (IUCN, do inglês: *International Union for Conservation of Nature and Natural Resources*) e hoje congrega cerca de mil organizações espalhadas em mais de 160 países.[12] A IUCN, criada sob os auspícios da Unesco, "foi a organização conservacionista mais importante até a criação do Programa das Nações Unidas para o Meio Ambiente (PNUMA) em 1972".[13] A EA tem nessas duas organizações

---

[8] LEOPOLD, 1987.

[9] ODUM,1953.

[10] ACOT, 1990, p. 90.

[11] PALMER, 1998, p 5.

[12] Sobre UICN, ver <http://www.iucn.org>. Informações acessadas em 20/04/2009.

[13] DIAS, 2004, p. 32. Sobre o PNUMA ou UNEP (*United Nations for Environment Programme*), ver <http://unep.org>. Informações acessadas em 20/04/2010.

A emergência da educação ambiental

uma grande fonte de fundamentação, de práticas e de divulgação e não é exagero considerá-las como as fundadoras atuais da EA dentro de uma abordagem socioambiental associada a uma proposta de desenvolvimento sustentável. Mas essa não é a única abordagem, conforme será mostrado mais adiante.

Não há registro sobre o primeiro uso da expressão *educação ambiental* no Brasil, embora o assunto não fosse estranho desde longa data. Dias, em sua cronologia sobre a EA, talvez uma das mais completas feitas neste país, mostra diversas iniciativas das quais merecem destaque as primeiras observações de cunho ecológico feitas por José Bonifácio, o patriarca da Independência; a sugestão de André Rebouças para a criação de parques nacionais na Ilha do Bananal e em Sete Quedas; a introdução do ensino e pesquisa em ecologia pelo professor Felix Rawitscher, em 1934, um precursor do movimento ambientalista brasileiro; a criação do Parque Nacional do Iguaçu, em 1939; e a criação da Fundação Brasileira de Conservação da Natureza em 1958.[14] Porém, como será mostrado oportunamente, a EA no Brasil só deslancha com a promulgação da Constituição Federal de 1988.

1.1. AS DIVERSAS CONCEPÇÕES DE EDUCAÇÃO AMBIENTAL

Muitos autores procuraram classificar as diferentes concepções de EA. A diversidade começa pela denominação, por exemplo, Gadotti denomina sua concepção de EA de pedagogia da terra, Hutchison, de educação ecológica e Capra, de alfabetização ecológica (*ecoliteracy*).[15] A variedade de propostas e denominações reflete os múltiplos entendimentos concernentes ao meio ambiente, ao ser humano, às causas atribuídas aos problemas ambientais e ao que se espera da ação educativa para a resolução desses problemas. Daí a existência de diferentes propostas de EA, cada qual construída em torno de uma determinada concepção de meio ambiente.

[14] DIAS, 2004; p. 29, 31 e 32.
[15] GADOTTI, 2000; HUTCHISON, 2000; CAPRA, 1999.

Um exemplo é a proposta de Joseph Cornell, cujo objetivo básico é promover uma profunda interação do ser humano com a natureza, mediante atividades em grupo desenvolvidas ao ar livre. As bases da sua proposta se encontram em sua obra mais conhecida, *Sharing nature with children*, de onde retirou o nome da organização que criou para promover a sua proposta, *Sharing Nature Foundation*. Essa proposta encontra razoável aceitação entre os promotores do ecoturismo, uma atividade de turismo que tem na EA um dos seus elementos essenciais. Verifica-se nessa proposta uma forte vinculação com as correntes preservacionistas, que defendem a necessidade de manter áreas virgens intocadas pelo ser humano.[16] É conhecida a grande admiração de Cornell por John Muir, um dos ícones dessa corrente, tendo-lhe dedicado um livro em 2000, *John Muir: my life with nature*, reescrevendo sua autobiografia e compilando trechos da obra desse emérito preservacionista. O foco dessa proposta é centrado no meio ambiente natural preservado ou conservado e tem como objetivo reconstruir uma ligação do ser humano com a natureza,[17] ela não mostra preocupação com questões sociais como pobreza, equidade, entre outras, a não ser indiretamente.

Outro exemplo de proposta de EA é a *ecological literacy* criada por Fritjof Capra, tendo por base certos conceitos de Schumacher, um dos autores mais importantes do movimento da tecnologia apropriada da década de 1970 e 1980. Em sua obra mais conhecida, *Small is beautiful*, Schumacher fala da necessidade de uma tecnologia com rosto humano e de espiritualizar a economia sob o ponto de vista budista. Schumacher deu atenção especial aos países pobres e à questão social, tanto que criou o Intermediate Technology Development Group, uma ONG voltada para promover o desenvolvimento tecnológico em tais países. O conceito de tecnologia intermediária, segundo esse autor, combina elementos das tecnologias tradicionais com os das tecnologias avançadas. Este conceito seria mais apropriado para países pobres do que as tecnologias avançadas ou de ponta, pois estas reforçariam a dependência econômica existente, uma vez que incorporam conhecimentos que eles

[16] CORNELL, 1998.
[17] CORNELL, 2000.

A emergência da educação ambiental

não possuem e valores estranhos às suas culturas.[18] Apesar de levar em conta conceitos de Schumacher, a proposta de Capra dá pouca atenção às questões sociais e mostra-se mais aderente ao pensamento de Arnes Naess, professor de filosofia da Universidade de Oslo, um dos criadores do *deep ecology*, um movimento ambientalista biocêntrico, neomalthusiano e afinado com a espiritualidade budista.[19] As práticas da *ecological literacy* propostas por Capra são realizadas em locais paradisíacos, como o *Center for Ecoliteracy*, na Califórnia, com belos jardins para favorecer a reflexão e a meditação.[20] Apesar do apelo espiritual de identificação com a natureza, de acordo com uma postura filosófica monista, essa proposta é elitista, pois não há lugar para todos nesses jardins paradisíacos.

Outras propostas de EA abordam as questões sociais sob múltiplos aspectos da relação do ser humano consigo mesmo e com os demais componentes do meio ambiente. Esse tipo de EA, genericamente denominada de EA socioambiental, enfatiza a existência de vínculos profundos e inter-relacionados entre as questões sociais, econômicas, políticas e ambientais. Suas práticas educativas são concebidas e estruturadas em torno de problemas concretos, ou seja, qualquer lugar, mesmo o local mais degradado é adequado para as práticas de EA, pois ela visa à transformação da realidade social, econômica e ambiental.

Sorrentino considera quatro grandes projetos de EA: conservacionista, educação ao ar livre, gestão ambiental e economia ecológica.[21] O primeiro, mais presente nos países desenvolvidos, ganhou impulso com a divulgação dos impactos causados pelos atuais modelos de desenvolvimento sobre a natureza. Sua penetração no Brasil se deu pela atuação de entidades conservacionistas como a UICN. O segundo já era praticado pelos antigos naturalistas, escoteiros, espeleologistas, adeptos de caminhadas, montanhismo e outras modalidades de esporte junto à natureza, tendo adquirido mais recentemente uma dimensão ambiental com grupos de caminhadas ecológicas, turismo ecológico, trilhas

---

[18] SCHUMACHER, 1979.
[19] Estas ideias se encontram em diversas obras de Naess, por exemplo, em NAESS, A., 2003.
[20] CAPRA, 1999 e 2006.
[21] SORRENTINO, 1998, p. 28.

interpretativas e outras atividades assemelhadas. A EA classificada como gestão ambiental teria, na visão do autor, raízes mais profundas na América Latina e na luta de resistência aos regimes autoritários, ou seja, ditatoriais. No Brasil, essa concepção toma impulso no combate à poluição e às mazelas geradas pelas degradações produzidas por um sistema predador do meio ambiente e nos movimentos que reivindicam a participação da população na gestão dos espaços públicos e na definição do futuro para estas e outras gerações.

O projeto, denominado pelo autor como economia ecológica, se baseia inicialmente nas ideias do ecodesenvolvimento propostas por Ignacy Sachs[22] e nas propostas de Schumacher da década de 1970 e ganha impulso após a publicação do relatório denominado *Nosso Futuro Comum*, elaborado pela Comissão Mundial sobre o Meio Ambiente e Desenvolvimento (CMMAD), também denominada Comissão Brundtland, de Gro Halem Brundtland, nome da política norueguesa que a presidiu. A EA, segundo essa última concepção, é uma abordagem de caráter socioambiental, ou seja, que reconhece a existência de uma relação indissolúvel entre as questões ambientais e sociais.

Palmer apresenta outra forma de ver a EA, tendo como base a experiência do Reino Unido. Nos anos 1960, as principais tendências da EA estavam ligadas aos estudos da natureza relativos às plantas e animais e ao sistema físico que os sustentam, bem como a campos de estudos com focos específicos, por exemplo, biologia, geografia etc. A partir da década de 1970, surgem novas tendências, entre elas: o uso do ambiente natural como fonte de experiência primária, educação para a conservação e estudos urbanos.

Recorrente nas tendências a partir da visão conservacionista da década de 1970 é o caráter instrumental da EA dada pela ênfase na resolução de problemas ambientais e sociais. As principais tendências da década seguinte envolvem uma ampla visão sobre as questões ambientais que o autor denomina de educação global, a incorporação da dimensão

---

[22] Ignacy Sachs foi conselheiro especial da Conferência das Nações Unidas sobre Meio Ambiente e Desenvolvimento, realizada no Rio de Janeiro em 1992. Autor de diversos livros sobre o tema desenvolvimento e meio ambiente. Algumas de suas obras estão citadas neste texto; veja as suas referências.

A emergência da educação ambiental

política da EA, a clarificação dos valores por meio de experiências pessoais e a resolução de problemas comunitários. As tendências dominantes da década de 1990 são chamadas pelo autor de empoderamento (*enpowerment*) e educação para um futuro sustentável. A primeira é voltada para a comunicação e a construção da capacidade de solucionar problemas socioambientais; a segunda enfatiza a ação participativa e as abordagens para promover a mudança de comportamento e a resolução de problemas. Para os anos 2000, Palmer sugere que a tendência-chave da EA, denominada por ele de comunidade de parceiros, envolverá alunos, professores, organizações não governamentais (ONG), políticos etc., que atuarão em conjunto para identificar e resolver problemas socioambientais. Segundo o autor, a AE se modificou ao longo dessas décadas, passando de uma visão restrita baseada em estudos de componentes da natureza, como animais e plantas, para uma visão ampla de questões socioambientais, de acordo com os conceitos de desenvolvimento sustentável.[23]

Firmada em uma ampla revisão bibliográfica de textos norte-americanos e europeus, Sauvé identificou 15 correntes de EA, entendendo por corrente "uma maneira geral de conceber e praticar a EA", podendo uma corrente incluir uma pluralidade e uma diversidade de proposições, da mesma forma que uma mesma proposição pode corresponder a mais de uma corrente. Cada corrente foi analisada pela autora em termos de (1) concepção dominante do meio ambiente e a educação que a transmite; (2) principal intenção da EA expressa implícita ou explicitamente; (3) principais abordagens e estratégias; (4) exemplos de atividades ou de modelos pedagógicos que ilustram a corrente; e (5) algumas questões ou asserções para estimular a análise crítica sobre vantagens, limitações e outras questões associadas a cada corrente.[24]

Em obra anterior, Sauvé já realizara um amplo mapeamento com relação ao primeiro critério, e que merece ser comentado *ab initio*, pois a concepção dominante do meio ambiente é um dos principais elementos geradores da diversidade de correntes de EA. Como diz Sauvé: "Mais do que uma educação a respeito do, para o, no, pelo ou em prol do meio

---

[23] PALMER, 1998, p. 22-23.
[24] SAUVÉ, 2005-a, p. 12-13.

ambiente, o objeto da EA é de fato, fundamentalmente, nossa relação com o meio ambiente". Para que o educador possa intervir de modo apropriado, continua a autora, ele "deve considerar as múltiplas facetas dessa relação que correspondem a modos diversos e complementares de apreender o meio ambiente".[25] A autora identifica as seguintes concepções dominantes do meio ambiente:

* Meio ambiente – Natureza: atribui a origem dos atuais problemas socioambientais a uma lacuna fundamental entre o ser humano e a natureza, e decorre desse fato a necessidade de reconstruir nos humanos o sentimento de pertencer à natureza. A EA baseada nessa concepção explora os vínculos entre identidade, cultura e natureza, e entende que por meio da natureza os humanos reencontram a sua identidade humana, a identidade de ser vivo entre os demais seres vivos.

* Meio ambiente – Recurso: enfatiza que não há vida sem os ciclos de recursos de matéria e energia, de modo que a EA se volta para a conservação de recursos, para o consumo responsável e para a repartição equitativa dos recursos dentro das sociedades e entre elas.

* Meio ambiente – Problema: entende que os problemas estão essencialmente associados aos jogos de interesses, de poder e de escolhas de valores, de modo que a EA deve estimular a habilidade de investigação crítica da realidade do meio e de diagnósticos dos problemas com vistas à prevenção e à resolução de problemas socioambientais.

* Meio ambiente – Sistema: manifesta pela análise dos componentes e das relações do meio ambiente entendido como eco-socio--sistema com vistas a alcançar uma compreensão de conjunto das realidades ambientais e com isso dispor de informações para uma tomada de decisão criteriosa. Essa concepção leva à necessidade de conhecer os vínculos entre o passado e o presente, entre o local e o global, entre as esferas política, econômica e ambiental, entre modos de vida, saúde, meio ambiente etc.

* Meio ambiente – Lugar em que se vive: essa concepção enfatiza a vida cotidiana na escola, em casa, no trabalho e em outros

[25] SAUVÉ, 2005-b, p. 317.

A emergência da educação ambiental

lugares, sendo que a EA procura explorar e redescobrir os lugares nos quais as pessoas vivem, o aqui e o agora da vida das pessoas, com um olhar renovado, apreciativo e crítico ao mesmo tempo, que visa redefinir-se como pessoa e membro de grupos sociais com respeito às relações que mantém com o lugar em que vive.

* Meio ambiente – Biosfera: essa concepção considera a interdependência das realidades socioambientais em nível global, baseada na ideia de um macro-organismo (Gaia) em reequilíbrio constante, como proposto por James Lovelock. Essa concepção enfatiza a solidariedade internacional que leva a refletir sobre os modos de desenvolvimento da sociedade humana.

* Meio ambiente – Projeto comunitário: pelo qual o meio ambiente é objeto compartilhado, essencialmente complexo e lugar de cooperação e parceria para realizar as mudanças sociais. O indivíduo reconhece a necessidade de aprender a viver e trabalhar em comunidades, aprender a discutir, escutar, argumentar, enfim, comunicar-se de modo eficaz por meio de um diálogo entre saberes diversos (científicos, tradicionais etc.). Aspectos políticos sobre a realidade socioambiental são partes essenciais dessa concepção.[26]

Sauvé reconhece que tal mapeamento de concepções dominantes não é completo e cita outras, como o meio ambiente – *território* entre os povos indígenas (onde a relação de identidade com o meio ambiente é particularmente importante), e o meio ambiente – *paisagem* dos geógrafos. Ainda conforme a autora, uma EA limitada a uma dessas concepções é incompleta.[27] Ela também identifica outras concepções dominantes de meio ambiente, por exemplo, meio ambiente como objeto de estudo, como objeto de valores e como polo de interação e que são apresentadas na medida em que descreve as 15 correntes de EA.[28] Vale lembrar que tais concepções de meio ambiente se baseiam em estudos norte-americanos e europeus, mas como muito do que se pensa e se pratica no Brasil sobre EA bebe dessas fontes, é razoável considerar a sua ocorrência também por aqui.

---

[26] SAUVÉ, 2005-b, p. 317-319.
[27] Idem, ibidem, p. 319.
[28] SAUVÉ, 2005-a, p. 14.

Das 15 correntes de EA resumidas no Quadro 1.1, as sete primeiras são as mais antigas e possuem longa tradição, e as oito seguintes são as correntes mais recentes.[29] Note que as mais antigas têm por base uma única concepção de meio ambiente (natureza, recurso, problema etc.), enquanto as mais recentes se baseiam em mais de uma, como as correntes etnográfica, da ecoeducação e do desenvolvimento sustentável.

A corrente naturalista focaliza a educação no relacionamento humano com a natureza e com frequência reconhece o valor intrínseco da natureza acima de qualquer uso que dela possa ser feito. É uma das correntes mais antigas e pode ser associada mais recentemente ao movimento de educação para o mundo natural (*nature education*) ou certas proposições de educação ao ar livre (*outdoor education*). A corrente conservacionista centra suas propostas educativas na conservação dos recursos naturais (água, solo, fauna e flora, patrimônio genético, patrimônio construído etc.), daí ser denominada de EA recursista pela autora. A preocupação básica é com a natureza como recurso, o que remete à gestão do meio ambiente ou gestão ambiental. Um programa educacional com base no enfoque dos 3 Rs (redução do consumo na fonte, reusar e reciclar) é um exemplo de abordagem dessa corrente.[30]

Cabe esclarecer que o enfoque dos 3 Rs foi expandido. A Society of Environmental Toxicology and Chemistry (SETAC) e o PNUMA criaram uma iniciativa voluntária para promover a abordagem do ciclo de vida do produto baseada em seis princípios de gestão ambiental conhecidos por 6 Rs:

1. repensar (*rethinking*) os produtos e suas funções para que possam ser usados de modo mais eficiente do ponto de vista ambiental;
2. projetar os produtos para facilitar a sua manutenção e reparo (*repair*);
3. projetar os produtos para facilitar o desmanche e reutilizar peças (*reuse*);
4. reduzir (*reduce*) o consumo de energia, materiais e impactos socioambientais ao longo do ciclo de vida;

---

[29] Idem, ibidem, p. 13.
[30] SAUVÉ, 2005-a, p. 13-14.

A emergência da educação ambiental

5. coletar materiais para reciclar (*recycle*) e com isso reduzir a pressão sobre os estoques de recursos naturais; e
6. substituir (*replace*) substâncias perigosas e tóxicas por outras amigáveis ao meio ambiente físico, biológico e social.[31]

Essa abordagem é representada por um ciclo constituído pelas etapas nas quais os recursos produtivos percorrem desde o seu nascedouro no meio ambiente até o seu retorno em condição segura após esgotar as possibilidades de uso conforme os seis princípios de gestão ambiental mencionados, como ilustra a Figura 1.1. Esse ciclo também é conhecido pela expressão *do berço ao túmulo*, o meio ambiente como o berço de onde saem todos os recursos produtivos e, depois, como o destino final dos restos de materiais, após esgotadas todas as possibilidades de aproveitamento.

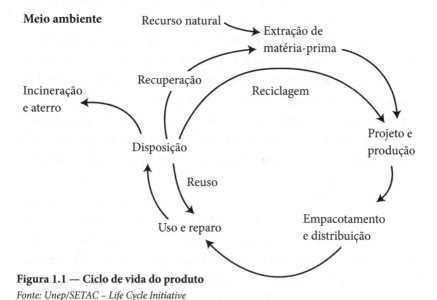

Figura 1.1 — Ciclo de vida do produto
Fonte: *Unep/SETAC – Life Cycle Initiative*

A corrente denominada resolução de problemas (Quadro 1.1) enxerga o meio ambiente como um conjunto de problemas que precisam ser solucionados. Ela surge no início da década de 1970, quando os

[31] SETAC; UNEP, 2007, p.13.

problemas ambientais e sociais se tornaram evidentes e com frequência é associada à corrente conservacionista. Enquanto a corrente científica tem como questão central o conhecimento científico para abordar as questões sociais com mais rigor, identificando as relações de causa e efeito, a humanista centra na dimensão humana do meio ambiente físico e construído, envolvendo questões históricas, culturais, econômicas, políticas etc. Não é objetivo aqui apresentar as 15 correntes segundo a classificação da autora, mas, sim, ressaltar a existência de muitas concepções de EA, cada qual focalizando alguns aspectos, por exemplo, a construção de modelos de ecossistemas na corrente sistêmica, o conjunto de valores que permeiam as relações dos humanos com o meio ambiente na corrente centrada em valores, a análise do discurso na corrente da crítica social que tem sua base conceitual na teoria crítica.

Uma das correntes de EA identificadas por Sauvé, a última apresentada no Quadro 1.1, é de particular interesse para este trabalho, uma vez que as propostas de EA associadas ao movimento do desenvolvimento sustentável adquiriram importância crescente e em muitos aspectos foram incorporadas à legislação brasileira. Como bem disse a autora, a ideologia do desenvolvimento sustentável, que ganhou popularidade em meados dos anos 1980, penetrou gradualmente no movimento da EA e afirmou-se como uma perspectiva dominante.[32] A EA com essa perspectiva se desenvolve com base na percepção do agravamento de diversas crises sociais e ambientais de proporções globais. Muito do que hoje se sabe e é praticado em termos de EA, tais como conceitos, objetivos, diretrizes, metodologias e outras questões pertinentes a tal tema, foram concebidos ou desenvolvidos em diversas conferências internacionais, nacionais e regionais sobre meio ambiente, muitas delas tendo a Unesco como promotora ou apoiadora. Essa EA faz parte do que viria a ser conhecido como movimento pelo desenvolvimento sustentável, um dos mais importantes do fim do século passado e do início deste novo século.

[32] SAUVÉ, 2005-a, p. 15-18.

A emergência da educação ambiental

Quadro 1.1 – Correntes em EA

	CORRENTE	CONCEPÇÃO DE MEIO AMBIENTE	INTENÇÃO DA EA	ABORDAGENS DOMINANTES	EXEMPLOS DE ESTRATÉGIAS
1	Naturalista	Natureza	Reconstruir o vínculo com a natureza.	Sensorial Cognitiva Afetiva Experiencial Criativa/ Estética	Imersão Interpretação Jogos sensoriais Atividades de descobrimento
2	Conserva-cionista Recursista	Recurso	Adotar comportamento compatível com a conservação. Desenvolver habilidades para a gestão de recursos.	Cognitiva Pragmática	Guias ou códigos de comportamento Atividades 3 Rs Auditoria ambiental Projeto de conservação
3	Resolução de problemas	Problema	Desenvolver habilidades de resolução de problemas: do diagnóstico à ação.	Cognitiva Pragmática	Estudos de casos: análise de questões-problemas Projetos de resolução de problemas
4	Sistêmica	Sistema	Desenvolver o pensamento sistêmico: análise e síntese para uma visão global. Compreender as realidades ambien-tais para tomar decisões esclarecidas.	Cognitiva	Estudos de casos: análise de sistemas ambientais Construção de modelos de ecossistemas
5	Científica	Objeto de Estudo	Adquirir conhecimentos em ciências ambientais. Desenvolver habilidades relativas ao método científico.	Cognitiva Experimental	Estudo de fenômenos Observação Demonstração Experimentação Atividades de pesquisa hipotético-dedutiva

continua >>>

Quadro 1.1 – Correntes em EA (continuação)

	CORRENTE	CONCEPÇÃO DE MEIO AMBIENTE	INTENÇÃO DA EA	ABORDAGENS DOMINANTES	EXEMPLOS DE ESTRATÉGIAS
6	Humanista	Meio de vida	Conhecer e apreciar o meio de vida; conhecer melhor a si mesmo em relação ao meio de vida. Desenvolver um sentido de pertencimento.	Sensorial Afetiva Cognitiva Experiencial Criativa/ Estética	Itinerário Leitura da paisagem Estudo do meio Investigação
7	Centrada em valor	Campo dos valores	Adotar conduta ecocívica. Desenvolver um sistema ético.	Cognitiva Afetiva Moral	Análise de valores Clarificação de valores Crítica aos valores sociais
8	Holística	Holos, Gaia, Todo o ser	Desenvolver as múltiplas dimensões do seu ser em interação com todas as dimensões do meio ambiente. Desenvolver um conhecimento "orgânico" do mundo e a ação participativa no e com o meio ambiente	Holística Orgânica Intuitiva Criativa	Exploração livre Visualização Oficinas de criatividade Integração de estratégias complementares
9	Biorregionalista	Lugar de pertencimento Projeto comunitário	Desenvolver competências em ecodesenvolvimento comunitário local ou regional	Cognitiva Afetiva Experimental Pragmática Criativa	Exploração de nosso meio compartilhado Projeto comunitário Projeto de ecodesenvolvimento local e regional
10	Práxica	Lugar de ação e reflexão	Aprender em, pela e para a ação. Desenvolver competências de reflexão.	Práxica	Pesquisa-ação Postura reflexiva em atividades e projetos

A emergência da educação ambiental

11	Crítica social	Objeto de transformação Lugar de emancipação	Desconstruir as realidades socioambientais para transformá-las e transformar as pessoas nesse processo.	Práxica Reflexiva Dialógica	Análise do discurso Estudo de casos Debates Pesquisa-ação
12	Feminista	Objeto de solicitude	Integrar os valores feministas na relação com o meio ambiente	Intuitiva Afetiva Simbólica Espiritual Criativa/Estética	Estudo de casos Imersão Oficinas de criatividade Atividades de comunicação e intercâmbio.
13	Etnográfica	Território Lugar de identidade Natureza/Cultura	Reconhecer o vínculo íntimo entre natureza e cultura; clarificar sua própria cosmogonia. Valorizar a dimensão cultural do relacionamento com o meio ambiente.	Experiencial Intuitiva Afetiva Simbólica Espiritual Criativa/Estética	Fábulas Histórias e lendas Estudos de caso Imersão Modelização Tutoria
14	Ecoeducação	Papel de interação para o desenvolvimento pessoal. Local de construção da identidade	Experiência com o meio ambiente para experimentar-se e desenvolver-se em e pelo meio ambiente. Construir um relacionamento com todos os demais seres do mundo	Experiencial Sensorial Intuitiva Afetiva Simbólica Criativa	História de vida Imersão Exploração Introspecção Escuta sensível Alternância subjetiva/objetiva
15	Desenvolvimento sustentável/ Sustentabilidade	Recursos para o desenvolvimento econômico. Compartilhar recursos para uma vida sustentável.	Promover o desenvolvimento econômico que considera a equidade social e a sustentabilidade ecológica. Contribuir para alcançar esse desenvolvimento.	Pragmática Cognitiva	Estudo de casos Marketing social Atividades de consumo sustentável Projetos de gestão de vida sustentável

Fonte: SAUVÉ, 2005-a, p. 33-34.

Capítulo 2

Educação ambiental e desenvolvimento sustentável

Datas e eventos não faltam para assinalar o nascimento da EA associada ao movimento do desenvolvimento sustentável denominado corrente da sustentabilidade ou do desenvolvimento sustentável.[1] Apesar de iniciativas pioneiras em muitas épocas quando nem sequer eram chamadas assim, pode-se colocar como um marco importante a própria criação da Unesco em 1946, órgão da ONU que deu início ao debate em torno da educação de um modo geral e da EA em particular em termos globais e por meio da mobilização de governos e entidades da sociedade civil. A criação desse órgão faz parte das iniciativas do imediato período pós-guerra para construir condições sociais e econômicas que garantissem a paz de forma duradoura.

As primeiras iniciativas internacionais sobre questões ambientais globais datam do fim do século XIX e início do século XX, e elas pouco contribuíram para o desenvolvimento desse movimento e da EA de caráter socioambiental. Acot mostra que os problemas ambientais foram apresentados pela primeira vez na sua forma moderna somente em 1968 durante uma conferência organizada pela Unesco. Moderno para esse autor é o tratamento das questões sociais e ambientais de modo global e integrado, pois até então eram consideradas de forma fragmentada e isolada.[2] Nessa conferência, denominada Conferência sobre a Biosfera, realizada em Paris, foi criado o programa Homem e Biosfera (MaB do inglês: *Man and the Biosphere*) que existe até hoje e tem por objetivo incentivar a cooperação científica internacional com vistas a ampliar os entendimentos da

---

[1] SAUVÉ, 2005, p. 29.
[2] ACOT, 1990, p. 165.

Educação ambiental na formação do administrador

relação entre os humanos e o meio ambiente e promover o conhecimento, a prática e os valores humanos para implementar as boas relações entre as populações e o meio ambiente em todo o planeta.[3]

Essa Conferência pode ser considerada o marco inicial do movimento pelo desenvolvimento sustentável. Mesmo depois que outros órgãos da ONU assumiram os debates, como a Assembleia-Geral da ONU e o Programa das Nações Unidas para o Meio Ambiente (PNUMA), a Unesco continuou dando sua contribuição para esse movimento nos campos da educação e cultura, suas áreas de atuação específica, como será mostrado mais adiante.

2.1. A EDUCAÇÃO AMBIENTAL ASSOCIADA AO DESENVOLVIMENTO SUSTENTÁVEL

Um marco fundamental foi a Conferência das Nações Unidas para o Meio Ambiente Humano (CNUMAH) realizada em Estocolmo em 1972. Nessa conferência foram criados alguns instrumentos para tratar de problemas sociais e ambientais planetários, como o PNUMA, e feita uma Declaração sobre o Ambiente Humano, com 26 princípios voltados para orientar a construção de um ambiente que harmonize os aspectos humanos e naturais, considerados essenciais para o bem-estar dos humanos e para que estes possam gozar de todos os direitos fundamentais. De acordo com um desses princípios, é indispensável um trabalho de educação em questões ambientais dirigido para jovens e adultos,

> no qual seja dada a devida atenção aos setores menos privilegiados da população, visando favorecer a formação de uma opinião pública bem informada e uma conduta dos indivíduos, das empresas e das coletividades, inspiradas no sentido de sua responsabilidade para com a proteção e melhoria do meio ambiente em todas as suas dimensões.[4]

---

[3] Sobre o programa MaB, veja <http://www.unesco.org/mab>.
[4] Declaração de Estocolmo de 1972 – Princípio 9. Veja texto integral em <http://www. mma.gov.br/estruturas/agenda21>.

Educação ambiental e desenvolvimento sustentável

A Conferência de Estocolmo, incluindo as reuniões preparatórias que lhe antecederam, bem como as que lhe deram continuidade, firmaram as bases para um novo entendimento a respeito das relações entre o ambiente e o desenvolvimento socioeconômico. O primeiro princípio dessa Declaração é um exemplo dessa visão que integra questões sociais e ambientais, o que dá sentido para a expressão socioambiental:

> O homem tem o direito fundamental à liberdade, à igualdade e ao desfrute de condições de vida adequadas em um meio ambiente de qualidade tal que lhe permita levar uma vida digna e gozar de bem-estar, tendo a solene obrigação de proteger e melhorar o meio ambiente para as gerações presentes e futuras.[5]

Desde então, nos fóruns internacionais ligados à ONU, desenvolvimento e meio ambiente passaram a ser tratados de modo integrado, que é uma ideia central dos conceitos relativos ao desenvolvimento sustentável, embora essa expressão fosse aparecer anos mais tarde. Essa expressão aparece pela primeira vez em um documento de 1980, denominado Estratégia de Conservação Mundial (*World Conservation Strategy*), elaborado pela IUCN e Fundo Mundial para a Natureza (WWF) por solicitação do PNUMA. De acordo com esse documento, manter a capacidade do planeta para sustentar o desenvolvimento é o objetivo da conservação e, por sua vez, o desenvolvimento deve levar em consideração a capacidade dos ecossistemas e as necessidades das futuras gerações.[6]

A partir da publicação do relatório *Nosso futuro comum*, produzido pela CMMAD, a expressão desenvolvimento sustentável passa a ser difundida e torna-se popular com a Conferência das Nações Unidas para o Desenvolvimento e Meio Ambiente, realizada no Rio de Janeiro em 1992. Os trabalhos da CMMAD constituem fontes fundamentais dos conceitos e propostas relacionados com o desenvolvimento sustentável, que será discutido mais adiante. Vale mencionar por agora que a definição mais conhecida de desenvolvimento sustentável encontra-se nesse relatório: "É aquele que atende às necessidades do presente sem

---

[5] Declaração de Estocolmo de 1972 – Princípio 1.
[6] IUCN; WWF; PNUMA, 1980.

Educação ambiental na formação do administrador

comprometer a possibilidade das gerações futuras de atenderem as suas próprias necessidades".[7] É outra forma de dizer o primeiro princípio da Declaração de Estocolmo citada anteriormente. Com efeito, pelo princípio nº3 da Declaração do Rio de Janeiro sobre Meio Ambiente e Desenvolvimento, aprovado em 1992, "o direito ao desenvolvimento deve ser exercido de modo a permitir que sejam atendidas equitativamente as necessidades de gerações presentes e futuras" (veja Anexo 1). O relatório dedica especial atenção à educação em geral e à EA em especial como meio para alcançar o desenvolvimento sustentável, pois a compreensão dos processos ambientais e de desenvolvimento da maioria das pessoas baseia-se em crenças tradicionais e em informações transmitidas pela educação convencional.[8]

Após a Conferência de Estocolmo de 1972, a EA passou a receber atenção especial em praticamente todos os fóruns relacionados com a temática do desenvolvimento e meio ambiente. Dela resulta a criação do Programa das Nações Unidas para o Meio Ambiente (PNUMA) que viria a dividir com a Unesco as questões relativas à EA no âmbito da ONU. Foi estabelecido um plano de trabalho com 110 recomendações, sendo que a Resolução 96 é uma recomendação a respeito da necessidade de implementar a EA de caráter interdisciplinar com o objetivo de preparar o ser humano para viver em harmonia com o meio ambiente. Para implementar essa resolução, a Unesco e o PNUMA criaram o Programa Internacional de Educação Ambiental (PIEA) com o objetivo de promover o intercâmbio de ideias, informações e experiências em EA entre as nações de todo o mundo; fomentar o desenvolvimento de atividades de pesquisa que melhorem a compreensão e a implementação da EA; promover o desenvolvimento e a avaliação de materiais didáticos, currículos, programas e instrumentos de ensino; favorecer o treinamento de pessoal para o desenvolvimento da EA e dar assistência aos Estados membros com respeito à implementação de políticas e aos programas de EA. Uma das primeiras atividades do PIEA foi a realização de um Seminário Internacional sobre Educação Ambiental em 1975, no qual foi aprovada a Carta de Belgrado, um

---

[7] CMMAD, 1991, p. 46.
[8] Idem, p. 122-125.

Educação ambiental e desenvolvimento sustentável

importante documento sobre diversas questões pertinentes à EA sob a perspectiva do desenvolvimento sustentável.

A Carta de Belgrado estabelece que a meta básica da ação ambiental é melhorar todas as relações ecológicas, incluindo as relações do ser humano entre si e com os demais elementos da natureza, bem como desenvolver uma população mundial consciente e preocupada com o meio ambiente e com os problemas associados a ele com conhecimento, habilidade, motivação, atitude e compromisso para atuar individual e coletivamente na busca de soluções para os problemas atuais e para a prevenção de novos problemas. O público em geral, o principal alvo da educação ambiental, é constituído por todos os integrantes da educação formal e não formal. Os primeiros compreendem os alunos e professores de todos os níveis, desde a pré-escola até o ensino superior e o treinamento profissional; os segundos incluem jovens e adultos, individualmente considerados ou em grupos, de todos os segmentos da sociedade, trabalhadores, administradores, profissionais liberais, entre outros. Os objetivos da educação ambiental de acordo com a Carta de Belgrado são os seguintes:

1. *Conscientização*: contribuir para que indivíduos e grupos adquiram consciência e sensibilidade em relação ao meio ambiente como um todo e quanto aos problemas relacionados com ele.

2. *Conhecimento*: propiciar uma compreensão básica sobre o meio ambiente, principalmente quanto às influências do ser humano e de suas atividades.

3. *Atitudes*: propiciar a aquisição de valores e motivação para induzir uma participação ativa na proteção ao meio ambiente e na resolução dos problemas ambientais.

4. *Habilidades*: proporcionar condições para que os indivíduos e grupos sociais adquiram as habilidades necessárias a essa participação ativa.

5. *Capacidade de avaliação*: estimular a avaliação das providências efetivamente tomadas em relação ao meio ambiente e aos programas de educação ambiental.

6. *Participação*: contribuir para que os indivíduos e grupos desenvolvam o senso de responsabilidade e de urgência com respeito às questões ambientais.

Educação ambiental na formação do administrador

Para atingir esses objetivos, a Carta de Belgrado recomenda que os programas de educação ambiental devam levar em conta as seguintes diretrizes:

1. Considerar o meio ambiente na sua totalidade, isto é, o ambiente natural e o construído pelo ser humano, envolvendo questões políticas, culturais, econômicas, tecnológicas, estéticas etc.
2. Considerar a educação ambiental como um processo contínuo, tanto dentro como fora da escola.
3. Conter uma abordagem interdisciplinar.
4. Enfatizar a participação ativa na prevenção e solução de problemas ambientais.
5. Considerar as questões ambientais tanto do ponto de vista global como local.
6. Considerar as questões atuais e as futuras.
7. Analisar os processos de desenvolvimento e crescimento do ponto de vista ambiental.
8. Promover a cooperação em diferentes níveis, internacional, nacional, regional e local.

A falta de proposições concretas e uma visão pouco realística foram as críticas mais frequentes à Carta de Belgrado. De fato, ela é uma carta de intenções sem recomendações para a sua execução, o que seria feito pela Conferência Intergovernamental sobre EA de Tbilisi, Geórgia, de 1977. Apesar disso, a Carta de Belgrado é um dos documentos mais importantes sobre EA do ponto de vista dos conceitos, princípios e diretrizes. Como será mostrado adiante, os seus termos foram amplamente recepcionados por outros documentos importantes sobre EA e influenciaram os desdobramentos posteriores, podendo-se dizer que ela forma uma espécie de *substractum* que confere à EA o seu caráter transformador dos humanos e da sua relação com a natureza.

Na Conferência de Tbilisi esses objetivos e diretrizes foram ratificados e, com base neles, foram enunciadas 41 recomendações sobre educação ambiental. De acordo com a primeira delas:

> Ainda que seja óbvio que os aspectos biológicos e físicos constituem a base natural do meio humano, as dimensões socioculturais e econômicas, e os valores éticos definem, por sua parte, as orientações e os instrumentos

Educação ambiental e desenvolvimento sustentável

com os quais o homem poderá compreender e utilizar melhor os recursos da natureza com o objetivo de satisfazer as suas necessidades.[9]

Quanto aos objetivos, ficaram estabelecidas cinco categorias: consciência, conhecimento, comportamento, aptidões e participação, ou seja, praticamente os mesmos da Carta de Belgrado, há pouco mencionados como mostra o Quadro 2.1, excetuando a ausência do objetivo *capacidade de avaliação*, que pode ser entendido como incorporado no objetivo *aptidões*. São os seguintes objetivos:

1. *Consciência*: contribuir para que os grupos sociais e os indivíduos adquiram consciência do ambiente global, sensibilizando-os para estas situações.

2. *Conhecimento*: contribuir para que os grupos sociais e os indivíduos adquiram uma diversidade de experiências e uma compreensão fundamental do meio ambiente e dos problemas correlacionados.

3. *Comportamento*: contribuir para que os grupos sociais e os indivíduos se conscientizem de uma série de valores e passem a sentir interesse e preocupação pelo meio ambiente, motivando-os de tal modo que possam participar ativamente na melhoria do meio ambiente.

4. *Aptidões*: contribuir para que os grupos sociais e os indivíduos adquiram as aptidões necessárias para definir e resolver problemas ambientais.

5. *Participação*: proporcionar aos grupos sociais e aos indivíduos a possibilidade de participar ativamente nas ações que visam à solução dos problemas ambientais.

A Declaração da Conferência Intergovernamental sobre EA de Tbilisi, doravante denominada Declaração de Tbilisi, entende a EA como reorientação e articulação de diversas disciplinas e experiências educativas que facilitam a percepção integrada do meio ambiente, tornando possível uma ação mais racional e capaz de responder às necessidades sociais. Seu objetivo fundamental, conforme estabelece a primeira recomendação, é permitir que

[9] UNESCO, 1997-a.

Educação ambiental na formação do administrador

os indivíduos e a coletividade compreendam a natureza complexa do meio ambiente natural e do meio ambiente criado pelo homem, resultante da integração de seus aspectos biológicos, físicos, sociais, econômicos e culturais, e adquiram os conhecimentos, os valores, os comportamentos e as habilidades práticas para participar responsável e eficazmente da prevenção e solução dos problemas ambientais, e da gestão da qualidade do meio ambiente.[10]

Quadro 2.1 — Objetivos da EA

CARTA DE BELGRADO – 1975	DECLARAÇÃO DE TBILISI – 1977 RECOMENDAÇÃO Nº 2
Conscientização: contribuir para que indivíduos e grupos adquiram consciência e sensibilidade em relação ao meio ambiente como um todo e quanto aos problemas relacionados com ele.	*Consciência*: contribuir para que os grupos sociais e os indivíduos adquiram consciência do ambiente global, sensibilizando-os para estas situações.
Conhecimento: propiciar uma compreensão básica sobre o meio ambiente, principalmente quanto às influências do ser humano e de suas atividades.	*Conhecimento*: contribuir para que os grupos sociais e os indivíduos adquiram uma diversidade de experiências e uma compreensão fundamental do meio ambiente e dos problemas correlacionados.
Atitudes: propiciar a aquisição de valores e motivação para induzir uma participação ativa na proteção ao meio ambiente e na resolução dos problemas ambientais.	*Comportamento*: contribuir para que os grupos sociais e os indivíduos se conscientizem de uma série de valores e passem a sentir interesse e preocupação pelo meio ambiente, motivando-os de tal modo que possam participar ativamente na melhoria do meio ambiente.
Habilidades: proporcionar condições para que os indivíduos e grupos sociais adquiram as habilidades necessárias a essa participação ativa.	*Aptidões*: contribuir para que os grupos sociais e os indivíduos adquiram as aptidões necessárias para definir e resolver problemas ambientais.
Capacidade de avaliação: estimular a avaliação das providências efetivamente tomadas em relação ao meio ambiente e aos programas de educação ambiental.	
Participação: contribuir para que os indivíduos e grupos desenvolvam o senso de responsabilidade e de urgência com respeito às questões ambientais.	*Participação*: proporcionar aos grupos sociais e aos indivíduos a possibilidade de participar ativamente nas ações que visam à solução dos problemas ambientais.

---

[10] Idem.

Educação ambiental e desenvolvimento sustentável

Mostrar "as interdependências econômicas, políticas e ecológicas do mundo moderno" é outro objetivo da EA para o qual se deve dar atenção especial à "compreensão das relações complexas entre o desenvolvimento socioeconômico e a melhoria do meio ambiente". Com esses propósitos, à educação ambiental cabe (1) dar os conhecimentos necessários para interpretar os fenômenos complexos que configuram o meio ambiente; (2) fomentar os valores éticos, econômicos e estéticos que favoreçam o desenvolvimento de comportamentos compatíveis com a preservação e melhoria do meio ambiente e (3) fomentar uma ampla gama de habilidades práticas necessárias à concepção e aplicação de soluções eficazes aos problemas ambientais. Para que isso possa ser realizado, ainda conforme o primeiro princípio, a EA suscita uma vinculação mais estreita entre os processos educativos e a realidade, estruturando as atividades educativas em torno de problemas concretos da comunidade e enfocando a análise desses problemas de acordo com uma perspectiva interdisciplinar e globalizadora, que permita uma compreensão adequada dos problemas ambientais. E concebida como um processo contínuo e que propicie aos seus beneficiários um saber sempre adaptado às condições variáveis do meio ambiente.

Quanto aos setores da população ou público-alvo, a EA deve ser destinada, independentemente de idade e profissão:

1. ao público em geral, não especializado, composto por jovens e adultos cujos comportamentos cotidianos têm influência decisiva na preservação e melhoria do meio ambiente;
2. aos técnicos e cientistas cujas pesquisas e práticas especializadas constituirão a base de conhecimentos sobre os quais devem se sustentar a educação, formação e gestão eficaz relativa ao ambiente; e
3. aos grupos sociais específicos cujas atividades profissionais incidem sobre a qualidade desse meio.

A recomendação nº 8 da Declaração de Tbilisi retoma esse último aspecto, especificando três setores da população ao qual a EA deve ser endereçada, a saber: (1) o público em geral, (2) os grupos de profissionais ou sociais específicos e (3) determinados grupos de profissionais e cientistas que se ocupam de problemas ambientais específicos, por exemplo, biólogos, geólogos, toxicólogos, agrônomos, arquitetos, meteorologistas etc. As recomendações nº 10 e nº 11 referem-se a esses dois últimos grupos.

A recomendação nº 10 é endereçada à formação de certos profissionais, tais como economistas, administradores de empresas, arquitetos, planejadores, administradores florestais e engenheiros, cujas atividades repercutem de maneira importante, direta ou indiretamente, no meio ambiente, mesmo quando não exercidas exclusivamente na esfera do planejamento e da gestão ambiental. A Declaração de Tbilisi recomenda um programa comum interdisciplinar de estudos ambientais vinculados tanto ao ambiente natural como ao urbano e que estejam relacionados com essas profissões. Recomenda também uma atenção especial quando da elaboração de metodologias e de mecanismos institucionais para atender a esse objetivo.

A recomendação nº 11 estabelece para esses profissionais, que exercem grande influência sobre o meio ambiente, dois programas diferentes de EA, a saber:

1. programas aprofundados de formação complementar e de formação prática ou programas de formação permanente que lhes permitam estabelecer relações mais adequadas sobre uma base interdisciplinar, cuja metodologia exigirá estudos mais aprofundados, assim como o estabelecimento de mecanismos institucionais adequados; e

2. programas pós-universitários destinados a pessoal já especializado em algumas disciplinas.

O método de formação eficaz, segundo essa recomendação, é o que adota um enfoque pluridisciplinar, centralizado na solução dos problemas e no sistema de equipes multidisciplinares integradas, permitindo a formação de especialistas que, havendo adquirido uma formação interdisciplinar, acrescentarão às suas próprias capacidades a aptidão para atuar como membros de equipes multidisciplinares.

Dez anos depois da Conferência de Tbilisi, as suas proposições foram referendadas na Conferência Internacional sobre Educação e Formação Ambiental, realizada em Moscou em 1987, promovida pela Unesco e PNUMA. Essa Conferência reafirmou as recomendações e objetivos da

Educação ambiental e desenvolvimento sustentável

Conferência de Tbilisi e discutiu questões de natureza pedagógica com vistas a uma estratégia internacional para o desenvolvimento da EA na década de 1990, envolvendo questões relacionadas com modelo de currículos, capacitação de docentes e de alunos, acesso à informação, educação universitária e outras necessárias para integrar a educação ambiental ao sistema educacional dos países.

2.2. A Agenda 21

A promoção da educação está presente em praticamente todas as áreas e programas da Agenda 21, um dos principais documentos aprovados na Conferência das Nações Unidas sobre o Meio Ambiente e Desenvolvimento realizada no Rio de Janeiro em 1992. Mesmo assim, ela dedica o Capítulo 36 à promoção do ensino, da conscientização pública e do treinamento. Embora conste em seu preâmbulo que as recomendações da Conferência de Tbilisi ofereceram os princípios fundamentais desse Capítulo, uma análise do seu texto mostra que ele foi muito mais influenciado pela Conferência Mundial do Ensino para Todos para a Satisfação das Necessidades Básicas de Aprendizado, realizada em Jomtiem, Indonésia, em 1998. Com efeito, apenas uma única menção foi feita à EA em todo o texto do Capítulo 36. Esse fato mostra uma mudança de curso no âmbito das conferências intergovernamentais promovidas pela ONU e nos documentos produzidos por elas.

A Declaração de Jomtiem reafirma a concepção da educação como um direito fundamental de todos, mulheres e homens, de todas as idades, no mundo inteiro e que pode contribuir para conquistar um mundo mais seguro, mais sadio, mais próspero e ambientalmente mais puro, ao mesmo tempo em que favoreça o progresso social, econômico e cultural, a tolerância e a cooperação internacional. A Declaração reconhece que uma educação básica adequada é fundamental para fortalecer os níveis superiores de educação e de ensino, a formação científica e tecnológica e, por conseguinte, para alcançar um desenvolvimento autônomo.[11] A educação

---

[11] UNESCO. *Declaração Mundial sobre Educação para Todos*: satisfação das necessidades básicas de aprendizagem de Jomtiem de 1990. Paris, Unesco, ED/90/CONF/205/1, 1998.

Educação ambiental na formação do administrador

básica é considerada de modo amplo, como satisfação das necessidades de aprendizagem ao longo de toda a vida para todos, compreendendo

> tanto os instrumentos essenciais para a aprendizagem (como a leitura e a escrita, a expressão oral, o cálculo, a solução de problemas) quanto os conteúdos básicos da aprendizagem (como conhecimentos, habilidades, valores e atitudes), necessários para que os seres humanos possam sobreviver, desenvolver plenamente suas potencialidades, viver e trabalhar com dignidade, participar plenamente do desenvolvimento, melhorar a qualidade de vida, tomar decisões fundamentadas e continuar aprendendo.[12]

O Capítulo 36 da Agenda 21 apresenta três áreas programas: (1) reorientação do ensino no sentido do desenvolvimento sustentável; (2) aumento da consciência pública; e (3) promoção do treinamento. Com relação à primeira, tanto no ensino formal quanto no informal, a reorientação para o desenvolvimento sustentável é considerada indispensável para modificar a atitude das pessoas e para conferir consciência ambiental, ética, valores, técnicas e comportamentos em consonância com as exigências de um novo padrão de responsabilidade socioambiental. Para se tornar eficaz, o ensino sobre o meio ambiente e o desenvolvimento deve considerar a dinâmica do desenvolvimento do meio físico, biológico e social, estar integrado em todas as disciplinas e empregar métodos de ensino formais e informais, (e) meios efetivos de comunicação. Uma das diversas atividades dessa área programa é especialmente endereçada às empresas e às escolas de comércio, indústria e agricultura para que incluam temas afinados com o desenvolvimento sustentável em seus programas de ensino e treinamento. Os programas de pós-graduação devem incluir cursos especialmente concebidos para treinar os responsáveis por decisões.[13]

O aumento da consciência pública, outra área programa, tem por objetivo sensibilizar e conscientizar o público, amplamente considerado, sobre os problemas do meio ambiente e do desenvolvimento para fomentar nos indivíduos o senso de responsabilidade com relação a esses problemas e fazer com que participem da busca de solução.

---

[12] UNESCO, op. cit. art. 1º.
[13] Agenda 21, Capítulo 31, seção 36.5-l.

Educação ambiental e desenvolvimento sustentável

A terceira área programa trata da promoção do treinamento, dirigido a profissões determinadas para preencher lacunas em seus conhecimentos e habilidades com vistas a encontrar empregos e participar de atividades concernentes ao meio ambiente e ao desenvolvimento, ao mesmo tempo em que reforçam ou ampliam a sua conscientização em relação aos temas dos seus programas de aprendizado. Visa entre outros objetivos garantir que considerações ambientais e de ecologia humana sejam integradas em todos os níveis administrativos e de manejo funcional, tais como *marketing*, produção e finanças. Recomenda-se, entre outras providências, que as associações profissionais revisem seus códigos de ética e conduta para incluir um compromisso mais forte com as dimensões ambientais e sociais do desenvolvimento. Os governos, a indústria, os sindicatos e os consumidores devem promover o aprofundamento da compreensão da relação existente entre um meio ambiente saudável e práticas empresariais saudáveis.

A Comissão de Desenvolvimento Sustentável (CDS), de caráter intergovernamental, foi criada em 1992 para acompanhar e avaliar a implementação das áreas programas e atividades recomendadas pela Agenda 21 e a cooperação internacional relacionada com essas atividades. A coordenação das atividades do Capítulo 36 da Agenda ficou a cargo da Unesco, que promoveu uma iniciativa internacional denominada *Educação para a Sustentabilidade* (EpS) em 1994 com o propósito de reforçar os objetivos, propostas e recomendações constantes nesse Capítulo e nas conferências mencionadas. Em 1996, com base em uma avaliação sobre o progresso geral alcançado pelas áreas programas do Capítulo 36 da Agenda 21, a CDS, após reafirmar a importância da educação como a pedra angular do desenvolvimento sustentável, propôs novas prioridades constantes em três objetivos fundamentais:

1. reorientar a educação básica para o desenvolvimento sustentável por meio de uma reforma do ensino em seu conjunto e não apenas por meio de modificações nos planos de estudos vigentes ou pela adição de novos componentes;
2. aumento da consciência do público, uma vez que o apoio e a participação da população é um fator cada vez mais importante para as mudanças que esse tipo de desenvolvimento requer; e

Educação ambiental na formação do administrador

3. fomento à capacitação para que se possa contar com os recursos humanos necessários para planejar e aplicar o desenvolvimento sustentável nos diversos setores da atividade humana.[14]

Essa mudança de prioridade modificaria a atuação da Unesco e do PNUMA em relação à EA. Tal mudança foi precedida pelo encerramento em 1995 das atividades do PIEA, que havia sido criado como resultado da Conferência de Estocolmo, como já mencionado. Em 1997, a Assembleia-Geral da ONU, com base nessa avaliação da CDS, adotou um programa para implementar a Agenda 21 na qual os temas do Capítulo 36 passaram a ter as prioridades citadas anteriormente. Esse programa usa as expressões *educação para a sustentabilidade* e *educação para o futuro sustentável*, cujos temas centrais incluem, entre outros, a educação permanente, a educação interdisciplinar e multicultural. As parcerias são colocadas como essenciais para a consecução desse programa e devem envolver uma diversidade de agentes, tais como escolas de todos os níveis, governos, ONGs, empresas, organizações profissionais, educadores etc. À Unesco é confiada a tarefa de desenvolver esse novo conceito de educação.[15]

2.3. EDUCAÇÃO PARA O DESENVOLVIMENTO SUSTENTÁVEL

Foi dentro desse quadro de mudanças que se realizou em 1997 a Conferência Internacional sobre Meio Ambiente e Sociedade, em Tessalônica, Grécia. Essa conferência marca uma mudança profunda na trajetória da EA no âmbito da Unesco, nem sempre bem vista por praticantes da EA, como será mostrado oportunamente. A Declaração de Tessalônica considerou válidos os planos e as recomendações das conferências de Belgrado, Tbilisi, Moscou e outras relacionadas com a EA, mas reconheceu que não foram completamente explorados e

---

[14] ONU/CDS, 1997, p. 2.
[15] ASAMBLEA GENERAL DE LAS NACIONES UNIDAS, Resolución s/19-2 de 28 de junho de 1997.

Educação ambiental e desenvolvimento sustentável

os resultados alcançados foram insuficientes. A educação é expressamente colocada como um instrumento privilegiado para se alcançar o desenvolvimento sustentável (Anexo 2).

Com efeito, a Declaração de Tessalônica afirma que a educação e a consciência pública adequadas constituem pilares da sustentabilidade cujo conceito envolve, além do meio ambiente, a pobreza, a população, a saúde, a segurança alimentar, a democracia, os direitos humanos e a paz. Reconhece que a EA desenvolvida segundo as recomendações de Tbilisi e sua evolução posterior contempla uma vasta gama de temas globais incluídos nas conferências da ONU e na Agenda 21, por isso também tem sido tratada como educação para a sustentabilidade, podendo referir-se a ela como educação para o meio ambiente e a sustentabilidade. Reafirma que a educação é um meio indispensável para fornecer a todas as mulheres e todos os homens no mundo a capacidade de conduzirem suas vidas e exercitar suas escolhas pessoais e responsabilidades. Reafirma também que a sustentabilidade deve ser tratada com enfoque holístico, interdisciplinar e levando em conta os contextos locais, regionais e nacionais particulares.[16]

A Declaração de Tessalônica recomenda que os planos de ação para a educação para o meio ambiente e a sustentabilidade sejam elaborados em nível local e regional e que a educação faça parte integral das Agendas 21 locais. Recomenda que as escolas sejam estimuladas e apoiadas no sentido de adequar seus *curricula* para atender às necessidades de um futuro sustentável. Outra recomendação refere-se ao fortalecimento e reorientação dos programas de formação de professores e à identificação e intercâmbio de práticas inovadoras. E que a comunidade científica desempenhe um papel ativo para assegurar que o conteúdo da educação e os programas de conscientização pública sejam baseados em informação atualizada.

Lamentavelmente, ela traz uma nota destoante quando diz que a pobreza gera crescimento da população e degradação ambiental, embora acerte ao reafirmar que a redução da pobreza constitui uma meta essencial e uma condição indispensável para a sustentabilidade. Não falta quem considere a pobreza como fator de degradação ambiental. O

---

[16] UNESCO, Declaración de Thessaloniki, dezembro de 1997.

Banco Mundial (1992), um importante formador de opinião entre tomadores de decisão, manifestou mais de uma vez essa opinião, por exemplo, quando afirma que as famílias pobres, para atenderem às suas necessidades de curto prazo, arruínam o capital natural cortando mais árvores do que conseguem repor.[17] Trata-se de um pensamento falacioso, pois essas famílias estão apenas se defendendo como podem e agem assim por falta de melhores opções. Sabe-se, no entanto, que a principal causa da degradação está associada ao consumo exacerbado dos segmentos afluentes das sociedades, assunto que será retomado mais adiante.

Em reunião especial denominada Cúpula do Milênio realizada em 2000, a Assembleia-Geral das Nações Unidas aprovou a Declaração do Milênio com o objetivo de reforçar o compromisso das nações com o cumprimento de metas e recomendações estabelecidas na Agenda 21. A Declaração estabeleceu oito objetivos desagregados em 18 metas para serem alcançados até o ano de 2015 por meio de ações concretas dos governos e da sociedade civil. As Metas do Milênio procuram acelerar a operacionalização do conceito de desenvolvimento sustentável por meio de ações específicas tanto de políticas públicas nos diferentes níveis de atuação estatal quanto da sociedade em geral. Dois objetivos referem-se ao cumprimento de objetivos e metas no campo da educação, a saber:

1. Objetivo: universalizar o ensino básico fundamental. Meta: garantir que até 2015 todas as crianças, de ambos os sexos, terminem um ciclo completo de ensino básico.
2. Objetivo: promover igualdade entre os sexos e autonomia das mulheres. Meta: eliminar a disparidade entre os sexos no ensino primário e secundário até 2005, se possível, e em todos os níveis de ensino, o mais tardar até 2015.[18]

Como se vê, o primeiro objetivo se reporta à Declaração de Jomtiem que estabelecera como objetivo o acesso universal à educação primária de todos, crianças, jovens e adultos. O segundo objetivo também se reporta a Jomtiem de modo geral, porém de forma mais

---

[17] WORLD BANK, 1992, p. 67.
[18] ASAMBLEA GENERAL DE LAS NACIONES UNIDAS. Declaración del Milenio. Resolución A/RES/55/2 de 13 de septiembre de 2000.

Educação ambiental e desenvolvimento sustentável

específica ao Marco de Ação de Dacar – educação para todos, um documento produzido durante o Fórum Mundial da Educação realizado em abril de 2000 em Dacar, Senegal, sob os auspícios da Unesco, do qual constam seis objetivos relativos à promoção da educação para todos, que são os seguintes:

1. expandir e melhorar o cuidado e a educação da criança pequena, especialmente para as crianças mais vulneráveis e em maior desvantagem;
2. assegurar que todas as crianças, com ênfase especial nas meninas e crianças em circunstâncias difíceis, tenham acesso à educação primária, obrigatória, gratuita e de boa qualidade até o ano 2015;
3. assegurar que as necessidades de aprendizagem de todos os jovens e adultos sejam atendidas pelo acesso equitativo à aprendizagem apropriada, às habilidades para a vida e aos programas de formação para a cidadania;
4. alcançar uma melhoria de 50% nos níveis de alfabetização de adultos até 2015, especialmente para as mulheres, e acesso equitativo à educação básica e continuada para todos os adultos;
5. eliminar disparidades de gênero na educação primária e secundária até 2005 e alcançar a igualdade de gênero na educação até 2015, com enfoque na garantia ao acesso e ao desempenho pleno e equitativo de meninas na educação básica de boa qualidade; e
6. melhorar todos os aspectos da qualidade da educação e assegurar excelência para todos, de forma a garantir resultados reconhecidos e mensuráveis, especialmente com relação à alfabetização, matemática e habilidades essenciais à vida.[19]

Dez anos depois da Conferência do Rio de Janeiro foi realizada a Cúpula Mundial sobre Desenvolvimento Sustentável (CMDS) em

---

[19] *Marco de Ação de Dacar – educação para todos*: atingindo nossos compromissos coletivos. Texto adotado no Fórum Mundial da Educação em 28 de abril de 2000 em Dacar, Senegal. Mais sobre este documento, veja em: <http://www.oei.es/quipu/marco_dakar_portugues.pdf>.

Johanesburgo em 2002, conhecida como *Rio+10*, com o objetivo de tratar os seguintes cinco temas específicos definidos pelo Secretário-Geral das Nações Unidas, na época Kofi Annan: água e saneamento, energia, saúde, agricultura, biodiversidade e gestão de ecossistemas, que ficaram conhecidos pela sigla WEHAB (do inglês: *water and sanitation, energy, health, agriculture, biodiversity and ecossistem management*). Porém, outros temas acabaram sendo considerados, como a pobreza, a globalização e os problemas da África. Ao final foi elaborado um Plano de Ação contendo 153 recomendações para o efetivo cumprimento da Agenda 21 e os princípios constantes na Declaração do Rio de Janeiro sobre Meio Ambiente e Desenvolvimento. Diversas recomendações relacionadas com a educação foram contempladas nesse Plano, mas de um modo geral e não especialmente sobre EA.

A questão central em Johanesburgo em relação à educação foi assegurar recursos financeiros para reforçar a universalização do acesso à educação básica, conforme havia sido colocado na Conferência de Jomtiem e no programa de Implementação da Agenda 21 aprovada em 1997 pela Assembleia-Geral das Nações Unidas, comentados anteriormente. A recomendação 109 do Plano de Ação da CMDS, depois de afirmar que o ensino é de importância crítica para promover o desenvolvimento sustentável, considera como tarefa essencial mobilizar os recursos necessários, incluindo financeiros, de todo nível, tais como de doadores bilaterais e multilaterais, como o Banco Mundial e os bancos regionais de desenvolvimento, a sociedade civil e as fundações, com a finalidade de complementar os esforços dos governos nacionais na consecução das seguintes metas: (a) alcançar os objetivos da Declaração do Milênio relativos à universalização do ensino primário; (b) oferecer a todos os meninos e meninas, em particular os que vivem na zona rural e na pobreza, a possibilidade de completar o ciclo do ensino primário.[20]

As recomendações 110 e 112 do Plano de Ação da CMDS também se referem ao provimento de recursos para cumprir as metas de universalização do ensino. A recomendação 111 é voltada para enfrentar os efeitos da *aids* sobre os sistemas de educação nos países gravemente afetados por essa pandemia. A recomendação 113 trata da erradicação das

[20] CMDS, 2002.

Educação ambiental e desenvolvimento sustentável

disparidades entre gêneros no ensino primário e secundário, conforme estabelecido na Conferência de Dacar. A recomendação 114 reafirma a necessidade de integrar o desenvolvimento sustentável nos sistemas de ensino em todos os níveis educativos para promover o papel da educação como agente-chave de mudança. A recomendação 117 refere-se à necessidade de apoiar o uso da educação para promover o desenvolvimento sustentável, inclusive por meio de ações de caráter urgente, dentre elas, recomendar à Assembleia das Nações Unidas que proclame um decênio para a educação para o desenvolvimento sustentável.[21]

Em 2003 a Assembleia Geral das Nações Unidas acata essa recomendação e, reconhecendo que a educação é indispensável ao desenvolvimento sustentável, proclama o Decênio das Nações Unidas da Educação para o Desenvolvimento Sustentável (DNUEDS), designando à Unesco a responsabilidade pela sua promoção (Figura 2.1). O objetivo desse Decênio, que vai de 2005 a 2014, é a promoção do ensino e aprendizagem para todos ao longo de toda a vida como parte do processo para alcançar o desenvolvimento sustentável, conforme os documentos produzidos em Jomtiem e Dacar.

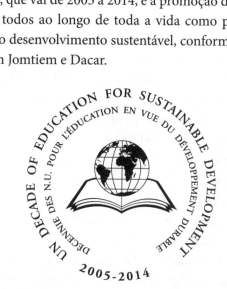

Figura 2.1 — Símbolo da DNUEDS
Fonte: *UN Decade of Education for Sustainable Development (ED/PSD/ESD)*. <http://www.unesco.org>

O Decênio ou Década das Nações Unidas da Educação para o Desenvolvimento Sustentável refere-se a um projeto de dimensão

[21] Idem.

Educação ambiental na formação do administrador

planetária que objetiva atender às necessidades básicas do presente sem prejudicar a capacidade das gerações futuras de suprirem suas carências, conforme a definição da CMMAD, comentada anteriormente, enquanto a Educação para o Desenvolvimento Sustentável (EDS) tem por objetivo o provimento de conhecimentos e de atitudes para que as pessoas possam tomar decisões e agir de forma coerente com os propósitos desse modo de conceber o desenvolvimento. Em outras palavras, a EDS é um instrumento do desenvolvimento sustentável, da mesma forma que a EA era considerada nos documentos das conferências citadas. O DNUEDS objetiva intensificar os esforços para incorporar os princípios, valores e recomendações concernentes ao desenvolvimento sustentável em todos os aspectos da educação e aprendizagem.[22]

Educação para a sustentabilidade, educação para um futuro sustentável, educação para o desenvolvimento sustentável são expressões usadas como sinônimas nos documentos da ONU e da Unesco. Como diz um documento da Unesco de 1997, as raízes de uma educação para o desenvolvimento sustentável estão firmemente implantadas na EA e que em sua breve trajetória se esforçou para alcançar metas e resultados similares aos inerentes ao conceito de desenvolvimento sustentável e compreendem um amplo espectro de dimensões ambientais, sociais, éticas, econômicas e culturais. Segundo esse documento, muitas recomendações da Conferência do Rio de Janeiro de 1992 são ecos de Tbilisi, tais como:

* O entendimento de que a meta da EA é conseguir que as pessoas e as comunidades compreendam o caráter complexo do meio ambiente natural e artificial, resultante da interação dos seus aspectos físicos, biológicos, sociais, econômicos e culturais, bem como adquirir conhecimento, valores, atitudes e aptidão prática que permitam participar de forma responsável e eficaz no esforço de prever e resolver problemas ambientais.

* Outro objetivo básico da EA consiste em evidenciar a interdependência econômica, política, ecológica do mundo moderno e que as atividades de diferentes países podem provocar repercussões internacionais.

[22] Resolución A/RES/57/254, de 21 de fevereiro de 2003.

Educação ambiental e desenvolvimento sustentável

* Deve-se prestar atenção especial ao objetivo de compreender as complicadas relações entre o desenvolvimento socioeconômico e o melhoramento do meio ambiente.[23]

Nesses e em outros documentos da Unesco posteriores a Tessalônica, a Educação para o Desenvolvimento Sustentável (EDS) é uma proposta ambiciosa para reformular completamente a educação em escala global alinhada com os objetivos das conferências da ONU desencadeadas em Estocolmo em 1972 relacionadas com meio ambiente e desenvolvimento e a Conferência de Jomtiem de 1990 e o Fórum Mundial sobre Educação de Dacar. Com relação à EA, esses documentos permitem interpretações variadas. A Declaração de Tessalônica, na única vez que menciona a EA, considera que esta, desenvolvida segundo as recomendações de Tiblisi e seus desdobramentos posteriores, por contemplar uma vasta gama de temas globais incluídos nas conferências da ONU e na Agenda 21, também tem sido tratada como educação para a sustentabilidade. Essa frase permite interpretar que não há diferença entre ambas ou que a EA transformou-se na EDS.

Há outras interpretações. Sauvé considera a EA desenvolvida pela PIEA, que vigorou de 1972 a 1995, como uma corrente específica denominada de resolução de problema e distinta da corrente do desenvolvimento sustentável,[24] cujo resumo pode ser visto no Quadro 1.1, linhas 3 e 15, respectivamente. Uma pesquisa realizada entre junho de 1999 e março de 2000, com 50 participantes de 25 países, a maioria com experiência ou formação acadêmica em EA, mostrou uma variedade de opiniões sobre EA e EDS:

* a EDS difere significativamente da EA de caráter naturalista, apolítica e científica praticada nos anos 1980 e início dos 1990;
* a EA é um componente essencial da EDS entre muitos outros, tais como sistemas dinâmicos, sustentabilidade econômica, globalização, educação intercultural, pensamento estratégico, educação baseada na comunidade etc.;

[23] UNESCO, 1997; p. 31-32.
[24] SAUVÉ, 2005-a, p. 15 e 29-23.

Educação ambiental na formação do administrador

* a EA é um componente da EDS e um dos que contribuíram para a sua conceituação, enquanto a EDS volta-se para as dimensões sociais, políticas e econômicas, a EA concentra-se na dimensão ambiental;
* a EDS provê orientação útil para a EA;
* a EA, diferentemente da EDS, dá atenção quase exclusiva sobre as forças naturais e atenção insuficiente para a necessidade de mudanças profundas nas forças sociais que limitam a habilidade de desenvolver um modo de vida equilibrado com o meio ambiente;
* a EA tem falhado muito em iniciar uma discussão com tomadores de decisão dos governos e das empresas, enquanto a EDS procura fazer isso de modo explícito. A EA representa interesses de grupos;
* a EDS tem um foco mais nítido e crítico do que a EA.[25]

As opiniões dos participantes da pesquisa apresentam quatro perspectivas de relação entre EA e EDS, conforme ilustra a Figura 2.2, mas a maioria parece considerar a EDS como o próximo estágio na evolução da EA ou uma nova geração de EA. De acordo com Mckeown, as primeiras ideias sobre a EDS estão no Capítulo 36 da Agenda 21 e, diferentemente da maioria dos movimentos educativos, não teve início na comunidade de educadores, mas, sim, em fóruns políticos e econômicos internacionais, como ONU, Organização para Cooperação e Desenvolvimento (OCDE), Organização dos Estados Americanos etc. O desenvolvimento conceitual da EDS de forma independente da participação dessa comunidade é um problema reconhecido tanto pelos docentes quanto pelos órgãos internacionais[26]. Essa é com certeza uma das razões por que a EDS é malvista por muitos praticantes da EA.

Pesquisas realizadas em 2004 com a comunidade de educadores ambientais do Brasil e de outros países da América Latina e Caribe também mostram a divergência de entendimento sobre EA e EDS. No Brasil a pesquisa foi feita com 1.740 participantes do V Fórum Brasileiro de Educação Ambiental, realizado em Goiânia, com base no mesmo

---

[25] HASSELINK; KEMPEN; WALS. 2000, p. 5-13.
[26] MCKEOWN, 2002, p.5.

Educação ambiental e desenvolvimento sustentável

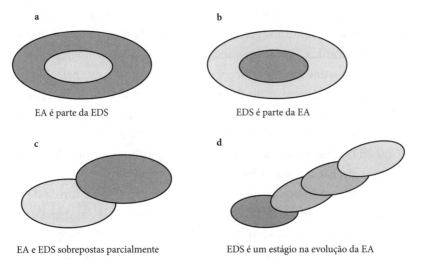

Figura 2.2 — **Perspectivas sobre a relação entre EA e EDS**
Fonte: Hasselink; Kempen; Wals, 2000, p. 12.

questionário de uma pesquisa realizada pela secretaria de educação pública do México enviada por meio eletrônico a 101 especialistas em EA de 17 países latino-americanos e caribenhos. Dos 101 especialistas, 53% opinaram que não seria conveniente mudar a denominação de EA para EDS e da amostra brasileira, 77%. Dos que consideraram conveniente mudar a denominação, 65% dos 101 especialistas justificaram que a EDS envolve temas sociais e econômicos e não apenas ecológicos; 22% entenderam que a mudança representaria uma evolução natural da EA; e 10%, que a mudança representaria uma tendência internacional e os apoios financeiros acompanhariam essa tendência. Da amostra brasileira favorável à mudança, 75% justificou pelo envolvimento dos temas sociais e ambientais e 25% pela evolução natural. Quanto aos que não apoiam a mudança, 38% dos entrevistados na pesquisa mexicana justificam que no contexto da região latino-americana e caribenha a EA já contempla questões sociais e econômicas; 24% julgaram a EDS confusa conceitual e operacionalmente; e 22% temem que a mudança represente a perda de um capital simbólico construído nessa região com enormes dificuldades. Na pesquisa brasileira este último motivo teve importância menor. Resumindo, os respondentes das duas pesquisas entendem que as dimensões sociais e econômicas devem estar presentes na EA, a maioria

Educação ambiental na formação do administrador

acha conveniente falar EDS em vez de EA e entre os que acham inconveniente a mudança, muitos acreditam que a EA já incorpora a dimensão social e econômica, não se atendo apenas às questões ecológicas.[27]

De fato, em muitas concepções de EA, como a estabelecida pela legislação brasileira, assunto do próximo capítulo, a EA já incorporou as dimensões econômicas e sociais de acordo com a perspectiva do desenvolvimento sustentável, de modo que para esta é indiferente falar em EA ou EDS. Porém, como mostrado no capítulo anterior, há diversas correntes de EA e nem todas consideram essas dimensões e sob essa perspectiva. Sendo assim, denominar EDS pode ser uma forma de sublinhar a especificidade de tal corrente para distingui-la das demais. Entre os que olham com desconfiança a EDS, além dos motivos apontados, estão as muitas críticas que se fazem aos diferentes entendimentos sobre desenvolvimento sustentável, como será mostrado a seguir.

2.4. CRÍTICAS E OBJEÇÕES AO DESENVOLVIMENTO SUSTENTÁVEL

A expressão desenvolvimento sustentável tornou-se popular após a Conferência das Nações Unidas sobre Meio Ambiente e Desenvolvimento, realizada no Rio de Janeiro em 1992, embora já estivesse presente com diferentes denominações desde a Conferência de Estocolmo de 1972. A definição de desenvolvimento sustentável da Comissão Brundtand de 1987, enunciada na Seção 2.1., passou a ser citada em praticamente todos os documentos oficiais da ONU e suas agências, como a Unesco, PNUMA, PNUD, UNIDO e UNCTAD, em documentos oficiais de entidades intergovernamentais como OMC, OMS e Banco Mundial, em leis nacionais e subnacionais, em documentos de empresas e ONGs e já faz parte do repertório de pessoas mais esclarecidas do público em geral. Hoje é crescente o número de empresas que a colocam em suas missões e declarações. A adesão foi tanta e tão rápida que não é exagero afirmar que se trata de verdadeiro sucesso em termos de popularidade. Mas também não são poucos os que se manifestaram contrários à ideia de desenvolvimento sustentável.

---

[27] BRASIL/OG-PNEA, 2009; p. 9-19.

Uma fonte de críticas advém da palavra desenvolvimento que evoca outra, crescimento. Esse fato não é de pouca monta, pois desenvolvimento e crescimento são considerados em muitos casos sinônimos na linguagem corrente. Um sentido mais específico é "movimento em direção ao melhor", segundo Abbagnano (2007). O autor entende que esse sentido tem precedente no conceito aristotélico de movimento como passagem da potência ao ato e que seu significado mais otimista é peculiar à filosofia do século XIX estreitamente ligada ao conceito de progresso.[28] Como concebe Villeneuve, a noção de desenvolvimento responde a uma aspiração do ser humano, e assim como qualquer pessoa deseja realizar seu potencial do ponto de vista físico e intelectual, as sociedades procuram, na sua evolução, desenvolver seus planos econômicos e culturais.[29] No âmbito da Economia e das políticas econômicas, desenvolvimento significa mudanças para melhor no padrão de vida da população de um país, região ou local, decorrentes de mudanças econômicas. Por exemplo, aumento da participação das atividades de manufatura e de serviço na composição do Produto Nacional Bruto (PNB), aumento da oferta de energia e de vias de transporte, entre outras. Sandroni em seu magistral *Dicionário de economia do século XXI* define desenvolvimento econômico como "crescimento econômico [...] acompanhado pela melhoria do padrão de vida da população e por alterações fundamentais na estrutura de sua economia".[30] No Relatório da CMMAD, um dos principais veículos de irradiação das ideias concernentes ao desenvolvimento sustentável, o crescimento também veio associado ao desenvolvimento.

Com efeito, a retomada do crescimento é entendida como condição necessária para erradicar a pobreza. A CMMAD exorta os países a retomar o crescimento econômico, sejam desenvolvidos ou não. O crescimento é entendido como aumento da riqueza de um país, região ou local, como desenvolvimento, como mudança da qualidade de vida das suas populações. Mas faz a ressalva que também é necessário mudar a

---

[28] ABBAGNANO, 2007-c, p. 284.
[29] VILLENEUVE, 1998, p. 43-44.
[30] SANDRONI, 2006, p. 242.

qualidade do crescimento para torná-lo mais justo, equitativo e menos intensivo em matéria-prima e energia.[31]

A retomada do crescimento como objetivo do desenvolvimento sustentável tanto suscita críticas e desconfianças, por diversas razões, quanto aplausos e regozijos. Entre os críticos está o economista Herman Daly que, ao contrário da retomada do crescimento, defende a necessidade de limitar as atividades humanas à capacidade de suporte do planeta, bem como o nível de população e o padrão médio de consumo *per capita* de recursos naturais.[32] No entanto, foi essa retomada que trouxe popularidade ao desenvolvimento sustentável entre os políticos profissionais de um modo geral, pois o crescimento econômico sempre foi uma bandeira fácil de carregar e rende votos. Para os governantes, o crescimento econômico gera impostos e uma gestão mais tranquila, pois aumenta a possibilidade de atender às demandas de diversos setores da sociedade, além do fato de que uma economia em crescimento gera menos greves e necessidades de recursos para atender desempregados. Um político que propõe em sua plataforma reduzir o crescimento econômico certamente teria uma vida política curta. Na opinião de McNeill, o crescimento tornou-se um fetiche que contribuiu para gerar um mundo mais populoso e mais estressado. Nem os economistas escaparam da sua atração, pois os que ousaram desafiá-lo foram excluídos do seu círculo até o fim do século XX. Conforme esse autor, a prioridade excessiva dada ao crescimento econômico foi certamente a ideia mais importante do século XX.[33]

Ao incluir o crescimento como objetivo do desenvolvimento sustentável, obteve-se a adesão crescente dos empresários e seus representantes e dirigentes de empresas, principalmente das grandes empresas e das multinacionais. É nesse sentido que se entende a desconfiança de muitos, tal como Pedrini, para quem a proposta da Unesco de uma educação vinculada ao desenvolvimento sustentável é dirigida ao capital internacional com ênfase nas regras de mercado.[34] Como mostra

---

[31] CMMAD, 1991, p. 53 e 56.
[32] DALY, 1991.
[33] MCNEILL, 2000, p. 336.
[34] PEDRINI, 2006.

Educação ambiental e desenvolvimento sustentável

qualquer texto sobre estratégia empresarial, o crescimento é um objetivo estratégico recorrente cuja validade não se questiona, apenas o modo de alcançá-lo. Crescer ou morrer é uma máxima que orienta as decisões de dirigentes empresariais e os cursos de administração a difundem para os alunos. As práticas administrativas usuais premiam os que promovem o crescimento com bônus, aumento de salário e outros incentivos. Um dirigente contrário ao crescimento da sua empresa causaria estranheza no ambiente empresarial. A facilidade com que muitas empresas e entidades empresariais aderiram ao movimento do desenvolvimento sustentável tem gerado ceticismo em muitas correntes ambientalistas, que por sua vez são acusadas de atrasadas, regressistas ou utópicas por parte de muitos empresários e suas entidades.

Quando empresas fabricantes de cigarros afirmam que contribuem para o desenvolvimento sustentável porque ajudam os pequenos produtores rurais ensinando-lhes melhores práticas agrícolas que melhoram a produtividade do cultivo do fumo; quando empresas causadoras de desastres ambientais de grande proporção se denominam sustentáveis porque algumas de suas unidades obtiveram a certificação de seu sistema de gestão ambiental; quando empresas produtoras de armas bélicas se dizem sustentáveis por terem programas de controle da poluição exemplares ou quando as forças armadas de um país beligerante e destrutivo como a dos Estados Unidos é considerada sustentável por economizar energia e coletar os resíduos que produz para efeito de reciclagem,[35] percebe-se claramente que o sentido dessa expressão tornou-se, de fato, muito elástico.

Lélé já advertia sobre o uso indiscriminado da expressão desenvolvimento sustentável em uma época que esta ainda não se tinha tornado popular como hoje. Depois de comentar sobre as diversas interpretações, como representadas na Figura 2.3, o autor conclui que desenvolvimento sustentável é um meta-objetivo que une todo mundo, do industrialista, com sua mente voltada para o lucro, ao agricultor de subsistência que minimiza os riscos da sua atividade; do trabalhador e dos programas ligados à busca de equidade ao indivíduo do primeiro mundo

---

[35] Uma aberração como essa pode ser vista em um artigo publicado no *Journal of Operations and Supply Chain Management* (JOSCM), v. 1, n. 2, p 1-16.

preocupado com a poluição ou com a vida selvagem, do formulador de políticas públicas maximizadoras do crescimento ao burocrata orientado por objetivos e, por conseguinte, o político interessado em votos.[36] Conforme Porrit, essa maleabilidade quase infinita que se observa desde que o conceito foi apresentado pela CMMAD, em vez de desencadear objeções e reprovações, fez com que pessoas de todas as convicções participassem do debate dado o seu *caráter versátil e aberto*.[37] Para O'Riordan, o enorme prestígio do desenvolvimento sustentável se alimenta do fato de que as pessoas querem acreditar que é possível alcançá-lo pelo conforto que produz, pois traz a ideia de bem-estar e segurança em um mundo de paz e tolerância cultural. Assim, seria uma espécie de artigo de fé a exemplo da justiça e da liberdade.[38] Na opinião de Caldwell, a razão desse prestígio vem do fato de ser um conceito suficientemente positivo e excessivamente inespecífico, podendo desse modo ser um lema do movimento ambientalista internacional ou um clichê.[39]

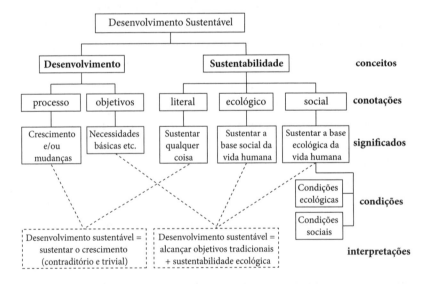

Figura 2.3 — **Desenvolvimento Sustentável: conceitos, significados e interpretações**
Fonte: Lélé (1991; p. 608)

---

[36] LÉLÉ, 1991, p. 61.
[37] PORRIT, 2003, p. 111, grifo do autor.
[38] O'RIORDAN, 1997, p. 144.
[39] CALDWELL, 1993, p. 195-196

Educação ambiental e desenvolvimento sustentável

Outra questão que suscita polêmicas e coloca contendores em posições radicalmente antagônicas é o entendimento sobre a palavra *sustentável*, o adjetivo que qualifica esse tipo de desenvolvimento. A dificuldade é tanta que nos países e regiões de língua francesa usa-se a expressão durável (*durable*) em vez de sustentável e desenvolvimento durável (*développment durable*) em vez de desenvolvimento sustentável.[40] Também é frequente o uso da palavra sustentabilidade no lugar de desenvolvimento sustentável, principalmente no ambiente das empresas e dos cursos de administração. Por exemplo, Elkington, em um livro que se tornou célebre por ter apresentado o famoso modelo de gestão conhecido por Triple Bottom Line, define sustentabilidade como "o princípio que assegura que as ações de hoje não irão limitar a gama de opções econômicas, sociais e ambientais disponíveis para a futura geração".[41] Essa é a definição de desenvolvimento sustentável da CMMAD, citada na Seção 2.1., com outras palavras. Savitz e Weber definem sustentabilidade como a "arte de fazer negócios em um mundo interdependente" e por empresa sustentável "a que cria lucro para os seus acionistas enquanto protege o meio ambiente e melhora a vida das pessoas com quem interage".[42] Na Escola de Administração de Empresas de São Paulo (EAESP – FGV), um centro de estudos voltado para essa temática denomina-se Centro de Estudos em Sustentabilidade (CES).

Esse modo de empregar o termo sustentabilidade e sua associação com a gestão empresarial desperta desconfiança por parte de muitos praticantes da EA de acordo com os conceitos, objetivos, diretrizes e recomendações constantes nos documentos gerados nas conferências citadas. E com razão, pois são propostas que em essência apenas atualizam as práticas empresariais para ajustá-las às novas demandas por equidade social e respeito ao meio ambiente sem questionar seus fundamentos e sem abdicar do crescimento como objetivo permanente das empresas. O uso da palavra sustentabilidade evita o espinhoso debate sobre crescimento e desenvolvimento, um dos principais pontos de discórdia a respeito do conceito de desenvolvimento sustentável. Evita o debate sobre a natureza

---

[40] VILLENEUVE, 1998, p. 55.
[41] ELKINGTON, 2000, p. 21.
[42] SAVITZ; WEBER, 2006; p. x, tradução nossa.

Educação ambiental na formação do administrador

política e institucional que o conceito de desenvolvimento sempre trouxe consigo, o que leva necessariamente a inclusão dos governos e das suas instituições na condução dos processos de desenvolvimento. Em época marcada pelo neoliberalismo, a substituição da expressão desenvolvimento sustentável pela palavra sustentabilidade não é mera operação linguística. Nessa expressão, desenvolvimento é um substantivo concreto adjetivado pela palavra sustentável, de modo que o que importa é o desenvolvimento com tal característica. Sustentabilidade, um substantivo abstrato, já não carrega mais as questões relativas ao desenvolvimento e com esta as ideias de projetos políticos conduzidos pelos Estados. A visão centrada na empresa e nas pessoas e grupos que interagem com ela, os *stakeholders*, conforme a terminologia mais usada nesse meio, é vista por muitos críticos como insuficiente para provocar as mudanças profundas que seriam necessárias para atender às necessidades de todos os humanos desta e das futuras gerações. Como bem observou Ignacy Sachs, a eficiência econômica deve ser avaliada em termos macrossociais e não apenas do ponto de vista da lucratividade microempresarial.[43]

Dourojeanni e Pádua consideram o desenvolvimento sustentável uma utopia e, como tal, é ótima como ideal a perseguir, mas seria irresponsável "confundi-la com soluções concretas e, menos ainda, com uma panaceia".[44] Muitas críticas baseiam-se nas dificuldades de tornar efetivas as suas propostas. Vale esclarecer que são boas intenções irrealizáveis. Norgaard apresenta sete níveis de análise com suas respectivas dificuldades. Ao nível local, por exemplo, pode-se simplesmente começar perguntando sobre as práticas necessárias para que as atividades industriais e agrícolas da região possam continuar indefinidamente, ou se elas destroem a base de recursos local ou regional e o sistema ambiental. Tais questões, apropriadas a esse nível, ignoram os suprimentos de recursos de outras regiões. Dificuldades desse tipo também acontecem nos níveis regionais, nacionais e internacionais. O autor considera impossível definir desenvolvimento de um modo operacional em detalhe e com o nível de controle baseado na lógica da modernidade.[45] Para ele,

---

[43] SACHS, 1993, p. 2.
[44] DOUROJEANNI; PÁDUA, 2001, p. 166.
[45] NORGAARD, 1994, p. 21-22.

o desenvolvimento é um processo de coevolução entre a organização, o conhecimento, a tecnologia, o meio ambiente e os valores da sociedade, cada qual atuando sobre os demais, como representado na Figura 2.4. O resultado de um processo coevolucionário não se assemelha à dinâmica de uma máquina, pois esta não muda. Ao contrário, nesse processo as mudanças ocorrem de um modo imprevisível. As inovações, os novos conhecimentos e descobertas, as mudanças deliberadas ou não que ocorrem continuamente em cada subsistema impõem pressões seletivas aos demais, de modo que o sistema como um todo se modifica constantemente. Para exemplificar esse processo evolutivo, o autor mostra como o uso de pesticidas na agricultura, ao provocar o ressurgimento de pragas resistentes, levou à seleção de novos pesticidas com base em novas tecnologias, gerando outras formas de organização e políticas públicas que refletem os conhecimentos sobre as pragas, seus controles e seus impactos sobre o meio ambiente.[46]

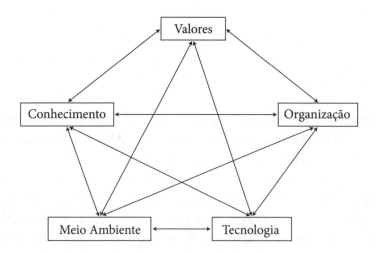

Figura 2.4 — O processo coevolucionáro de Norgaard
Fonte: Norgaar (2004, p. 27)

Mesmo considerando os que apostam nesse novo modo de pensar o desenvolvimento, não há consenso em praticamente nada, exceto

---
[46] Idem, p. 26-8.

sobre o fato de ser uma empreitada necessária, mas pontuada de muitas pedras no caminho. A variedade de definições encontradas na literatura acadêmica, empresarial e governamental pode ser vista como uma medida do sucesso do movimento pelo desenvolvimento sustentável que reflete a variedade de pessoas e grupos que procuram dar prosseguimento aos seus propósitos. Com efeito, a norma ISO 26000, que trata de diretrizes sobre responsabilidade social e foi elaborada por meio de uma ampla consulta pública internacional da qual participaram milhões de pessoas de diferentes segmentos da sociedade, entende que o desenvolvimento sustentável

> refere-se à integração de objetivos de alta qualidade de vida, saúde e prosperidade com justiça social e manutenção da capacidade da Terra de suportar a vida em toda a sua diversidade. E pode ser tratado como uma forma de expressar as expectativas mais amplas da sociedade como um todo.[47]

2.5. O DEBATE EDUCAÇÃO AMBIENTAL X EDUCAÇÃO PARA O DESENVOLVIMENTO SUSTENTÁVEL

O debate EA x EDS se nutre em grande parte de críticas como as mencionadas anteriormente. Está fora do propósito desse trabalho fazer um levantamento mais amplo das críticas. Como elucida um documento da Unesco, apesar das muitas definições, talvez seja possível compreender melhor como uma visão nascente, mais do que um conceito definido com nitidez. Seu vigor está em reconhecer francamente a interdependência entre as necessidades humanas e as exigências ambientais e, com isso, rechaçar a busca insistente de um só objetivo em detrimento de outros.[48] Desenvolvimento sustentável, que pode ser definido sumariamente como um modo de desenvolvimento que não prejudica o desenvolvimento futuro, foi concebido em essência para funcionar com critérios considerados aceitáveis nos processos de modificação do meio ambiente. Mesmo

---

[47] ISO, 2010, definição 2.10.23.
[48] UNESCO, 1997, p. 17-18.

Educação ambiental e desenvolvimento sustentável

que a geração atual não esteja apta para prever as necessidades das próximas gerações, o desenvolvimento futuro irá necessitar de recursos e da capacidade do meio ambiente de assimilar impactos e regenerar as funções naturais que dão suporte à vida. Portanto, pode-se razoavelmente supor que as medidas para minimizar o uso de recursos e as alterações dessas funções são passos corretos na direção desse modo de desenvolvimento. Pode-se também supor como certo que para realizar essas medidas é necessária uma estrutura social que lhe dê suporte. Não se deve esquecer que uma geração deixa para a outra um pacote constituído não só de custos, mas também de benefícios, tais como conhecimentos tecnológicos e outras formas de capital humano e social, sem os quais os recursos naturais não teriam o valor que eles têm para os humanos.[49]

Apesar da enorme dificuldade conceitual apontada por muitos, alguns aqui citados, a operacionalização de práticas coerentes com a noção de desenvolvimento sustentável ou de sociedade sustentável conta com diversos princípios orientadores de caráter geral, tais como os nove constantes nas declarações de Estocolmo de 1972, do Rio de Janeiro de 1992 e no documento *Cuidando do planeta Terra*, este último resumido no Quadro 2.2. Esses nove princípios se relacionam entre si e se apoiam mutuamente, sendo que o primeiro fornece a base ética para os demais, na medida em que afirma o dever de cada um de preocupar-se com todas as demais pessoas e outras formas de vida.[50] A melhoria da qualidade da vida humana deve ser obtida com a conservação da vitalidade e da diversidade do planeta, requerendo para isso novas atitudes e práticas dos humanos, que do ponto vista ambiental pode ser resumido em uma frase desse documento: "a humanidade não deve tomar da natureza mais do que a natureza pode repor".[51] Desse modo, desenvolvimento sustentável é definido como um processo para "melhorar a qualidade de vida humana dentro dos limites da capacidade de suporte dos ecossistemas" e "uma sociedade sustentável vive em harmonia como esses nove princípios".[52]

---

[49] HOLLAND, 2003, p. 411.
[50] ESTADO DE S. PAULO; IUCN; PNUMA; WWF, 1991, p. 8-9.
[51] Idem, p. 8.
[52] Idem, p. 10.

Educação ambiental na formação do administrador

Quadro 2.2 — Princípios da sociedade sustentável – resumo

1. Respeitar e cuidar da comunidade dos seres vivos.
2. Melhorar a qualidade da vida humana.
3. Conservar a vitalidade e a diversidade do planeta Terra.
   - Conservar os sistemas que suportam a vida.
   - Conservar a biodiversidade.
   - Assegurar o uso sustentável de recursos renováveis.
4. Minimizar o esgotamento de recursos não renováveis.
5. Permanecer nos limites da capacidade de suporte do planeta Terra.
6. Modificar atitudes e práticas pessoais.
7. Permitir que as comunidades cuidem de seu próprio meio ambiente.
8. Gerar uma estrutura nacional para integrar desenvolvimento e conservação.
9. Construir uma aliança global.

Fonte: ESTADO DE S. PAULO; IUCN; PNUMA; WWF, 1991, p. 8-12.

Do exposto, pode-se afirmar que a EDS é um projeto mais amplo para reorientar a educação em escala global e que já estava esboçada no Capítulo 36 da Agenda 21 nas suas três áreas programas, lembrando: reorientar a educação no sentido do desenvolvimento sustentável, aumentar a consciência pública e por último, mas não menos importante, promover treinamento para desenvolver recursos humanos para facilitar a transição para um mundo sustentável. Reorientar a educação é uma expressão-chave para entender essa proposta.[53] O Quadro 2.3 apresenta um resumo das principais questões decorrentes da reorientação da educação para o alcance do desenvolvimento sustentável, segundo um documento da Unesco que sintetiza as disposições tratadas em Jomtiem, Dacar e em outras reuniões sobre EDS.[54] As habilidades, os valores e as atitudes requeridas para a EDS não diferem daquelas apresentadas na Carta de Belgrado e na Declaração de Tbilisi relativas à EA, comentadas na Seção 2.1., apenas coloca-as em um quadro mais amplo, combinando as propostas de educação para todos de Jomtiem e Dacar com as de desenvolvimento sustentável.

[53] HOPKINS; MCKEOWN, 2002, p. 17.
[54] UNESCO, 2002, p.19.

Educação ambiental e desenvolvimento sustentável

Quadro 2.3 — Educação para o desenvolvimento sustentável – resumo

Objetivo	Reorientar a educação para o desenvolvimento sustentável abrangendo uma visão de sociedade que não é apenas ecologicamente sustentável, mas também social, econômica e politicamente sustentável.
Habilidades para:	• Pensar de modo crítico e criativo. • Comunicar (oral, escrita e graficamente). • Cooperar e colaborar. • Administrar conflitos. • Tomar decisões, planejar e solucionar problemas. • Usar tecnologia apropriada, a mídia e as tecnologias de informação e comunicação. • Participar e agir cívico. • Avaliar e refletir.
Atitudes e valores	• Respeitar a Terra e a vida em toda a sua diversidade. • Cuidar da comunidade de vida, humana e não humana, com conhecimento, compaixão e amor. • Construir sociedades democráticas que sejam justas, sustentáveis, participativas e pacíficas. • Garantir a abundância e a beleza da Terra para esta e as futuras gerações.
Conhecimentos e habilidades para aplicar os seguintes conceitos:	• **Desenvolvimento sustentável:** um processo pelo qual as necessidades das gerações presentes podem ser satisfeitas sem comprometer a capacidade das gerações futuras de satisfazerem as suas. • **Interdependência:** o relacionamento de mútua dependência entre todos os elementos e formas de vida, inclusive a humana, em um sistema natural. • **Necessidades humanas básicas:** as necessidades e os direitos de todas as pessoas e sociedades para o acesso justo e equitativo do fluxo de energia e materiais para viver e satisfazer uma qualidade de vida que respeite os limites da Terra. • **Direitos humanos:** as liberdades fundamentais de consciência e religião, expressão, reunião e associação pacíficas, que assegurem o acesso à participação democrática e à obtenção das necessidades básicas. • **Democracia:** o direito de todas as pessoas de ter acesso aos canais para a tomada de decisão da comunidade. • **Vínculo global-local:** o reconhecimento de que o consumo de um produto ou serviço em alguma parte do mundo depende do fluxo de material e energia de outras partes, e que isso cria oportunidades potenciais, bem como perdas econômicas, sociais e ambientais em todos os elos da cadeia local-global. continua >>>

Educação ambiental na formação do administrador

Quadro 2.3 — Educação para o desenvolvimento sustentável – resumo (continuação)

Conhecimentos e habilidades para aplicar os seguintes conceitos:	• **Biodiversidade:** a composição diversificada e interdependente das formas de vida em um ecossistema e que é necessária para o fluxo de energia e materiais indefinidamente. • **Equidade interespécie:** consideração da necessidade dos humanos de tratarem as demais espécies decentemente, protegendo-as de crueldade e evitando o sofrimento. • **Pegada ecológica:** a área de terra e necessidade de água para suportar o fluxo total de energia e materiais consumidos por uma comunidade ou população indefinidamente. • **Princípio da precaução:** a necessidade de agir judiciosamente e consciente das consequências não intencionais por não ter conhecimento sobre todos os fatos referentes a uma situação e/ou quando as informações científicas sobre uma questão estão divididas.

Fonte: UNESCO, 2002.

A Figura 2.5 ilustra as trajetórias da EA e da EDS construídas no âmbito da ONU e suas entidades e órgãos (Unesco, PNUMA, CDS, etc.). Ambas possuem raízes comuns e próximas como os documentos aprovados nas conferências de Estocolmo e do Rio de Janeiro de 1972 e 1992, respectivamente, e raízes mais profundas, como a Declaração Universal dos Direitos do Homem de 1948, o Pacto Internacional sobre os Direitos Civis e Políticos de 1966, o Pacto Internacional dos Direitos Econômicos, Sociais e Culturais de 1966, a Conferência sobre a Biosfera da Unesco de 1968, a Convenção Internacional sobre a Eliminação de Todas as Formas de Discriminação Racial (1968), a Convenção Internacional Sobre a Eliminação de Todas as Formas de Discriminação Contra a Mulher (1979), entre outras. Exemplificando, o Pacto Internacional dos Direitos Econômicos, Sociais e Culturais de 1966 reconhece o direito de toda pessoa à educação e que a educação deverá visar ao pleno desenvolvimento da personalidade humana e do sentido de sua dignidade e fortalecer o respeito pelos direitos humanos e liberdades fundamentais (Art. 13, § 1º).

A EA continuará a ter seu próprio campo e se desenvolverá de muitos modos formando diversas correntes como as apresentadas por Sauvé.[55] A EA baseada nos objetivos, diretrizes, recomendações e pla-

---

[55] SAUVÉ, 2005-a.

Educação ambiental e desenvolvimento sustentável

nos constantes nas conferências promovidas pela Unesco e PNUMA, principalmente as de Belgrado e Tbilisi, continuará dando sua valiosa contribuição para o desenvolvimento sustentável, sem retirar a importância de outras concepções, como a de Joseph Cornell, citada anteriormente. A seguir será apresentada uma proposta de EA diferente, tanto em termos conceituais quanto pela forma como foi elaborada, embora mantenha vínculos estreitos com a EA alinhada ao desenvolvimento sustentável.

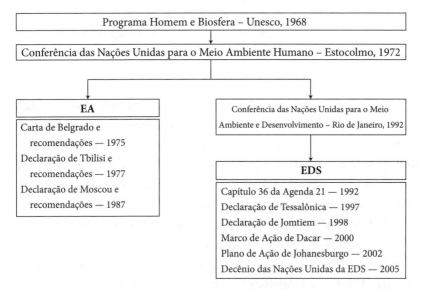

Figura 2.5 — Trajetórias da EA e da EDS: documentos intergovernamentais importantes

2.6. O Tratado de Educação Ambiental para Sociedades Sustentáveis

Durante a realização do Fórum das ONGs em 1992 no Rio de Janeiro, foi elaborado o Tratado de Educação Ambiental para Sociedades Sustentáveis e Responsabilidade Global (TEASS), no qual a EA foi entendida como um processo de aprendizado permanente, baseado no respeito a todas as formas de vida e que contribua para a formação de uma sociedade justa e ecologicamente equilibrada. A EA é reconhecida como tendo um papel central na formação de valores e na ação social e, portanto, um papel transformador voltado para criar sociedades sustentáveis por meio do envolvimento de pessoas, comunidades e nações. A EA deve realizar mudanças na qualidade de vida, maior consciência na conduta das pessoas e harmonia entre os seres humanos e entre estes e as demais formas de vida. O TEASS é um aprofundamento da abordagem socioambiental. Segundo suas palavras,

> a educação afirma valores e ações que contribuem para a transformação humana e social e para a preservação ecológica. Ela estimula a formação de sociedades socialmente justas e ecologicamente equilibradas, que conservam entre si relação de interdependência e diversidade. Isto requer responsabilidade individual e coletiva em nível local, nacional e planetário.[56]

O TEASS é de adesão aberta a qualquer cidadão de qualquer lugar. O Anexo 3 apresenta o seu texto integral, constituído de 16 princípios e um plano de ação com 22 diretrizes, sendo que uma delas refere-se à necessidade de incentivar a produção de conhecimentos, políticas, metodologias e práticas de EA em todos os espaços de educação formal e não formal e para todas as faixas etárias (diretriz 5). Outra refere-se à mobilização das instituições formais e não formais de educação superior para o apoio ao ensino, pesquisa e extensão em EA e a criação em cada universidade de centros interdisciplinares para o meio ambiente (diretriz 19). Entre os grupos a serem envolvidos estão os empresários comprometidos em atuar dentro da lógica de recuperação e conservação do meio ambiente e da melhoria da qualidade de vida humana.

O TEASS ressalta que a EA deve ter como base o pensamento crítico e inovador de modo a promover a transformação e a construção da sociedade (princípio 2). E que não é neutra, mas ideológica e, portanto, um ato político (princípio 4). Toda educação é sempre um ato político, pois reflete os valores, pressupostos, objetivos e métodos dos que as conceberam. Com a menção expressa a esse fato, o TEASS

---

[56] Tratado de Educação Ambiental para Sociedades Sustentáveis e Responsabilidade Global, Introdução. Disponível em diversas páginas da web, exemplos: <http://www.preac.unicamp.br>; <http://forumearebea.org/tratado-de-educacao-ambiental-para--sociedades-sustentaveis-e-responsabilidade-global>.

Educação ambiental e desenvolvimento sustentável

quer ressaltar esse aspecto que não raro passa despercebido para muitos docentes. A EA deve tratar as questões globais críticas, suas causas e inter-relações em uma perspectiva sistêmica, em seu contexto social e histórico (princípio 7). Quanto aos métodos ressalta que a EA deve integrar conhecimentos, aptidões, valores, atitudes e ações e converter cada oportunidade em experiências educativas de sociedades sustentáveis. A EA é vista como um processo em permanente construção de transformação dos valores da sociedade para se alcançar uma sociedade sustentável.

Em termos gerais, o TEASS é mais enfático do que os documentos resultantes das conferências promovidas pela Unesco e PNUMA. Essa diferença, que não é de pouca monta, se deve ao fato de ser um documento produzido com grande participação de praticantes da EA e da comunidade de educadores, enquanto as reuniões da Unesco e da ONU são feitas dentro de um ambiente de representações governamentais que estabelecem limites para os termos acordados. Por exemplo, a TEASS coloca claramente a necessidade de democratizar os meios de comunicação de massa para transformá-los em canal privilegiado de educação (princípio 14), que na realidade é uma proclamação política de cunho libertário que traz implícita uma crítica contundente ao modo de atuação desses meios, que em geral funcionam ao contrário dos objetivos do desenvolvimento sustentável, por exemplo, estimulando o consumo irrefletido para atender os seus patrocinadores. O Seminário de Belgrado apenas recomenda o uso desses meios como recurso pedagógico para os objetivos da EA e que devem ser estimulados para que cumpram esse papel (recomendação 7). O mesmo tom encontra-se também na Conferência Tbilisi, ou seja, uma recomendação para que os Estados membros estimulem a divulgação de conhecimentos sobre a proteção e melhoria do meio ambiente por meio da imprensa, rádio e TV (recomendação 20). O Capítulo 36 da Agenda 21 apenas recomenda facilitar o uso dos meios de comunicação de massa de forma gratuita ou barata para fins de ensino.[57]

Tanto o conceito de sociedade sustentável quanto o de responsabilidade global, temas centrais do Tratado e que lhe dão o título,

---

[57] Agenda 21, Capítulo 36, item 36.5, h.

Educação ambiental na formação do administrador

apresentam problemas conceituais. Ao usar a expressão sociedade sustentável em lugar de desenvolvimento sustentável, pretende-se tornar a proposta mais concreta e operacional, bem como evitar as armadilhas que o termo desenvolvimento pode colocar no caminho da sua implementação. Mesmo assim, as dificuldades não são menores. Miller Jr. entende que sociedade sustentável, quanto ao meio ambiente, é a que atende às necessidades de seu povo em termos de água, ar limpo, alimentos, abrigos e outros recursos básicos sem degradar ou exaurir o capital natural que fornece esses recursos, para não comprometer a capacidade de as gerações futuras atenderem suas necessidades.[58] Conforme Robert, em uma sociedade sustentável os fluxos de materiais "são equilibrados ou, pelo menos, não sistematicamente desequilibrados. Desse modo, os ciclos naturais envolvem a sociedade e definem os limites nos quais devemos viver".[59] Capra vai nessa mesma linha quando define comunidade sustentável como "aquela capaz de satisfazer as suas necessidades sem diminuir as chances das gerações futuras".[60]

Verifica-se nesses autores o conceito de desenvolvimento sustentável da CMMAD transplantado para uma sociedade específica e sob a óptica do cuidado ambiental, ecoando a noção de sociedade sustentável do documento *Cuidando do planeta Terra* da UICN; PNUMA e WWF, "a humanidade não deve tomar da natureza mais do que a natureza pode repor".[61] Porém, o entendimento sobre o que vem a ser necessidade básica ainda precisa ser definido e depende de questões sociais e políticas para ser viabilizado. Com efeito, a possibilidade de prover um nível adequado de bens necessários para todos os membros de uma sociedade depende dos arranjos estabelecidos entre as forças políticas que governam a sociedade.

Outro problema refere-se ao cumprimento dos requisitos para não se exaurir o capital natural, considerando as trocas existentes entre sociedades decorrentes do fato de que elas não são ilhas isoladas e autossuficientes. Como mostram Odum e Barret, a sociedade

---

[58] MILLER JR, 2008, p. 5.
[59] ROBERT, 2002, p. 80
[60] CAPRA, 2006, p. 13.
[61] UICN; PNUMA; WWF, 1991, p. 9.

Educação ambiental e desenvolvimento sustentável

urbano-industrial atual não só afeta os ecossistemas de suporte à vida como também cria acordos inteiramente novos, chamados tecnoecossistemas, que são competitivos e parasitários dos ecossistemas naturais.[62] Esses fatos têm sido amplamente mostrados pela pegada ecológica, um índice ambiental desenvolvido por Wackernagel e Rees, que mostra a quantidade de áreas em hectares necessárias para sustentar a vida de uma cidade, região ou país.[63] O Anexo 4 mostra um exemplo de aplicação desse índice. Muitos países e, portanto, as sociedades que eles abrigam dependem de outras regiões e de outras sociedades para atender aos seus padrões de consumo.

Como mostra Dias (2002), a pegada ecológica dos países ricos impõe pesados déficits ecológicos aos demais e coloca em evidência as iniquidades sociais e a insustentabilidade dos sistemas produtivos desses países que são apresentados como exemplos de sucesso econômico. Esse autor usa o conceito de pegada ecológica como instrumento de EA, pois ele mostra o quanto é enganoso esse sucesso e que o desenvolvimento sustentável não requer apenas reformas no sistema econômico, mas transformações da sociedade. Ou seja, a pegada ecológica revela o drama da insustentabilidade e a necessidade urgente de redirecionar os relacionamentos dos seres humanos com o meio ambiente e os estilos de vida.[64] A pegada ecológica apresenta diversas limitações como medida efetiva da sustentabilidade de um local, região ou país, por não levar em conta o funcionamento dos ecossistemas e considerar apenas os efeitos econômicos sobre o uso dos recursos.[65] Porém, seu valor é inestimável como instrumento de EA de caráter socioambiental, pois revela as desigualdades na apropriação dos recursos da natureza.

Não é por outra razão que a Agenda 21 dedica o Capítulo 4 exclusivamente à promoção de mudanças no padrão de consumo. A Declaração de Tbilisi recomenda que seja dada bastante atenção ao comportamento do consumidor que resulte em dano ao meio ambiente,

---

[62] ODUM; BARRET, 2007; p. 7.
[63] WACKERNAGEL; REES, 1995.
[64] DIAS, 2002, p.188-193.
[65] BELLEN, 2005, p.124-125.

Educação ambiental na formação do administrador

cuidando para que ele tome consciência dos mecanismos de que possa se valer para influir na produção dos bens de que necessita (Resolução 16). A Declaração de Tessalônica reafirma a necessidade de promover a consciência, a busca de alternativas e a mudança de comportamento e de estilo de vida, incluindo padrões de produção e consumo sustentáveis. O TEASS estabelece, como um dos 22 planos, ações para promover a compreensão das causas e hábitos consumistas e agir para transformar os sistemas que os sustentam, bem como as práticas dos indivíduos. De fato não seria possível falar em EA sem colocar essa questão como central e sem considerar que está entre as mais difíceis de serem abordadas no âmbito dos administradores de empresas e das escolas que oferecem curso superior de administração, como se verá no Capítulo 4.

Conforme Dresner, o conceito de sociedade sustentável, que para esse autor surgiu em uma conferência de estudos ecumênicos sobre Ciência e Tecnologia para o Desenvolvimento Humano promovido pelo Conselho Mundial das Igrejas, foi definido como aquela que atende às seguintes condições:

1. a estabilidade social não pode ser obtida sem uma distribuição equitativa de bens escassos ou sem a oportunidade comum de participar das decisões sociais;
2. uma sociedade global robusta não será sustentável a menos que as necessidades de alimento forem a qualquer tempo bem abaixo da capacidade global de suprimento e a emissão de poluentes for bem abaixo da capacidade de absorção dos ecossistemas;
3. a nova organização social será sustentável somente se o uso de recursos não renováveis não ultrapassar o crescimento dos recursos disponíveis por meio de inovações tecnológicas; e
4. uma sociedade sustentável requer um nível de atividade humana não influenciada adversamente pelas constantes variações do clima global.

Comentando essa definição de sociedade sustentável, Dresner afirma ser esse um conceito notável porque começa com o princípio da distribuição equitativa, que veio a ser uma pedra angular da abordagem da CMMAD. Ainda mais notável é o conceito de participação democrática, que também se tornou importante na Cúpula da Terra de 1992, 20 anos

Educação ambiental e desenvolvimento sustentável

depois da Conferência citada. As duas últimas condições são similares às definições de sustentabilidade física usada atualmente. Para o autor, o que é mais importante é que o conceito não começa com as condições ambientais, mas, sim, com as sociais referentes à necessidade de equidade e de democracia.[66] Como se pode ver, as questões trazidas por essa definição pioneira não diferem das propostas da CMMAD, já comentadas.

Uma ideia básica sobre sociedade sustentável é a suposição de que se trata de uma sociedade parcial ou completamente diferente da sociedade que o capitalismo ou a ordem industrial atual requerem para enfrentar com sucesso as crises ambientais. Seria então uma sociedade organizada de tal modo que a tendência para o uso sustentável dos recursos ambientais é inerente a ela; da mesma forma que a tendência para o uso insustentável parece ser para a ordem capitalista. A ideia central é a noção de que sem uma mudança estrutural na sociedade industrial não se alcançará o uso sustentável dos recursos da natureza. Mudanças no estilo de vida das pessoas ou de políticas não são suficientes, pois mudança estrutural implica uma alteração profunda no modelo institucional e/ou na matriz cultural da sociedade.[67] Como se percebe, os conceitos de sociedade sustentável parecem ser mais fáceis de entender, pois dizem respeito à equidade na distribuição dos recursos da natureza, ao processo de decisão participativo envolvendo seus membros, o que pressupõe liberdades democráticas, mas principalmente pela crítica à sociedade industrial capitalista. Porém, do ponto de vista operacional, as dificuldades continuam e são as mesmas do desenvolvimento sustentável, conforme exemplificado na seção anterior.

2.7. O PAPEL DAS INSTITUIÇÕES DE ENSINO SUPERIOR

Um aspecto importante da implementação da EA dentro dos objetivos, princípios e diretrizes do desenvolvimento sustentável refere-se às contribuições das Instituições de Ensino Superior (IES), para as quais foram

[66] DRESNER, 2002, p. 29-30.
[67] ACHTERBERG, 1997, p. 158-159.

Educação ambiental na formação do administrador

feitas algumas recomendações que, em geral, não apresentam nenhuma novidade. Por exemplo, o Seminário de Belgrado recomenda o desenvolvimento de programas de EA para alunos de nível superior em geral (recomendação 5, letra f). Das recomendações de Tbilisi, uma refere-se à necessidade de formação de profissionais específicos, como engenheiros, administradores, economistas e outros que exercem grande influência sobre o meio ambiente (recomendação 8); e outra, à necessidade de criar programas pós-universitários para pessoas especializadas em alguma disciplina (recomendação 11). A Agenda 21 não menciona muito as IES, apenas recomenda que os países possam apoiar as universidades e outras atividades terciárias e redes para EA, bem como desenvolver e estimular as relações de reciprocidade entre as universidades dos países desenvolvidos e em desenvolvimento.[68]

Note-se que além de usar um verbo que não determina comprometimento, *possam apoiar e incentivar*, ainda passa a ideia de que as contribuições das IES dependem de apoios externos. Por isso, as contribuições mais importantes e inovadoras vieram por iniciativa delas mesmas como parte de um compromisso firme com o movimento pelo desenvolvimento sustentável, das quais resultaram declarações e recomendações específicas inovadoras. Essas iniciativas são acordos voluntários que expressam um compromisso de atuar proativamente na busca do desenvolvimento sustentável. A lógica que preside esses acordos voluntários é ir além do que a legislação exige e liderar os processos de implementação de práticas alinhadas com esse novo modo de conceber o desenvolvimento.

A Declaração de Talloires é um dos mais importantes acordos voluntários específicos para as IES, tanto pela sua anterioridade quanto pela influência que exerceu em outros acordos. A Declaração é constituída por dez macro-ações para as IES se engajarem ativamente na busca por esse novo modo de pensar o desenvolvimento e exercerem a liderança nesse processo (ver Anexo 5). A Declaração foi assinada em 1990 em uma reunião realizada no *campus* da Universidade de Tufts, em Talloires, França, por 20 reitores, vice-reitores e outros mandatários de IES, entre eles o reitor da Unicamp, na época prof. Carlos Voigt.

---

[68] Agenda 21, item 35.5, i e j.

Educação ambiental e desenvolvimento sustentável

Atualmente mais de 400 IES já subscreveram os termos dessa Declaração, incluindo 50 IES brasileiras, praticamente todas as universidades federais. É a iniciativa mais conhecida no Brasil entre as IES mais comprometidas com o desenvolvimento sustentável. Calder e Clugston analisaram o movimento denominado educação superior para o desenvolvimento sustentável (em inglês: *higher education for sustainable development*) nos Estados Unidos e verificaram que também é a mais popular entre as IES desse país.[69]

A Declaração de Talloires não trata da EA diretamente e nem a menciona expressamente, mas a inclui de modo indireto nas ações concernentes aos objetivos precípuos das IES voltadas para o alcance do desenvolvimento sustentável. Um exemplo disso é a ação para incentivar as universidades a se comprometerem com a educação, pesquisa, formulação de políticas e intercâmbios de informações de temas relacionados com população, meio ambiente e desenvolvimento com o objetivo de alcançar um futuro sustentável (ação 3). As adesões à Declaração são feitas por meio da Associação das Universidades Líderes para um Futuro Sustentável (ULSF, do inglês: *University Leaders for a Sustainable Future*), que tem por objetivo apoiar o ensino, a pesquisa e as operações das universidades para que atuem de modo sustentável. A ULSF também exerce a função de Secretaria das atividades decorrentes da Declaração de Talloires.[70]

Outras iniciativas voluntárias surgiram, seguindo o exemplo da Declaração de Talloires e inspiradas nela, como as citadas no Quadro 2.4. Além dessas iniciativas de caráter geral, muitas outras foram elaboradas com objetivos e alcances regionais, como a Declaração de Haga assinada em 2000 pelos ministros da educação de diversos países banhados pelo Mar Báltico;[71] ou com objetivos e alcances setoriais, como a Declaração de Lucerna de 2007 sobre Educação Geográfica para o Desenvolvimento Sustentável[72] e os *Principles for Responsible Management*

---

[69] CALDER; CLUGSTON, 2003, p. 32.

[70] Declaração de Talloires, veja: <http://www.ulsf.org/programs_talloires.html>. Acesso em 07/08/2009.

[71] Declaração de Haga, veja: <http://www.baltic21.org/?a,219>. Acesso em 07/08/2009.

[72] Declaração de Lucerna, veja: <http://www.igu-cge.luzern.phz.ch>. Acesso em 07/08/2009.

Educação ambiental na formação do administrador

Education (PRME) constituídos por seis princípios de ações voltados para o ensino de administração[73] apresentados no Quadro 2.5. Note que o princípio 2, relativo aos valores, menciona as iniciativas das Nações Unidas e exemplifica com o Global Compact ou Pacto Global, uma iniciativa criada em 2000 por Kofi Annan, que nessa época era secretário-geral das Nações Unidas, para reforçar o cumprimento dos princípios associados aos direitos humanos, ao trabalho e ao respeito ao meio ambiente nas práticas de gestão das organizações.[74] Vale lembrar que entre as iniciativas das Nações Unidas estão a Agenda 21, a Declaração do Rio de Janeiro de 1992 e as diversas conferências e outras reuniões citadas neste texto, como Belgrado, Tbilisi, Tessalônica, Jomtiem e Dacar.

Quadro 2.4 — Principais iniciativas voluntárias das IES de caráter geral

Documento	Breve descrição e histórico
Declaração de Talloires (França)	Criada em 1990, é a primeira iniciativa voluntária de caráter geral. Ela deu o tom para outras que vieram depois dela. Hoje, mais 400 IES subscreveram seus termos. Veja no Anexo 5 a Declaração na íntegra.
Declaração de Halifax (Canadá)	Surge em 1991 por iniciativa da Universidade das Nações Unidas e da Associação de Universidades Canadenses. A Declaração contém seis ações endereçadas às universidades. Além dela, foi elaborado um plano de ação que procura fornecer um senso de direção claro para as diversas atividades desenvolvidas pelas universidades, identificando-as como de curto e longo prazo e de abrangência local, nacional e internacional. Inclui também uma longa lista de recomendações nesses três níveis de abrangência.[75]
Declaração de Swansea (País de Gales)	Criada em 1993 pela Associação das Universidades do *Commonwealth*, também recebeu influência de Talloires como a de Halifax. A Declaração apresenta um conjunto de sete ações.[76]

---

[73] PRME, ver: <http://www.unprme.org>. Acesso em 07/08/2009.

[74] Pacto Global ou Global Compact, veja: <http://www.pactoglobal.org.br e <http://www.unglobalcompact.org>.

[75] Declaração de Halifax, veja: <http://www.unesco.org/iau/sd/rtf/sd_dhalifax.rtf>. Acesso em 07/08/2009.

[76] Declaração de Swansea, veja: <http://www.unesco.org/iau/sd/rtf/sd_dswansea.rtf>. Acesso em 07/08/2009.

Educação ambiental e desenvolvimento sustentável

Declaração de Kyoto (Japão)	Criada em 1993, essa Declaração estabelece oito princípios de ação, sendo que um deles incorpora a linguagem e a essência das Declarações de Halifax e Swansea[77].
Carta Copernicus	Assinada em 1994 em Genebra, a Carta Copernicus (*Cooperation Programme in Europe for Research on Nature and Industry through Coordinated University Studies*) é um desdobramento do programa europeu de cooperação entre universidades. Define o papel das universidades e instituições de ensino superior na busca pelo desenvolvimento sustentável e apresenta princípios de ação, como comprometimento institucional com o desenvolvimento sustentável, ética ambiental, educação para os funcionários, programas de EA, interdisciplinaridade, difusão de conhecimentos, atuação em redes, parcerias, transferência de tecnologia e programas de educação continuada.[78]
Declaração de Lüneburg (Alemanha)	Declaração de Lüneburg sobre educação superior para o desenvolvimento sustentável. Assinada em 2001, afirma a necessidade de implementar as recomendações do Capítulo 36 da Agenda 21, da Declaração de Tessalônica e outras. Foi elaborada em reunião preparatória para a Cúpula Mundial para o Desenvolvimento Sustentável de 2002 em Johanesburgo (Rio + 10).[79]
Declaração de UBUNTU	Declaração de UBUNTO sobre educação, ciência e tecnologia para o desenvolvimento sustentável. Foi elaborada durante a Cúpula Mundial para o Desenvolvimento Sustentável e apoiada pela Universidade das Nações Unidas, UNESCO, ULSF, Academia de Ciência da África, Campus-Copernicus etc.[80] Reforça a necessidade de atender às recomendações da Agenda 21 e da Carta da Terra, documento independente que começou a ser elaborado na CMMAD no Rio de Janeiro em 1992 e foi concluído em 2000.[81]

Fonte: resumo das páginas das iniciativas acessadas na web e citadas em nota de rodapé.

[77] Declaração de Kyoto, veja: <http://www.unesco.org/iau/sd/sd_dkyoto.html>. Acesso em 07/08/2009.

[78] Carta Copernicus, veja: <http://www.eso.ed.ac.uk/pdfs/CopernicusUpdate2000.pdf>. Acesso em 07/08/2009.

[79] Declaração de Lüneburg, veja: <http://www.unesco.org/iau/sd/rtf/sd_dluneburg.rtf>. Acesso em 07/08/2009.

[80] Declaração de Ubuntu, veja: <http://www.deat.gov.za/sustdev/documents/pdf/UbuntuDeclaration.pdf>. Acesso em 07/08/2009.

[81] A Carta da Terra (*Earth Charter*) apresenta princípios sobre quatro temas: respeito e cuidado com a comunidade da vida; integridade ecológica; justiça econômica e social; e democracia, não violência e paz (<http://www.earthchaster.org>). Acesso em 07/08/2009).

Educação ambiental na formação do administrador

Quadro 2.5 — Principles for Responsible Management Education (PRME)

Princípio	Enunciado
1 Propósito	Desenvolver as capacidades dos estudantes para serem futuros geradores de valores sustentáveis para os negócios e a sociedade como um todo e para batalhar por uma economia global inclusiva e sustentável.
2 Valores	Incorporar em nossas atividades acadêmicas e curriculares os valores de responsabilidade social global, conforme considerado em iniciativas internacionais como o Pacto Global das Nações Unidas.
3 Método	Criar estruturas educacionais, materiais, processos e condições que permitam realizar experiências de aprendizagem eficazes para a liderança responsável.
4 Pesquisa	Engajar-nos em pesquisas conceituais e empíricas que aumentem nosso entendimento sobre o papel e os impactos das empresas na criação de valor social, ambiental e econômico sustentável.
5 Parceria	Interagir com gestores de empresas para estender nosso conhecimento sobre seus desafios concernentes à junção das responsabilidades sociais e ambientais e para explorar conjuntamente abordagens eficazes para responder a esses desafios.
6 Diálogo	Facilitar e apoiar o diálogo e o debate entre educadores, empresas, consumidores, mídia, organizações da sociedade civil e outros grupos de interesse e partes interessadas sobre questões críticas referentes à responsabilidade social e à sustentabilidade global. Nós entendemos que nossas próprias práticas organizacionais devem servir como exemplo dos valores e atitudes que transmitimos aos nossos alunos.

Fonte: The 6 Principles for Responsible Management Education. Disponível em <http://www.unprme.org>. Acesso em 07/08/2009.

Milhares de IES se comprometeram com essas iniciativas que se reforçam mutuamente com vistas ao desenvolvimento sustentável. Essas iniciativas voluntárias, como já mencionado, não são específicas para a EA. Elas visam colocar as IES como parceiras privilegiadas do desenvolvimento sustentável de modo explícito, tapando uma lacuna existente nos documentos gerados nas conferências promovidas pela ONU e suas entidades, sejam os específicos para a EA como os de Belgrado e Tbilisi, sejam os de caráter geral como a Agenda 21. A propósito, a Agenda 21 dedica a Seção III, constituída de 10 capítulos, para os que ela denomina de grupos principais do desenvolvimento sustentável, apesar de reconhecer que todos os grupos sociais terão importância decisiva para a promoção desse desenvolvimento.[82] As IES não estão contempladas como organizações específicas constituídas por diferentes públicos, professores, alunos, funcionários, comunidade do entorno etc. O Capítulo 31, dedicado à comunidade científica e tecnológica, um dos principais grupos integrantes das IES, tem por objetivo fazer com que a comunidade científica e tecnológica possa contribuir de modo mais aberto e efetivo nos processos de tomada de decisão sobre assuntos do meio ambiente e desenvolvimento. Esse capítulo centra sua atenção nas atividades e responsabilidades precípuas dessa comunidade com vistas à sua participação no processo de formulação de políticas públicas e disseminação de conhecimentos.

O Capítulo 35, denominado "Ciência para o desenvolvimento sustentável", concentra-se no papel da ciência e no uso do conhecimento científico para o manejo prudente do meio ambiente e do desenvolvimento visando à sobrevivência diária e futura da humanidade. Ou seja, refere-se à contribuição que os conhecimentos científicos podem oferecer para as necessidades identificadas nos outros capítulos da Agenda 21, como combate à pobreza, melhoria dos assentamentos humanos, combate aos processos de desertificação, transporte transfronteiriço de resíduos perigosos, poluição atmosférica, proteção aos ecossistemas vulneráveis etc. Verifica-se, portanto, que apenas uma parte das atividades das IES e um dos seus grupos foram expressamente considerados, formando uma lacuna a ser preenchida. Um meio para preencher esse vazio é mediante a consecução das ações recomendadas pelas iniciativas voluntárias criadas especificamente para elas, como as citadas. Essas iniciativas facilitam a inserção das IES no movimento do desenvolvimento sustentável, pois favorecem o aprendizado entre as signatárias de um mesmo acordo, mas não é o único caminho. Uma IES pode criar uma Agenda 21 própria que contemple programas, projetos

---

[82] CMMAD, Agenda 21, Capítulo 23 – preâmbulo (à Seção III – Fortalecimento do papel dos grupos principais). Esses grupos são: mulheres, infância e juventude, população indígena e suas comunidades, ONGs, autoridades locais, trabalhadores e seus sindicatos, comércio e indústria, comunidade científica e tecnológica e os agricultores.

Educação ambiental na formação do administrador

e atividades de todo tipo (ensino, pesquisa, extensão, gestão, difusão de conhecimento, participação em conselhos municipais etc.) e que envolvam professores, alunos, funcionários, fornecedores e prestadores de serviço, comunidade do entorno, ONGs, poder público local, estadual, nacional, entre outros grupos.

Vale ressaltar que a contribuição das IES à promoção do desenvolvimento sustentável tem sido enfatizada ao longo dos anos que se seguiram à divulgação da Agenda 21. A Declaração Mundial sobre Educação Superior no Século XXI, produzida durante a Conferência Mundial sobre Educação Superior, realizada pela Unesco em 1998, afirma a necessidade de preservar, reforçar e expandir as missões e os valores fundamentais da educação superior, particularmente a missão de contribuir para o desenvolvimento sustentável e o melhoramento da sociedade como um todo. A promoção do desenvolvimento sustentável é mais de uma vez citada nessa Declaração, bem como direitos humanos, democracia e paz.[83] Esses temas são caros à região latino--americana castigada há séculos por ditaduras e democracias frágeis que não conseguem acabar com a pobreza da maioria da sua população. Nessa região, as IES, principalmente as públicas, se tornam peças de resistência contra essa situação.

Na Conferência Regional de Educação Superior (CRES), realizada em 2008 em Cartagena, Colômbia, esses temas são enfatizados e a educação superior é colocada como um bem público social, um direito humano e universal e um dever do Estado. A CRES repudia a mercantilização do ensino e a ideia de que o ensino superior possa ser regido pela lógica do mercado. Condena a educação realizada por provedores transnacionais sem controle e orientação por parte dos Estados nacionais, pois isso gera uma educação descontextualizada e que amplia a exclusão social, fomenta a desigualdade e consolida o subdesenvolvimento. A CRES reafirma o caráter humanista da educação superior, a sua contribuição para a defesa dos direitos humanos, a promoção do desenvolvimento sustentável, sem defini-lo, de modo que cada região e local venha a construir os seus próprios entendimentos a partir das suas

---

[83] Mais sobre essa Declaração e a Conferência, veja: <http://www.direitoshumanos.usp.br/index.php>. Acesso em 13/03/2010.

Educação ambiental e desenvolvimento sustentável

necessidades específicas. Conforme a Declaração da CRES de 2008, o desenvolvimento das capacidades científicas, tecnológicas, humanistas e artísticas, com clara e rigorosa qualidade, deve estar vinculado a uma perspectiva de sustentabilidade.[84]

2.8. INICIATIVAS REGIONAIS

Para dar continuidade às disposições acordadas nessas conferências, foram realizadas diversas reuniões em nível regional e nacional procurando contextualizar a EA face aos seus problemas específicos. Na América Latina, diversos seminários foram realizados, procurando estabelecer as especificidades da EA no contexto de subdesenvolvimento da região latino-americana. Por exemplo: I e II Congresso Ibero-americano de EA de Guadalajara em 1992 e 1997, promovidos pela Organização dos Estados Ibero-Americanos (OIA) e pelo PNUMA, PNUD e UICN, respectivamente. Essas conferências regionais foram o embrião do que viria a ser o Programa Latino-Americano e Caribenho de Educação Ambiental (PLACEA), que visa à integração das ações de EA entre os países da região latino-americana e caribenha. A propósito, a EA de acordo com as ideias do desenvolvimento sustentável estimula a cooperação, uma das palavras mais usadas na Agenda 21, em todos os níveis, desde o global até o local onde as pessoas vivem e trabalham.

Durante o III Congresso Ibero-americano de Educação Ambiental, realizado em Caracas em 2000, foi elaborada a Declaração de Caracas para a Educação Ambiental na região ibero-americana. A Declaração reconhece os avanços da EA na região, porém ressalta os seguintes obstáculos:

1. baixa inversão de recursos econômicos ou humanos destinados à EA;
2. as contradições e paradoxos existentes na utilização e manejo de aspectos teóricos e metodológicos relacionados com o desenvolvimento sustentável, o ambiente e a EA;

---

[84] Mais sobre a Conferência Regional de Educação Superior CRES 2008, veja: <http://www.iesalc.org>. Acesso em 13/03/2010.

Educação ambiental na formação do administrador

3. as insuficiências na capacitação de docentes especializados na comunicação de temas ambientais;
4. a escassez de planos de ação que articulem efetivamente a gestão ambiental com a educação;
5. o insuficiente papel de sensibilização ambiental que desempenham as mensagens transmitidas pelos meios de comunicação de massa;
6. a carência de mecanismos de avaliação e investigação que permitam valorar a efetividade das políticas e medidas empreendidas para promover a EA.[85]

A Organização dos Estados Ibero-Americanos para a Educação, Ciência e Cultura (OEI), um organismo intergovernamental com sede em Madri, promove programas afinados com o movimento pelo desenvolvimento sustentável. Ela aderiu ao Decênio das Nações Unidas da Educação para o Desenvolvimento Sustentável, e no debate EA x EDS ficou com o segundo, como se observa em seus documentos mais recentes, além de ser um ativo fomentador de novas adesões.[86] Não poderia ser diferente, pois a OEI funciona como uma espécie de UNESCO regional e mantém com ela estreitas ligações.

No Brasil, como se verá a seguir, a EA sob as perspectivas comentadas neste capítulo recebeu ampla adesão e influenciou a elaboração da legislação pertinente ao tema. No âmbito dessa legislação, a começar pela Constituição Federal de 1988, usa-se a expressão *Educação Ambiental* (EA) e não *Educação para o Desenvolvimento Sustentável* (EDS). Assim, este texto também usará a primeira expressão, não só para estar em conformidade com a Lei Magna do País, mas principalmente porque a EA que ela preconiza está desde a sua origem vinculada ao movimento pelo desenvolvimento sustentável, como se verá a seguir.

---

[85] Declaração de Caracas, veja: <http://portal.mec.gov.br/secad/arquivos/pdf/educacao-ambiental/deccaracas.pdf>.

[86] Veja, por exemplo, o texto-manifesto "Compromisso por uma educação para a sustentabilidade", assinado por um coletivo denominado Educadores para a Sustentabilidade e publicado na *Revista Eureka sobre Enseñanza y Divulgación de las Ciencias*, v. 1, n. 3, 2004. (Obs.: Revista Electrónica de la Asociación de Profesores Amigos de la Ciencia-EUREKA)

Capítulo 3

A educação ambiental na legislação brasileira

Iniciativas voltadas para a educação ambiental aparecem em diversos textos legais anteriores às conferências citadas no Capítulo 2. O Código Florestal, instituído pela Lei nº 4.771, de 1965, estabeleceu um prazo de dois anos, contados da sua promulgação, no qual nenhuma autoridade poderia permitir a adoção de livros escolares de leitura que não tivessem textos de educação florestal, previamente aprovados pelo Conselho Federal de Educação, ouvido o órgão florestal competente. Estabeleceu a inclusão obrigatória de textos e dispositivos de educação florestal nas programações de rádio e televisão no limite de cinco minutos semanais, distribuídos ou não em diferentes dias, e instituiu a semana florestal, a ser comemorada obrigatoriamente nas escolas e outros estabelecimentos públicos.[1] Este texto fala em educação florestal sem especificar princípios e métodos.

A Lei nº 5.197, de 1967, que dispõe sobre a proteção à fauna, também faz exigências semelhantes quanto à adoção de livros e aos programas de rádio e televisão e estabelece que os programas de ensino médio privado deverão contar pelo menos com duas aulas anuais sobre proteção à fauna.[2] Iniciativas de educação ambiental de caráter fragmentado, episódico e isolado geram impactos reduzidos, quando não nulos, sobre aqueles objetivos mencionados no capítulo anterior. Em regra, essas iniciativas ficam restritas aos estabelecimentos de ensino básico, praticamente sem nenhuma penetração na comunidade e nas instituições de ensino superior. Sem a dimensão da continuidade, conforme estabelece a Carta de Belgrado, não se pode afirmar que tais iniciativas sejam processos de EA.

---

[1] BRASIL, Lei nº 4.771 de 1965, arts. 42º e 43º.
[2] BRASIL, Lei nº 5.197 de 1967, art. 35º.

Além disso, grande parte da EA praticada no país ainda enfatiza o meio ambiente natural e os seus aspectos biológicos, ficando, portanto, muito distante da abordagem socioambiental preconizada pelas conferências comentadas no Capítulo 2 e acatada pela atual legislação brasileira, como vê-se a seguir.

3.1. A Política Nacional do Meio Ambiente

Sob influência da Convenção de Estocolmo de 1972, o Executivo Federal criou, em 1973, a Secretaria Especial do Meio Ambiente (SEMA), na qual a EA foi incluída como uma das suas atribuições. A sua institucionalização, no entanto, efetiva-se com a Lei nº 6.938, de 31 de agosto de 1981, a qual cria a Política Nacional do Meio Ambiente (PNMA), tendo por objetivo a preservação, melhoria e recuperação da qualidade ambiental propícia à vida, visando compatibilizar o desenvolvimento econômico-social com a preservação da qualidade do meio ambiente e do equilíbrio ecológico.[3] Meio ambiente foi definido nessa lei como o conjunto de condições, leis, influências e interações de ordem física, química e biológica, que permite, abriga e rege a vida em todas as suas formas.[4] A EA, considerada um dos princípios nos quais se apoia a PNMA, deve ser estendida a todos os níveis de ensino, incluindo a educação comunitária, de modo a capacitar as pessoas para participar de forma ativa na defesa do meio ambiente.[5] Assim, a EA prevista na Lei nº 6.938/81 adquire um caráter socioambiental vinculado aos processos de desenvolvimento socioeconômico, embora o Executivo Federal na época entendesse desenvolvimento socioeconômico de um modo muito convencional. Mesmo com provimento legal, demorou para a EA ser incorporada ao sistema formal de ensino. Somente em 1987 o Conselho Federal de Ensino recomendou a inclusão da EA nos programas curriculares das escolas de 1º e 2º graus, conforme denominação da época.[6]

---

[3] BRASIL, Lei nº 6.938 de 1981, art. 2º.
[4] Idem, art. 3º, I.
[5] Idem, art. 2º, X.
[6] BRASIL/CFE. Parecer 226, de 1987, do Conselho Federal de Ensino.

A educação ambiental na legislação brasileira

A Constituição Federal de 1988 ampliou o *status* da EA ao incluí-la expressamente no capítulo dedicado ao meio ambiente. A partir daí a EA toma impulso no âmbito da União com os aportes conceituais e metodológicos consubstanciados nas conferências citadas no Capítulo 2. A Constituição incorporou o conceito de desenvolvimento sustentável no Capítulo VI, dedicado ao meio ambiente, um dos capítulos sobre a ordem social. De acordo com o texto constitucional, "todos têm direito ao meio ambiente ecologicamente equilibrado, bem de uso comum do povo e essencial à sadia qualidade de vida, impondo-se ao Poder Público e à coletividade o dever de defendê-lo e preservá-lo para as presentes e futuras gerações".[7]

A redação do texto constitucional foi bastante influenciada pelo relatório *Nosso futuro comum* da Comissão Mundial para o Desenvolvimento e Meio Ambiente, divulgado em 1987, na mesma época em que o Congresso Constituinte elaborava a atual Constituição. Note a semelhança dessa disposição constitucional com a definição de desenvolvimento sustentável dada pela CMMAD, citada na Seção 2.1. Como se verá mais adiante, essa definição também irá aparecer na legislação específica sobre EA. Para assegurar a efetividade desse preceito constitucional, a Constituição estabeleceu diversas incumbências ao Poder Público, entre elas, a de promover a EA em todos os níveis de ensino e a conscientização pública para a preservação do meio ambiente.[8]

A EA tornou-se então um dever do Estado. A sua inclusão no texto constitucional amplia a importância desse instrumento de política pública ambiental, como salienta Winther. Com efeito, esse autor, em parecer técnico jurídico, mostra que a Constituição Federal, ao recepcionar os principais objetivos, conceitos e instrumentos da Lei nº 6.938/81, conferiu um *status* maior às normas vigentes sobre essa matéria. Ainda segundo o insigne jurista, a correta aplicação dos instrumentos de política ambiental constante na Lei nº 6.938/81, bem como as medidas emanadas do Conselho Nacional do Meio Ambiente (CONAMA),

---

[7] BRASIL. Constituição da República Federal do Brasil, 1988, art. 225, caput. Para simplificação será aqui denominada de Constituição Federal.
[8] Idem, art. 225 § 1º, VI.

Educação ambiental na formação do administrador

são medidas constitucionais de controle e caráter preventivo e/ou corretivo dos danos ambientais, que se inserem não só no planejamento, execução e correção de atividades diretamente relacionadas com o meio ambiente, como também, e principalmente, **em todos os diferentes níveis de planejamento das políticas públicas ou privadas, em quaisquer setores das atividades humanas.**[9]

Seguindo em sua análise, a correta oferta do ensino, quer na rede pública, quer na privada, está sujeita a esse controle, conforme observa--se na previsão feita pelo art. 208º, § 2º da Constituição Federal, que diz: "o não oferecimento do ensino obrigatório pelo poder público, ou sua oferta irregular, importa responsabilidade da autoridade competente".[10] Acompanhando a Constituição Federal, todos os Estados estabeleceram disposições específicas sobre o meio ambiente em suas constituições e quase todos se lembraram de incluir a educação ambiental entre os temas contemplados.

A Lei de Diretrizes e Bases (LDB), instituída pela Lei nº 9.394, de 20/12/1996, não estabeleceu nenhuma disposição sobre EA e nem sequer a cita expressamente. Apenas com muita boa vontade é que se pode atribuir ao legislador alguma intenção de tratar esse tema ainda que de modo indireto. Em relação ao ensino fundamental, a LDB estabelece que os currículos devem abranger obrigatoriamente o conhecimento do mundo físico e natural e da realidade social e política, especialmente do Brasil.[11] Entre outras finalidades do ensino superior está a de estimular o conhecimento do mundo presente, em particular o nacional e o regional.[12] Isso é tudo, podendo-se dizer que sobre a questão ambiental, a LDB não deu ouvido ao imenso clamor nacional e internacional, que desde a Conferência de Estocolmo de 1972 procurava incluir a EA como um instrumento de política pública relevante para a promoção de uma ordem mundial mais justa.

O conhecimento do mundo físico e natural, bem como da realidade social e política, nunca deixou de ser o assunto das escolas em

---

[9] WINTHER, 2000, p. 40, grifo do autor.
[10] Idem, p. 41.
[11] BRASIL, Lei nº 9.394 de 1996, art. 23º, § 1º.
[12] Idem, art. 43º, VI.

A educação ambiental na legislação brasileira

qualquer nível de ensino. Qualquer escola pode dizer que atende a essa exigência, pois afinal elas oferecem cursos de Biologia, Geografia, História etc. Mas a experiência mostra que isso não é suficiente para criar uma consciência socioambiental capaz de mudar atitudes, gerar habilidades, desenvolver o sentido de participação e outros objetivos da EA, conforme estabelecem os documentos comentados anteriormente. Conforme um documento da Unesco, as ciências naturais proporcionam conhecimentos abstratos importantes sobre o mundo, porém por si só não constituem um aporte aos valores e atitudes nos quais o desenvolvimento sustentável deve se basear. Isso vale também para a Ecologia, que tem sido considerada a disciplina fundamental da EA. Os estudos biofísicos e geofísicos são requisitos prévios necessários, mas não suficientes, para compreender a sustentabilidade. Por isso, os estudos sobre a natureza, por seu contexto apolítico típico, devem equilibrar-se com estudos das ciências sociais e das humanidades.[13]

3.2. A POLÍTICA NACIONAL DE EDUCAÇÃO AMBIENTAL

A Lei nº 9.795, de 1999, que institui a Política Nacional de Educação Ambiental (PNEA), tem como objetivo dar prosseguimento eficaz ao ditame constitucional citado na seção anterior. De acordo com essa lei, entende-se por EA

> os processos por meio dos quais o indivíduo e a coletividade constroem valores sociais, conhecimentos, habilidades, atitudes e competências voltadas para a conservação do meio ambiente, bem de uso comum do povo, essencial à sadia qualidade de vida e sua sustentabilidade.[14]

Note a influência da Carta de Belgrado, de Tbilisi e do TEASS nessa definição, bem como a ideia expressa no texto da Constituição Federal inspirada na definição de desenvolvimento sustentável dada pela CMMAD, como mostrado na seção anterior.

[13] UNESCO, 1997, p. 2.
[14] BRASIL, Lei nº 9.795 de 1999, art. 1º.

Educação ambiental na formação do administrador

De acordo com a Lei nº 9.795/1999, a EA é um componente essencial e permanente da educação nacional e deve estar articulada em todos os níveis e modalidades do processo educativo, em caráter formal e não formal.[15] Assim, a EA se torna obrigatória em todos os níveis de ensino, mas não uma obrigatoriedade qualquer, pois, como explica Winther, esse artigo estabelece a obrigatoriedade de incluir a EA de forma essencial e permanente nas políticas, planos, programas e projetos da educação nacional para todos os níveis de ensino e por duas maneiras diferentes, referindo-se à educação formal e não formal. As instituições de ensino devem, conclui o autor, adequar seus currículos para atender em cada nível às duas formas preconizadas pela lei.[16]

Ou seja, qualquer instituição de ensino dentro do território nacional, independentemente do nível de ensino em que atua, deverá considerar a EA um componente essencial e permanente dos seus programas de ensino. Em outras palavras, a EA passa a ser um direito de todos e que deve ser atendido por diferentes agentes, conforme especifica a referida lei. Como parte do processo educativo mais amplo, todos têm direito à educação ambiental, incumbindo:

1. ao Poder Público, nos termos dos artigos 205 e 225 da Constituição Federal, definir políticas públicas que incorporem a dimensão ambiental, promovendo a educação ambiental em todos os níveis de ensino e o engajamento da sociedade na conservação, recuperação e melhoria do meio ambiente;

2. às instituições educativas, promover a educação ambiental de maneira integrada aos programas educacionais que desenvolvem;

3. aos órgãos integrantes do Sistema Nacional do Meio Ambiente (SISNAMA), promover ações de educação ambiental integradas aos programas de conservação, recuperação e melhoria do meio ambiente;

4. aos meios de comunicação de massa, colaborar de maneira ativa e permanente na disseminação de informações e práticas educativas sobre o meio ambiente e incorporar a dimensão ambiental em sua programação;

---

[15] Idem, art. 2.
[16] WINTHER, 2002, p. 4.

A educação ambiental na legislação brasileira

5. às empresas, entidades de classe, instituições públicas e privadas, promover programas destinados à capacitação dos trabalhadores, visando à melhoria e ao controle efetivo sobre o meio ambiente de trabalho, bem como sobre as repercussões do processo produtivo no meio ambiente;
6. à sociedade como um todo, manter atenção permanente à formação de valores, atitudes e habilidades que propiciem a atuação individual e coletiva voltada para a prevenção, a identificação e a solução de problemas ambientais.[17]

As instituições educativas de que trata o inciso 2 englobam a sua totalidade, isto é, qualquer organização de ensino, pública ou privada, atuando em qualquer nível de ensino deve promover ações de EA integradas aos programas educacionais. A Lei nº 9.795 de 1999 estabelece que a EA deve se basear nos seguintes princípios:
1. enfoque humanista, holístico, democrático e participativo;
2. concepção do meio ambiente em sua totalidade, considerando a interdependência entre o meio natural, o socioeconômico e o cultural sob o enfoque da sustentabilidade;
3. o pluralismo de ideias e concepções pedagógicas, na perspectiva da inter, multi e transdiciplinaridade;
4. a vinculação entre a ética, a educação, trabalho e as práticas sociais;
5. a garantia da continuidade e permanência do processo educativo;
6. a abordagem articulada das questões ambientais locais, regionais, nacionais e globais; e
7. a permanente avaliação crítica.[18]

Quanto aos objetivos da EA, a referida lei estabelece os seguintes itens:
1. o desenvolvimento de uma compreensão integrada do meio ambiente em suas múltiplas e complexas relações, envolvendo aspectos ecológicos, psicológicos, legais, políticos, sociais, econômicos, científicos, culturais e éticos;

---

[17] BRASIL, Lei nº 9.795 de 1999, art. 3º.
[18] Idem, art. 4º.

Educação ambiental na formação do administrador

2. a garantia de democratização das informações ambientais;
3. o estímulo e o fortalecimento de uma consciência crítica sobre a problemática ambiental e social;
4. o incentivo à participação individual e coletiva, permanente e responsável, na preservação do equilíbrio do meio ambiente, entendendo-se a defesa da qualidade ambiental como um valor inseparável do exercício da cidadania;
5. o estímulo à cooperação entre as diversas regiões do país, em níveis micro e macrorregionais, com vistas à construção de uma sociedade ambientalmente equilibrada, fundada nos princípios da liberdade, igualdade, solidariedade, democracia, justiça social, responsabilidade e sustentabilidade;
6. o fomento e o fortalecimento da integração com a ciência e tecnologia;
7. o fortalecimento da cidadania, autodeterminação dos povos e solidariedade como fundamentos para o futuro da humanidade.[19]

As atividades vinculadas à PNEA devem ser desenvolvidas na educação em geral e na educação escolar, por meio das seguintes linhas de atuação inter-relacionadas: capacitação de recursos humanos; desenvolvimento de estudos, pesquisas e experimentações; produção e divulgação de material educativo; acompanhamento e avaliação. A capacitação de recursos humanos deve se voltar:

1. à incorporação da dimensão ambiental na formação, especialização e atualização dos educadores de todos os níveis e modalidades de ensino;
2. à incorporação da dimensão ambiental na formação, especialização e atualização dos profissionais de todas as áreas;
3. à preparação de profissionais orientados para as atividades de gestão ambiental;
4. à formação, especialização e atualização de profissionais na área de meio ambiente;

[19] Idem, art. 5º.

A educação ambiental na legislação brasileira

5. ao atendimento da demanda dos diversos segmentos da sociedade no que diz respeito à problemática ambiental.[20]

As ações relacionadas com os estudos, as pesquisas e as experimentações devem se voltar para:

1. o desenvolvimento de instrumentos e metodologias, visando à incorporação da dimensão ambiental, de forma interdisciplinar, nos diferentes níveis e modalidades de ensino;
2. a difusão de conhecimentos, tecnologias e informações sobre a questão ambiental;
3. o desenvolvimento de instrumentos e metodologias, visando à participação dos interessados na formulação e execução de pesquisas relacionadas à problemática ambiental;
4. a busca de alternativas curriculares e metodológicas de capacitação na área ambiental;
5. o apoio a iniciativas e experiências locais e regionais, incluindo a produção de material educativo;
6. a montagem de uma rede de banco de dados e imagens, para apoio às ações já mencionadas.[21]

No caso da educação formal, a EA deve ser desenvolvida no âmbito dos currículos das instituições de ensino, públicas e privadas, englobando a educação básica (infantil e fundamental), ensino médio, educação superior, educação profissional e educação de jovens e adultos. A EA será desenvolvida como uma prática educativa integrada, contínua e permanente em todos os níveis e modalidades. Porém, não deve ser implantada como disciplina específica no currículo de ensino.[22] Em outras palavras, as questões ambientais devem ser tratadas em todas as disciplinas a partir de uma perspectiva de transversalidade. A exclusão da EA como disciplina específica é uma das recomendações das conferências citadas no Capítulo 2, como a de Tbilisi.

---

[20] Idem, art. 8º, § 2º.
[21] Idem, art. 8º, § 3º.
[22] Idem, arts. 9º e 10º.

Educação ambiental na formação do administrador

Na inclusão da EA em todos os níveis e modalidades de ensino, recomenda-se como referência os Parâmetros e as Diretrizes Curriculares Nacionais, observando: a integração da EA às disciplinas de modo transversal, contínuo e permanente e a adequação dos programas já vigentes de formação continuada de educadores.[23] As Diretrizes para o ensino fundamental, que haviam sido aprovadas em 1988 pelo MEC, formam um conjunto de definições doutrinárias sobre princípios, fundamentos e procedimentos da educação básica para orientar as escolas brasileiras na organização, articulação, desenvolvimento e avaliação de suas propostas pedagógicas. As Diretrizes são as seguintes:

1. princípios éticos da autonomia, da responsabilidade, da solidariedade e do respeito ao bem comum;
2. princípios dos direitos e deveres da cidadania, do exercício da criticidade e do respeito à ordem democrática;
3. os princípios estéticos da sensibilidade, da criatividade e da diversidade de manifestações artísticas e culturais.[24]

A Lei nº 9.795/99 admite a criação de disciplinas específicas apenas nos cursos de pós-graduação, extensão e nas áreas voltadas ao aspecto metodológico da EA. No caso dos cursos de formação e especialização técnico-profissional, em todos os níveis, deve ser incorporado conteúdo que trate da ética ambiental das diversas atividades profissionais.[25] A EA deve constar dos currículos de formação de professores de todos os níveis e em todas as disciplinas e os professores em atividade devem receber formação complementar na sua área de atuação para atender aos objetivos do PNEA. Essa exigência deve ser estendida ao mestrado e doutorado, uma vez que são níveis de educação formal que permitem ou favorecem o ingresso no magistério superior.[26] A autorização e supervisão do funcionamento das instituições de ensino e de seus cursos nas redes públicas e privadas devem observar o cumprimento dessas disposições comentadas, de modo

[23] BRASIL. Decreto nº 4.281 de 2002, art. 5º.
[24] BRASIL/CEB, Resolução nº 2, de 1998.
[25] BRASIL, Lei nº 9.795 de 1999, art.10, § 2º e 3º.
[26] Idem, art. 11º.

A educação ambiental na legislação brasileira

que a instituição que não cumpri-las estaria sujeita a ter sua autorização de funcionamento negada.[27]

A EA não formal se refere às ações e práticas educativas voltadas à sensibilização da coletividade sobre as questões ambientais e à sua organização e participação na defesa da qualidade do meio ambiente. O Poder Público, em níveis federal, estadual e municipal, incentivará:

1. a difusão, por intermédio dos meios de comunicação de massa, em espaços nobres, de programas e campanhas educativas, e de informações acerca de temas relacionados ao meio ambiente;
2. a ampla participação da escola, da universidade e de organizações não governamentais na formulação e execução de programas e atividades vinculadas à educação ambiental não formal;
3. a participação de empresas públicas e privadas no desenvolvimento de programas de educação ambiental em parceria com a escola, a universidade e as organizações não governamentais;
4. a sensibilização da sociedade para a importância das unidades de conservação;
5. a sensibilização ambiental das populações tradicionais ligadas às unidades de conservação;
6. a sensibilização ambiental dos agricultores;
7. o ecoturismo.[28]

O ensino não formal de EA também cabe em qualquer ação de ensino não formal realizada pelas instituições de um modo geral, por exemplo, nos cursos de educação continuada para graduados de qualquer curso ou nos projetos e programas de extensão universitária nas empresas e comunidades. Essas instituições não necessitam esperar por incentivos do Poder Público, pois o agir proativo em relação ao meio ambiente é uma das recomendações das conferências e documentos mencionados. Como se vê, a Lei nº 9.795/1999 acolheu muitas ideias apontadas nas diversas conferências internacionais, as principais aqui mencionadas, o que conferiu à educação ambiental um caráter socioambiental decorrente das propostas de desenvolvimento sustentável,

---

[27] Idem, art. 12º.
[28] Idem, art. 13º.

Educação ambiental na formação do administrador

tanto as geradas no âmbito das conferências intergovernamentais promovidas pela Unesco e PNUMA quanto as do TEASS, que, como visto, foi elaborada de modo independente por membros da sociedade civil pertencentes à comunidade de EA.

A execução do PNEA é o objeto dos artigos 14 a 20 da Lei nº 9.795/1999. O Decreto nº 4.281 de 25/07/2002, que regulamenta a Lei nº 9.795/1999, estabelece que o PNEA será executado pelos órgãos e entidades integrantes do SISNAMA, pelas instituições educacionais públicas e privadas dos sistemas de ensino, pelos órgãos públicos de todos os entes da Federação Brasileira, envolvendo entidades não governamentais, entidades de classe, meios de comunicação e demais segmentos da sociedade. Ou seja, todos devem em princípio executar o PNEA. Esse Decreto criou o Órgão Gestor (OG-PNEA) que, nos termos da Lei nº 9.795/1999, fará a coordenação do PNEA, tendo as seguintes atribuições: definição de diretrizes para implementá-lo em âmbito nacional; articulação, coordenação e supervisão de planos, programas e projetos na área de EA em âmbito nacional; e participação na negociação de financiamentos a planos, programas e projetos nas áreas de EA.

Essas atribuições foram detalhadas no Decreto nº 4.281/02, como mostra o Quadro 3.1. O OG-PNEA é dirigido pelo Ministério do Meio Ambiente e pelo Ministério da Educação, com o apoio de seu Comitê Assessor, constituído por representantes de diversos setores (educacional, patronal, laboral etc.), de entidades públicas, como o Conselho Nacional de Ensino e representantes dos municípios, e da sociedade civil, por exemplo, Ordem dos Advogados do Brasil, Sociedade Brasileira de Proteção à Ciência e Associação Brasileira de Imprensa.

3.3. A implantação da EA na esfera federal

Como parte das atividades preparatórias para a participação brasileira na Conferência das Nações Unidas sobre o Meio Ambiente e Desenvolvimento, realizada no Rio de Janeiro em 1992, foi criada em 1991 uma Comissão Interministerial, na qual a EA fora contemplada como um instrumento de política ambiental. Nesse período, a EA ganhou órgãos específicos no IBAMA e no Ministério da Educação (MEC). Quando o

A educação ambiental na legislação brasileira

Ministério do Meio Ambiente, dos Recursos Hídricos e da Amazônia Legal (MMA) foi criado, em 1992, núcleos de EA já haviam sido implementados em diversas superintendências estaduais do IBAMA.

Quadro 3.1 — Competências do órgão gestor do PNEA

I. avaliar e intermediar, se for o caso, programas e projetos da área de educação ambiental, inclusive supervisionando a recepção e emprego dos recursos públicos e privados aplicados em atividades dessa área;

II. observar as deliberações do Conselho Nacional de Meio Ambiente — CONAMA — e do Conselho Nacional de Educação — CNE;

III. apoiar o processo de implementação e avaliação da Política Nacional de Educação Ambiental em todos os níveis, delegando competências quando necessário;

IV. sistematizar e divulgar as diretrizes nacionais definidas, garantindo o processo participativo;

V. estimular e promover parcerias entre instituições públicas e privadas, com ou sem fins lucrativos, objetivando o desenvolvimento de práticas educativas voltadas à sensibilização da coletividade sobre questões ambientais;

VI. promover o levantamento de programas e projetos desenvolvidos na área de Educação Ambiental e o intercâmbio de informações;

VII. indicar critérios e metodologias qualitativas e quantitativas para a avaliação de programas e projetos de Educação Ambiental;

VIII. estimular o desenvolvimento de instrumentos e metodologias visando ao acompanhamento e à avaliação de projetos de Educação Ambiental;

IX. levantar, sistematizar e divulgar as fontes de financiamento disponíveis no país e no exterior para a realização de programas e projetos de educação ambiental;

X. definir critérios considerando, inclusive, indicadores de sustentabilidade para o apoio institucional e alocação de recursos a projetos da área não formal;

XI. assegurar que sejam contemplados como objetivos do acompanhamento e avaliação das iniciativas em Educação Ambiental:

a. a orientação e consolidação de projetos;

b. o incentivo e multiplicação dos projetos bem-sucedidos; e,

c. a compatibilização com os objetivos da Política Nacional de Educação Ambiental.

Fonte: Decreto Federal nº 4.281/2002, art. 3º.

Por ocasião da Conferência do Rio de 1992, o MEC em reunião paralela realizou um *workshop*, do qual resultou a Carta Brasileira para a Educação Ambiental, que adota os princípios e recomendações da Carta de Belgrado, Declaração de Tbilisi, da Agenda 21, do TEASS e de outras reuniões aqui comentadas. A Carta Brasileira recomenda que o MEC, em conjunto com as instituições de ensino superior, defina metas para a inserção articulada da dimensão ambiental nos currículos, a fim de estabelecer um marco fundamental para implantar a educação ambiental no ensino superior. Em 1994, surge o primeiro Programa Nacional de Educação Ambiental (PRONEA), cuja execução esteve a cargo do MEC e do MMA e tinha como objetivo básico: capacitar educadores ambientais e gestores de EA, promover e desenvolver metodologias e instrumentos de EA, bem como ações específicas em diversas instâncias como educação formal e meios de comunicação.

Dentro das ações do PRONEA, em 1995 foi constituída uma Câmara Técnica Temporária de EA no âmbito do CONAMA, que desempenhou um papel importante na formulação de sugestões para a elaboração da Lei nº 9.795/1999. Em 2000 passou a ser uma Câmara Técnica permanente com as seguintes áreas de atuação: (a) indicadores de desempenho e de avaliação das ações de educação ambiental decorrentes das políticas, programas e projetos de governo; (b) diretrizes para elaboração e implementação das políticas e programas estaduais de educação ambiental; (c) assessoramento às demais Câmaras Técnicas do CONAMA sobre educação ambiental e (d) ações de educação ambiental nas políticas de conservação da biodiversidade, de zoneamento ambiental, de licenciamento e revisão de atividades efetivas ou potencialmente poluidoras, de gerenciamento de resíduos, de gerenciamento costeiro, de gestão de recursos hídricos, de ordenamento de recursos pesqueiros, de manejo sustentável de recursos ambientais, de ecoturismo e melhoria de qualidade ambiental.[29]

Ainda como resultado do PRONEA, foi realizada pelo MEC em Brasília, em 1997, a I Conferência Nacional de Educação Ambiental, com ampla participação de educadores ambientais, nela foi elaborada a Declaração de Brasília para a Educação Ambiental, na qual a EA é entendida como um instrumento para promover o desenvolvimento sustentável e faz menção explícita às recomendações da Declaração de Tbilisi e da Agenda 21. A Conferência de Brasília discutiu cinco grandes temas sobre EA:

1. EA e as vertentes do desenvolvimento sustentável;
2. EA formal – papéis e desafios;
3. EA no processo de gestão ambiental;

[29] Sobre a Câmara Técnica de EA, veja em: <http://www.mma.gov.br/port/conama/ctgt/ct.cfm?cod_ct=209>.

A educação ambiental na legislação brasileira

4. EA e as políticas públicas; e
5. EA, ética e formação da cidadania.

Com relação ao primeiro tema, foram identificados diversos problemas para a EA, entre eles a existência de diferentes conceitos de desenvolvimento sustentável decorrentes de distintas visões por parte dos segmentos da sociedade, assunto comentado na Seção 2.4. Nesse sentido, recomendou-se a construção de um conceito de desenvolvimento sustentável para assegurar à sociedade compreensão objetiva, bem como os caminhos e os meios concretos para a EA. Outros problemas identificados foram os seguintes: o modelo de desenvolvimento adotado no Brasil que privilegia os aspectos econômicos; o sistema produtivo marcado por um modelo agroexportador que não viabiliza práticas sustentáveis; o descumprimento das recomendações da Agenda 21 por parte dos diferentes níveis de governo; a falta de articulação entre as ações de governo e da sociedade civil; o ensino tecnicista e fragmentado que dificulta a consecução da EA de acordo com os conceitos apresentados anteriormente.

A ausência de disposição explícita sobre EA na LDB foi um dos problemas identificados em relação ao segundo tema. Outro problema se refere ao modelo de educação vigente nas escolas e universidades com base em posturas positivistas e pedagogia tecnicista que geram um ensino fragmentado, dificultando a implementação de uma EA baseada na interdisciplinaridade. Foi recomendada a inclusão da EA como um princípio da Lei de Diretrizes e Bases, mas como já mostrado, essa recomendação caiu no vazio. Com relação à EA no processo de gestão ambiental (tema 3), a Declaração de Brasília recomendou estabelecimento de parcerias com o setor produtivo, acadêmico, governamental e a sociedade civil para implementar programas de EA; o fomento de polos de EA; a capacitação de municípios e comunidades e a transformação da Câmara Técnica Temporária em Permanente, recomendação atendida em 2000.

Quanto à EA e às políticas públicas, tema 4, a Declaração recomenda a inclusão do componente ambiental em todas as políticas públicas e, particularmente, recomenda a implementação de políticas ambientais urbanas que leve em conta as especificidades

Educação ambiental na formação do administrador

regionais e políticas agrícolas que contemplem a agricultura familiar e o desenvolvimento de projetos alternativos para as populações de baixa renda. Sobre o tema 5, EA, ética e formação da cidadania, duas recomendações foram endereçadas aos meios de comunicação, no sentido de promover a sua democratização com a participação da sociedade civil, para divulgar experiências de EA e motivá-la a assumir o seu papel de formadora de opinião, estimulando o seu comprometimento com as questões ambientais. Recomenda também a divulgação da Agenda 21 de modo compreensível para ampliar a participação dos cidadãos na elaboração de agendas locais.[30]

Talvez uma das contribuições mais importantes do PRONEA em sua primeira versão foi a inclusão da EA no Plano Plurianual (PPA) do Executivo Federal, de 1994 a 1999, uma providência fundamental para assegurar recursos de forma estável para a EA e que se repetiria para os períodos subsequentes. Pela Constituição Federal de 1988, a lei que instituir o PPA estabelecerá, de forma regionalizada e por um período de quatro anos, as diretrizes, os objetivos e as metas da administração pública federal para os projetos e programas de duração continuada.[31] No PPA do período de 2000 a 2003, a EA se tornou um Programa vinculado ao MMA e identificado pela rubrica 0052. Posteriormente, no PPA de 2004 a 2007, esse Programa passou a se chamar Educação Ambiental para a Sociedade Sustentável, com o objetivo de construir valores e relações sociais, conhecimentos, habilidades, atitudes e competências que contribuam para a participação de todos na edificação de sociedades sustentáveis.[32]

A denominação desse programa atendeu às novas diretrizes estabelecidas em 2004, que, como se verá mais adiante, adotou como fonte de referência básica para a EA os termos do TEASS, comentados na Seção 2.5. A EA também foi incluída no PPA de 2004-2007 em duas subáreas do Programa Brasil Escolarizado do MEC, identificado pelo número 1061, ambas referentes à formação continuada em EA e à

---

[30] MMA, 2000. Disponível em <http://www.mma.gov.br/port/sdi/ea/Infgeral.cfm>, acesso em 9/12/2002.

[31] BRASIL, CF 1888, art. 165º, § 1º.

[32] MINISTÉRIO DO PLANEJAMENTO, ORÇAMENTO E GESTÃO, 2008, p. 59-60.

A educação ambiental na legislação brasileira

produção de material didático para a EA.[33] No PPA para o período de 2008-2011, a EA foi incluída no Programa de Gestão da Política Ambiental, identificado pelo número 0511, com o objetivo específico de promover a articulação institucional e a cidadania ambiental por meio do fortalecimento do SISNAMA.[34]

A criação da Diretoria Nacional de Educação Ambiental (DNAE) no MMA e do Sistema Brasileiro de Informação em Educação Ambiental (SIBEA) foram outras ações importantes para implantar a EA no período de vigência do PRONEA. É desse período a promulgação da Lei nº 9.795/99, que dispõe sobre a Política Nacional de Educação Ambiental (PNEA), já comentada. No entanto, os processos de operacionalização só iriam deslanchar efetivamente com a regulamentação dessa lei por meio do Decreto nº 4.281/02 e com a criação do OG-PNEA em 2003.

O ano de 2004 marca uma nova fase da EA, com o início do novo Programa Nacional de Educação Ambiental, identificado com a sigla ProNEA, para não confundir com PRONEA, o programa que havia vigorado de 1994 a 1999. O ProNEA, concebido com ampla participação da comunidade de EA em 2004, adotou novas diretrizes inspiradas no TEASS, a saber: transversalidade e interdisciplinaridade; ação descentralizada em termos espacial e institucional; sustentabilidade socioambiental; democracia e participação popular; e fortalecimento dos sistemas de ensino, do meio ambiente e de outros que mantenham interface com a EA.[35] O Quadro 3.2 apresenta os princípios e a longa lista de objetivos do ProNEA, também alinhados com os termos da TEASS.

Com a reorganização do MMA realizada em 2007, as atividades de EA passaram a ser coordenadas pelo Departamento de Educação Ambiental (DEA), a quem compete, entre outras atividades, propor, coordenar e implementar programas e projetos de EA, acompanhar e avaliar tecnicamente a execução desses projetos e assistir tecnicamente aos órgãos colegiados na sua área de atuação.[36] O DEA faz parte da Secretaria de Articulação Institucional e Cidadania Ambiental, um dos órgãos específicos

---

[33] BRASIL, Lei nº 10.933 de 11/08/2004 (Anexo 2).
[34] BRASIL, Lei nº 11.653 de 07/04/2008 (Anexo 2).
[35] MINISTÉRIO DO MEIO AMBIENTE, 2005, p. 33.
[36] BRASIL, Decreto nº 6.101 de 2007, art. 3.

Educação ambiental na formação do administrador

singulares do MMA, como mostra a Figura 3.1. No MEC, as ações de EA estão a cargo da Coordenadoria Geral de Educação Ambiental (CGEA), vinculada à Diretoria de Educação e Cidadania da Secretaria de Educação Continuada, Alfabetização e Diversidade (SECAP).

Quadro 3.2 — Princípios e objetivos do ProNEA

PRINCÍPIOS:
- Concepção de meio ambiente em sua totalidade, considerando a interdependência sistêmica entre o meio natural e o construído, o socioeconômico e o cultural, o físico e o espiritual, sob o enfoque da sustentabilidade.
- Abordagem articulada das questões ambientais locais, regionais, nacionais, transfronteiriças e globais.
- Respeito à liberdade e à equidade de gênero.
- Reconhecimento da diversidade cultural, étnica, racial, genética, de espécies e de ecossistemas.
- Enfoque humanista, histórico, crítico, político, democrático, participativo, inclusivo, dialógico, cooperativo e emancipatório.
- Compromisso com a cidadania ambiental.
- Vinculação entre as diferentes dimensões do conhecimento; entre os valores éticos e estéticos; entre a educação, o trabalho, a cultura e as práticas sociais.
- Democratização na produção e divulgação do conhecimento e fomento à interatividade na informação.
- Pluralismo de ideias e concepções pedagógicas.
- Garantia de continuidade e permanência do processo educativo.
- Permanente avaliação crítica e construtiva do processo educativo.
- Transparência e coerência entre o pensar, o falar, o sentir e o fazer.

OBJETIVOS:
- Promover processos de EA voltados para valores humanistas, conhecimentos, habilidades, atitudes e competências que contribuam para a participação cidadã na construção de sociedades sustentáveis.
- Fomentar processos de formação continuada em EA, formal e não formal, dando condições para a atuação nos diversos setores da sociedade.
- Contribuir com a organização de grupos, voluntários, profissionais, institucionais, associações, cooperativas, comitês etc., que atuem em programas de intervenção em EA e apoiem e valorizem.
- Fomentar a transversalidade por meio da internalização e difusão da dimensão ambiental nos projetos, governamentais e não governamentais, de desenvolvimento e melhoria da qualidade de vida.
- Promover a incorporação da EA na formulação e execução de atividades passíveis de licenciamento ambiental.
- Promover a EA integrada aos programas de conservação, recuperação e melhoria do meio ambiente, bem como àqueles voltados à prevenção de riscos e danos ambientais e tecnológicos.
- Promover campanhas de EA nos meios de comunicação de massa, de forma a torná-los colaboradores ativos e permanentes na disseminação de informações e práticas educativas sobre o meio ambiente.

A educação ambiental na legislação brasileira

> - Estimular as empresas, entidades de classe, instituições públicas e privadas a desenvolverem programas destinados à capacitação de trabalhadores, visando à melhoria e ao controle efetivo sobre o meio ambiente de trabalho, bem como sobre as repercussões do processo produtivo no meio ambiente.
> - Difundir a legislação ambiental, por intermédio de programas, projetos e ações de EA.
> - Criar espaços de debate das realidades locais para o desenvolvimento de mecanismos de articulação social, fortalecendo as práticas comunitárias sustentáveis e garantindo a participação da população nos processos decisórios sobre a gestão dos recursos ambientais.
> - Estimular e apoiar as instituições governamentais e não governamentais a pautarem suas ações com base na Agenda 21.
> - Estimular e apoiar pesquisas, nas diversas áreas científicas, que auxiliem o desenvolvimento de processos produtivos e soluções tecnológicas apropriadas e brandas, fomentando a integração entre EA, ciência e tecnologia.
> - Incentivar iniciativas que valorizem a relação entre cultura, memória e paisagem – sob a perspectiva da biofilia –, assim como a interação entre os saberes tradicionais e populares e os conhecimentos técnico-científicos.
> - Promover a inclusão digital para dinamizar o acesso a informações sobre a temática ambiental, garantindo inclusive a acessibilidade de portadores de necessidades especiais.

Fonte: MMA; MEC, 2005, p. 37-41.

Os demais entes da federação, estados, Distrito Federal e municípios, devem definir diretrizes, normas e critérios para a EA na esfera de sua competência e nas áreas de sua jurisdição, sempre que respeitados os princípios e os objetivos da PNEA.[37] Várias iniciativas de EA também estavam ocorrendo nos estados e em diversos municípios, em alguns, antes mesmo da institucionalização na esfera federal. Por exemplo, no estado de São Paulo, a Cetesb, que havia sido criada em 1973, passou a contar em 1983 com uma Superintendência de Educação Ambiental e Participação Comunitária. Em 1989, foi a vez da Secretaria do Meio Ambiente de incluir a EA em sua estrutura administrativa.

Depois de toda essa trajetória para institucionalizar a EA, pode-se dizer que no ensino fundamental e médio os esforços foram significativos. Segundo o Instituto Nacional de Estudos e Pesquisas Educacionais Anísio Teixeira (INEP), a EA faz parte da rotina de mais de 70% dos alunos do ensino fundamental, sendo que esse percentual aumenta para 73% entre os alunos do 6º ao 9º ano. O processo pedagógico mais

---

[37] BRASIL, Lei nº 9.368/91, art. 16.

usado pelas escolas é a inserção da temática ambiental nas diferentes disciplinas que compõem a grade curricular. Em segundo lugar estão os estudos de problemas relacionados com o meio ambiente por meio de projetos.[38] Esses números se referem à oferta de ações de EA por parte das organizações escolares, mas nada dizem a respeito do aprendizado por parte dos alunos. Dito de outro modo, não deixam claro se essas ações alcançaram os objetivos desejados, uma vez que esses não dependem apenas das ações em termos quantitativos e qualitativos, mas também dos esforços dos próprios alunos.

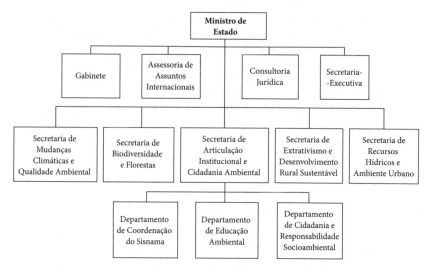

Figura 3.1 — Organograma parcial do MMA
Fonte: com base no Decreto Federal nº 6101/2007.

Apresentar um número que represente o esforço para implementar a EA é típico da gestão da educação pública em todos os níveis, seja porque a mensuração é mais fácil, seja porque permite o uso político, caso haja melhora nas medidas. Medir o aprendizado, ou seja, o resultado das ações de EA empreendidas pelas escolas, não é tarefa fácil quando considera-se os objetivos constantes na Carta de Belgrado, na Declaração de Tbilisi, no TEASS e outros documentos citados anteriormente e que foram incorporados na Lei nº 9795, de 1999, e no ProNEA. Trata-se de uma empreitada desafiadora, pois entre esses objetivos estão, por

[38] INEP, 2009.

A educação ambiental na legislação brasileira

exemplo, a sensibilidade em relação ao meio ambiente, a aquisição de novos valores e habilidades para conceber e aplicar soluções adequadas, o senso de responsabilidade, a atitude cooperativa, a redução dos hábitos consumistas, o pensamento crítico e outros.

No ensino superior os avanços em termos de ofertas são mais difíceis de serem medidos, pois as Instituições de Ensino Superior (IES) desenvolvem uma gama de atividades de ensino, pesquisa, extensão e gestão que podem incorporar à temática ambiental em diferentes medidas. Por exemplo, programas de gestão que visem reduzir o gasto de energia, água e materiais de consumo podem contribuir para os objetivos da EA se forem conduzidos adequadamente. Ademais, programas educacionais desse tipo podem ser concebidos segundo os conceitos, objetivos, diretrizes e recomendações constantes na legislação de EA, como é o caso do Procel Educação, um subprograma do Programa Nacional de Conservação de Energia Elétrica (Procel). No âmbito do ensino superior, o Procel Educação centra sua atenção nos cursos de engenharia, visando fornecer aos estudantes uma visão da situação energética do país e do mundo e um ferramental apropriado ao combate do desperdício de energia, o que pressupõe não apenas o aprendizado em torno de práticas para o uso eficiente de energia, mas a conscientização de professores e alunos para mudar hábitos e costumes que visem ao desenvolvimento sustentável.[39] Esse tipo de educação pode, no entanto, tornar-se uma concepção de EA do tipo conservacionista ou de resolução de problemas, segundo a categorização apresentada nas linhas 2 e 3 do Quadro 1.1, caso se limite à transmissão de conhecimentos administrativos e operacionais para não desperdiçar energia.

Em muitos casos, é difícil estabelecer distinção entre as ações de EA e as atividades de ensino, na medida em que estas tratam de assuntos que envolvem questões ambientais, como disciplinas de Geografia, Biologia, Engenharia Florestal etc. As ações de EA podem ocorrer de forma isolada ou pouco articulada, em razão das estruturas departamentalizadas típicas das IES, nas quais não raro um departamento de ensino não sabe o que os demais estão fazendo. A Administração

[39] MARQUES; HADDAD; MARTINS, 2006, p. 6-8.

Educação ambiental na formação do administrador

contemporânea enfatiza o papel da alta administração nos processos de implantação de políticas de qualidade, ambiental, de saúde e segurança do trabalho etc. Do mesmo modo, uma política de EA depende de compromissos expressos dos reitores, presidentes, diretores ou outro cargo de direção superior. Pode-se aventar a hipótese de que as IES comprometidas com iniciativas voluntárias, como a Declaração de Talloires, Swansea e outras citadas na Seção 2.7., tenham melhor desempenho na condução de uma política de EA alinhada com os ditames legais que refletem as demandas contemporâneas do movimento pelo desenvolvimento sustentável.

Uma pesquisa realizada em 2004 e 2005, com 27 praticantes de EA de 14 IES públicas e oito privadas de 11 Estados brasileiros, mostrou que elas desenvolviam atividades de EA em cursos de graduação, de especialização, de pós-graduação, em projetos de pesquisa, entre outras atividades. Quanto à temática ambiental, a pesquisa revelou uma variedade de temas, por exemplo, os cursos de extensão incluíam ecologia, conservação e manejo de recursos, sustentabilidade, práticas pedagógicas, fundamentos de EA, Direito, Filosofia, entre outros. A pesquisa mostrou 56 disciplinas de EA,[40] o que contraria a orientação da legislação pátria, como mostrado na Seção 3.2. Relembrando, pela Lei nº 9.795/99, a EA não deve ser implantada como disciplina específica no currículo de ensino.[41]

Entre as dificuldades para implementação da EA nesse nível de ensino, os respondentes da supracitada pesquisa apontaram, além da esperada falta de recursos financeiros e de infraestrutura adequada para o desenvolvimento de projetos, a imaturidade da EA como disciplina, por falta de um arcabouço teórico e metodológico consolidado e por não se enquadrar na estrutura científica tradicional e nem nas rotinas acadêmicas, o que tenderia a suscitar preconceitos na medida em que se associa mais com as atividades de extensão comunitária. Muitas dessas respostas revelam, de um lado, desconhecimento ou descumprimento da legislação por parte da comunidade acadêmica e, de outro, a defesa da autonomia dos docentes para propor diferentes formas de ação

[40] BRASIL/OG-ProNEA, 2007, p. 16-17.
[41] BRASIL, Lei nº 9.795 de 1999, art. 10 § 1º.

A educação ambiental na legislação brasileira

educativa em termos de conteúdo, método etc., indicando uma recomendação para que a institucionalização da EA no ensino superior preserve a "flexibilidade para a ação".[42]

A estrutura departamentalizada das IES foi outra dificuldade revelada pela pesquisa, juntamente com a burocratização, fragmentação, hierarquização, hiperespecialização e desarticulação dos conhecimentos. Outra dificuldade se refere às condições efetivas para formar equipes interdisciplinares, tais como espaços para a prática da inter e transdisciplinaridade e a disponibilidade de carga horária para o envolvimento dos docentes em atividades cooperativas. A falta de interesse e de motivação também foi incluída como dificuldade para implementar a EA. A falta de pessoal especializado em EA, com domínio teórico-metodológico, foi outra dificuldade apontada, o que indicaria como fator facilitador a formação de profissionais com perfil "multidisciplinar" para desenvolver programas de EA.[43] Entre as facilidades para implementar a EA, os respondentes apontaram a necessidade de estrutura ou de órgão responsável pela gestão ambiental da IES que também participe da formulação e/ou execução de políticas ambientais municipais e regionais, como expressão de um compromisso mais amplo para com a sociedade.[44]

Mesmo sendo uma pesquisa realizada com uma amostra pequena de respondentes, os problemas que ela revelou não destoam dos apresentados na I Conferência Nacional de Educação Ambiental, realizada em Brasília, em 1997, comentados na Seção 3.3., embora esses tenham sido colocados de forma geral e não especificamente para o ensino superior. O Quadro 3.3 apresenta outros elementos do diagnóstico feito pela pesquisa e que representa um retrato bem nítido da EA nas IES brasileiras, na atualidade.

Nos cursos superiores que formam profissionais citados nas recomendações 8, 10 e 11 da Declaração de Tbilisi, é razoável supor que as dificuldades e facilidades sejam as mesmas apontadas pela pesquisa resumida aqui. Nos cursos de graduação em Administração, cujos egressos

---

[42] OG-ProNEA, 2007, p. 21, aspas do original.

[43] Idem, p. 22 e 23, aspas do original.

[44] Ibidem, p. 21 e 22.

Quadro 3.3 — Fatores que facilitam e que dificultam a implementação de programas de EA

DIMENSÕES	DIFICULDADES	FACILITADORES	PRIORIDADES PARA ELABORAR POLÍTICAS PÚBLICAS
Reconhecimento e institucionalização	• Resistência de diversas naturezas atribuídas em parte à imaturidade da EA como disciplina • A EA não se enquadraria na estrutura científica tradicional e nem nas rotinas acadêmicas • Suscita preconceitos ao ser associada frequentemente às atividades de extensão de caráter comunitário • Falta de recursos financeiros e de infraestrutura acadêmica para desenvolver projetos de EA • Desconhecimento e descumprimento da legislação sobre a EA pela comunidade acadêmica • Defesa da autonomia dos docentes para propor formas diferentes de ação educativa	• Formular políticas públicas e institucionais como meio para o reconhecimento da EA e incentivo para a sua inserção nos currículos de todos os cursos e das atividades acadêmicas • Criar parcerias inter e intrainstitucionais entre a IES e outras instituições sociais para articulações políticas e intercâmbio e para favorecer trabalhos cooperativos e interdisciplinares • Estruturas e órgãos responsáveis pela gestão ambiental da IES e que também participem da formulação e execução de políticas ambientais municipais e regionais	• Implantação de programas de EA que interessem às atividades de ensino, pesquisa e extensão, voltados para demandas internas e externas • Implantação de núcleos de aplicação da EA responsáveis pela sua inserção nos cursos de graduação, pós-graduação, extensão e nos projetos de pesquisa nas linhas acadêmicas e de intervenção social • Formulação de propostas para a formação ambiental continuada, técnico-profissional e de professores

Educação ambiental na formação do administrador

Dinâmica institucional	• Departamentalização, burocratização, fragmentalização, hiperespecialização e desarticulação dos conhecimentos • Territorialização da epistemologia ambiental • Dificuldades para formar equipes interdisciplinares, por causa do desinteresse e despreparo da maioria dos docentes e da falta de oportunidades objetivas para o diálogo e as práticas interdisciplinares • Falta de interesse e motivação de alunos e professores	• Maior integração das atividades de ensino, pesquisa, extensão e gestão • Valorizar a formação ambiental • Criar equipes interdisciplinares • Mobilizar o pessoal e aproveitar a produção acumulada nas diversas áreas, entre elas, a EA • Renovar o compromisso socioambiental da IES com a promoção da extensão e o envolvimento comunitário	• Promover a interdisciplinaridade e o trabalho integrado entre departamentos e institutos • Promover a formação de grupos e a criação de espaços e estruturas para o trabalho coletivo e interdisciplinar em todas as atividades • Incentivar a reformulação (flexibilização) curricular, visando à transversalidade • Tratar a temática ambiental de modo transdisciplinar e multicultural • Estimular a colaboração com governos e favorecer o diálogo institucional
Qualidade das práticas educativas	• Falta de fundamentação teórica e metodológica • Falta de clareza sobre a epistemologia ambiental • Falta de percepção ou de compreensão sobre a configuração contemporânea da questão ambiental • A não observação das práticas de EA de reflexão e práxis, dicotomia entre competências técnicas e pedagógicas • Incapacidade de enxergar e operar a transversalidade • Dificuldades didáticas para tratar conteúdos ambientais • Falta de pessoal especializado	• Refletir sobre as práticas educativas das iniciativas existentes, ainda quando incipientes • Sistematizar e divulgar resultados das reflexões por parte dos docentes e pesquisadores mais envolvidos com a EA • Aplicar novos modelos de aprendizagem de caráter inter e transdisciplinar • Formar profissionais com perfil multidisciplinar para atuar em programas de EA	• Promover a criação de espaços educativos para a socialização de saberes e o melhoramento da prática pedagógica dentro da especificidade de cada área • Incentivar o desenvolvimento de pesquisas para geração de conhecimentos específicos que atendam demandas localizadas • Contratar docentes especializados em EA e criar espaços para capacitar gestores e formar educadores ambientais • Reconhecer, valorizar e apoiar ações de EA existentes e criar instrumentos de avaliação, sistematização e divulgação

Fonte: *BRASIL/OG-ProNEA, 2007, p. 20-24.*

seriam em tese um dos grupos de profissionais citados nessas recomendações, não há indícios de que sejam diferentes dos demais. Esses foram os cursos que mais cresceram no Brasil nos últimos tempos, ultrapassando mais de 2 mil cursos em todos os estados brasileiros. A não conformidade generalizada com a legislação que estabeleceu a Política Nacional da Educação Ambiental é preocupante e tentar entender por que isso ocorre será o assunto dos próximos capítulos.

Capítulo 4

Os cursos de graduação em Administração

A Administração como área de estudos específicos tem um pouco mais de um século, embora seja muito antiga como atividade que se desenvolve onde quer que haja uma organização, entendida como um conjunto de pessoas que atuam de modo coordenado em torno de propósitos. Mesmo sendo uma atividade muito presente na vida dos povos, poucos estudos foram feitos e poucos relatos deixados sobre a administração de obras complexas a exemplo de fortificações, templos, palácios, canais, aquedutos, armamentos, embarcações e sobre atividades que envolviam milhares de pessoas, como campanhas militares e expedições mercantis. Os relatos, quando havia, em geral enfocavam as questões substantivas dos empreendimentos, como as soluções de engenharia, arquitetura, estratégia militar etc., pois essas eram as questões desafiadoras.

Para a atividade administrativa, os grandes desafios viriam com a Revolução Industrial e os problemas decorrentes da mecanização da produção. Não é por outra razão que os primeiros passos para o surgimento da Administração como campo autônomo de estudo ocorre no campo da racionalização do trabalho no fim do século XIX. Um exemplo é a obra de Charles Babbage (1792-1871), *On the economy of machinery and manufactures*, que alcançou grande sucesso editorial em sua época, embora tenha deixado poucas marcas para a posteridade.[1] Motta ensina que os pioneiros da racionalização surgem no início do século XX, e como apresentavam muitas ideias semelhantes ficaram conhecidos como fundadores da Escola Científica de Administração, dos quais o nome mais citado é Frederick Winslow Taylor (1856-1915),

---

[1] URWICK; BRECH, 1970, p. 31.

Educação ambiental na formação do administrador

considerado um dos fundadores dessa escola.[2] Os textos sobre história da administração ou sobre a evolução das teorias da administração geralmente consideram essa escola como a primeira e a fundadora da Administração como área autônoma de estudos, embora reconheçam diversos precursores, a exemplo de Babbage, já citado aqui.

Esses pioneiros eram engenheiros industriais ou técnicos que atuavam no chão da fábrica, preocupados com os problemas de administração decorrentes da mecanização que experimentara um desenvolvimento sem precedentes, com o desenvolvimento da energia elétrica e da siderurgia. A questão central para esses pioneiros era separar a execução do trabalho do seu planejamento, direção e controle e, com isso, delimitaram o campo de atuação do administrador, diferenciando-o de outros profissionais que atuavam nas empresas. Ao se transformar em uma atividade diferenciada, a administração se tornou também objeto de estudos específicos sob diferentes enfoques disciplinares, conforme as questões administrativas envolvidas, por exemplo, direção de pessoas, liderança, produção, aplicação de recursos financeiros, suprimentos, propaganda, lançamento de produtos etc. Os profissionais de administração passaram a demandar cursos para a sua atualização, inicialmente de curta duração e centrados em tópicos específicos. Com o tempo, surgiram os cursos em nível superior para a formação de administradores, tendo a premissa de que a administração é passível de aprendizado segundo os moldes típicos usados para formar profissionais de qualquer área intensiva em conhecimentos, como Engenharia, Medicina, Economia, Psicologia, Biologia e Geografia.

4.1. OS PRIMEIROS CURSOS DE GRADUAÇÃO EM ADMINISTRAÇÃO

Os cursos de graduação em Administração também são recentes. Os primeiros cursos datam do fim do século XIX, com Estados Unidos e França disputando o pioneirismo, esta com a École des Hautes Études Comerciales e aqueles com a Wharton School.[3] No Brasil, o primeiro

[2] MOTTA, 1981, p. 3.
[3] BERTERO, 2006, p.1-2.

Os cursos de graduação em Administração

curso de graduação foi criado na Escola Superior de Administração de Negócios (ESAN), no final da década de 1940, na cidade de São Paulo, seguido depois pela criação de dois cursos pela FGV, um na Escola Brasileira de Administração Pública (EBAP) e outro na Escola de Administração de Empresas de São Paulo (EAESP), em 1952 e 1954, respectivamente. Antes disso, havia cursos de pequena duração, como os ministrados pelo Instituto de Racionalização do Trabalho (IDORT), desde o início da década de 1930.

A Universidade de São Paulo (USP) criou seu curso de graduação no fim da década de 1950. Note-se que as datas estão associadas à fase de intensificação do processo de industrialização iniciado na Era Vargas e que teve no Plano de Metas, que vigorou de 1956 a 1960, um dos seus momentos mais importantes. Na década de 1950, a indústria alcançou um crescimento muito acima da economia global do país, principalmente nos setores de bens duráveis, dos quais a indústria automobilística foi uma das mais visíveis e importantes. Não é por outra razão que os primeiros cursos de graduação em Administração de Empresas surgem na cidade de São Paulo, onde foi instalada parte significativa dos empreendimentos industriais e das suas sedes administrativas. Esses cursos visavam suprir a necessidade de postos administrativos criados pelas novas empresas industriais.

Até o início da década de 1960, os cursos de graduação em Administração foram criados em instituições universitárias, como a Universidade Federal de Minas Gerais e a Universidade Católica de São Paulo e do Rio de Janeiro, além das EAESP e EBAP da FGV e a USP, já comentadas neste capítulo, a partir do incentivo de grupos políticos e econômicos dominantes e que deveriam proporcionar a esses grupos uma coesão em termos de percepção e de condução das atividades desenvolvidas por eles no campo da produção econômica. A partir da década de 1970, a evolução e criação desses cursos não mais estaria vinculada às instituições universitárias, mas às faculdades isoladas que surgem dentro de um processo de transformação da economia brasileira, na qual as grandes empresas, principalmente estrangeiras e estatais, tornam-se um dos seus elementos fundamentais, e passam a demandar profissionais com treinamentos específicos em processos administrativos, tais como planejamento, controle e análise. Assim, em 30 anos, esses cursos

Educação ambiental na formação do administrador

alcançaram uma dimensão significativa, com uma considerável participação da rede privada de ensino. No início da década de 1980, já havia 247 cursos com 146 mil estudantes.[4]

O número de cursos de graduação em Administração não só cresceu de forma vertiginosa, mas foi o que mais cresceu de todas as áreas de ensino superior. Como mostra a Tabela 4.1, o ensino de Administração, com 333 cursos em 1991, era o terceiro colocado em quantidade de cursos; em 2004, com 2.046 cursos, era o primeiro da lista, conforme o relatório do Grupo de Trabalho constituído pela Portaria MEC/SESu nº 4.034/2004, elaborado com base nos dados do Censo do Ensino Superior de 2004. A Tabela 4.2 mostra a evolução desses cursos desde o início, bem como a quantidade de habilitações. Em 2004, havia cerca de 640.724 alunos matriculados e os formandos somavam cerca de 88 mil alunos.[5]

Tabela 4.1 — Áreas com maior quantidade de cursos

1991		2004	
ÁREAS	QUANTIDADE	ÁREAS	QUANTIDADE
Pedagogia	406	Administração	2.046
Letras	379	Pedagogia	1.446
Administração	333	Direito	790
Ciências Contábeis	262	Ciências Contábeis	756
Ciências (cursos gerais)	246	Normal Superior	694
História	198	Engenharia	608
Economia	177	Letras	557
Direito	165	Comunicação Social	480
Geografia	155	Turismo	461
Engenharia	149	Sistemas de Informação	445

Fonte: Grupo de Trabalho constituído pela Portaria MEC/SESu 3.034/2004, p. 36.

---

[4] MARTINS, 1989, p. 671-673.
[5] Grupo de Trabalho constituído pela Portaria MEC/SESu nº 4.034/2004, p. 39 e 40.

Os cursos de graduação em Administração

Tabela 4.2 — Ensino de Administração no Brasil: evolução

DATA	NÚMERO DE CURSO	NÚMERO DE HABILITAÇÕES	HABILITAÇÕES POR CURSO
Antes de 1960	2	2	1
1960	31	31	1
1970	164	164	1
1980	247	247	1
1990	320	320	1
2000	989	1.462	1,47
2003	1.710	2.430	1,42
2004	2.046	2.937	1,43

Fonte: *Grupo de Trabalho constituído pela Portaria MEC/SESu 3.034/2004, p. 37.*

A expansão desses cursos ocorre principalmente nas IES privadas, que respondiam por 89% das vagas oferecidas em 2004.[6] Entre as IES públicas, o maior crescimento foi registrado na esfera da União.[7] Novos cursos surgiram desde 2004, quando foi feito o Censo. O site do INEP apresenta 3.481 cursos superiores e habilitações em Administração em outubro de 2009.[8] O Grupo de Trabalho citado anteriormente constatou que praticamente já não há mais demanda reprimida para o acesso aos cursos de graduação em Administração, pelo contrário, há vagas ociosas e não são poucas, cerca de 225 mil em 2004.[9]

O crescimento vigoroso desses cursos se deve à elevada demanda e ao baixo custo, propiciando boas margens, o que os tornou interessante como investimentos privados e que explica por que a maior parte das vagas desses cursos é oferecida por instituições privadas, como já mencionado. A atratividade do investimento se deve à possibilidade de criar cursos apenas com salas de aulas e biblioteca, sem a

[6] Idem, p. 37.
[7] Idem, p. 34.
[8] INEP. <http://www.educacaosuperior.inep.gov.br/funcional/lista_cursos.asp>. Acesso em 10/10/2009.
[9] Grupo de Trabalho constituído pela Portaria MEC/SESu nº 4.034/2004, p. 39.

necessidade de laboratórios sofisticados, embora recentemente os laboratórios de informática se tornaram necessários.[10]

A demanda elevada pelos cursos de graduação em Administração se deve também ao oferecimento de cursos noturnos, um atrativo aos alunos trabalhadores ou de classes menos favorecidas, que sabem que terão de enfrentar o trabalho enquanto estudam, se já não estão trabalhando. O cenário das cidades, mesmo as de médio porte, é fortemente influenciado pelas empresas que também são a maior fonte de emprego. Grande parte dos jovens que buscam emprego acaba encontrando-os nas empresas e os cursos de graduação em Administração alimentam a esperança de crescer dentro delas, o que em geral significa galgar postos administrativos, ainda que sejam no nível de supervisão, para obter melhores salários.

4.2. ESTRUTURA CURRICULAR

O primeiro currículo de curso superior em Administração foi o da EAESP, elaborado com a participação da *State University of Michigan*, instrumentalizada por meio de convênio com a agência governamental norte-americana de desenvolvimento, a USAID. Com base nesse convênio, diversos professores dessa universidade vieram à EAESP e professores da EAESP foram aos Estados Unidos para fazer cursos de pós-graduação. O prestígio da EAESP no ambiente empresarial se estendeu para o seu currículo, que se tornou uma espécie de modelo para os cursos que vieram depois dele e influenciou a primeira regulamentação curricular feita pelo MEC, em 1996.[11]

A Lei nº 4.769, de 09/09/1965, regulamentou o exercício da profissão de Técnico de Administração, que posteriormente seria mudada para Administrador pela Lei nº 7.321, de 13 de junho de 1985. A partir daquela lei, formou-se a estrutura estatal típica concernente a uma profissão regulamentada com um conselho federal e conselhos regionais. Esse fato também pode ter influenciado o crescimento espetacular dos

[10] BERTERO, 2006, p. 21-22.
[11] BERTERO, 2006, p. 7.

Os cursos de graduação em Administração

cursos de graduação em Administração, comentado na seção anterior, mas não há estudos empíricos que o verificassem. Porém, influenciou a regulamentação pública dos cursos no âmbito do Conselho Federal de Educação (CFE), como se denominava naquele tempo, com vistas a uniformizar os cursos, pois até então eram oferecidos sob diversas formas, em geral inspirados no curso da EAESP.

A primeira regulamentação nesse sentido veio com a Resolução anexa ao Parecer MEC/CFE nº 307, de 18 de julho de 1966, que estabeleceu os conteúdos mínimos e a duração do curso. Duas habilitações foram admitidas: Administração pública e de empresa. O tempo mínimo do curso foi estabelecido em 2.700 horas úteis, incluindo estágio supervisionado. O currículo mínimo deveria contemplar as seguintes matérias: Matemática, Estatística, Contabilidade, Teoria Econômica, Economia Brasileira, Psicologia aplicada à Administração, Sociologia aplicada à Administração, Instituições de Direito Público e de Direito Privado (incluindo noções de Ética da Administração), Legislação Social, Legislação Tributária, Teoria Geral da Administração, Administração Financeira e Orçamento, Administração de Pessoal e Administração de Material.

Desse elenco, somente as três últimas são matérias de administração propriamente ditas, as demais são auxiliares e formam o contexto da ação administrativa. Além dessas matérias, constará do currículo mínimo em caráter obrigatório Direito Administrativo, ou Administração de Produção e Administração de Vendas, segundo a opção do aluno. Tal opção se relacionava com as duas habilitações que vieram da origem, Administração pública, com a EBAP, e de empresa, com a ESAN, EAESP e USP. De modo abrangente, esse era o currículo geralmente utilizado na época, em grande parte influenciado pelo currículo da EAESP, que por sua vez refletia a forma típica de organização das grandes empresas industriais instaladas no Brasil, com seus departamentos de finanças, de pessoal, de produção, de marketing, de compras, entre outros.

Uma nova regulamentação veio com a Resolução CFE nº 02, de 4 de outubro de 1993, com base no Parecer CFE nº 433/93, e que se fundamentou em consultas feitas às IES e em seminários para discutir os cursos de graduação em Administração realizados em todas as regiões do Brasil, pois nessa época já havia cursos em todas as unidades da

Educação ambiental na formação do administrador

Federação. Esse parecer propõe a flexibilização curricular para que cada IES possa oferecer um curso adequado às necessidades da sua área de influência e convida-as à proposição de novas habilitações. Esse fato deu a largada para o que viria a ser conhecido como a *farra das habilitações* e que só seria resolvido com a extinção delas em regulamentação futura. O novo curso passou a ter 3 mil horas-aula, no mínimo, ou seja, 10% a mais do que o primeiro, e o currículo mínimo passou a ser constituí-do de dois conjuntos de matérias: um conjunto para a formação básica e instrumental, com um mínimo de 720 horas-aula, e o outro, para a formação profissional, com um total de 1020 horas-aula. O Quadro 4.1 apresenta as matérias desses dois conjuntos:

Quadro 4.1 — Currículo mínimo dos cursos de graduação em Administração: 1993

Formação Básica e Instrumental	Formação Profissional	Disciplinas Eletivas e Complementares	Estágio Supervisionado
Economia Direito Matemática Estatística Contabilidade Filosofia Psicologia Sociologia Informática	• Teoria da Administração • Administração Mercado-lógica • Administração da Produção • Administração de Recursos Humanos • Administração Financeira e Orçamentária • Administração de Materiais e Patrimoniais • Administração de Sistemas de Informação • Organização, Sistemas e Métodos		
720 horas-aula	1020 horas-aula	960 horas-aula	300 horas-aula
3.000 horas-aula totais			

Fonte: Resolução CFE nº 02/1993.

Na regulamentação anterior não havia especificação sobre o tem-po a ser dedicado às matérias profissionalizantes e às de formação pre-paratória ou propedêutica, que a Resolução CFE nº 02/1993 denomina de básica e instrumental, respectivamente. O currículo mínimo inclui 960 horas-aula de disciplinas eletivas e complementares de livre escolha das escolas, que estavam ausentes na regulamentação anterior, embora

Os cursos de graduação em Administração

fosse praticada pelas escolas de melhor nível, como os cursos da EAESP, EBAP e USP, e 300 horas-aula de estágio supervisionado. A novidade entre as matérias de formação básica e instrumental foi a inclusão de Filosofia, com que as escolas de Administração nunca souberam lidar com proveito para o aprendizado dos alunos, inclusive as consideradas melhores pelos *rankings* realizados por revistas de circulação geral e que se tornaram frequentes a partir da década de 1970.

4.3. COMPETÊNCIAS E HABILIDADES DO ADMINISTRADOR

A terceira regulamentação foi estabelecida pela Resolução nº 4, de 13 de julho de 2005, do Conselho Nacional de Educação (CNE), criado pela Lei nº 9.131/95, que substituiu o CFE. É a primeira regulamentação sob a regência da LDB atual, instituída pela Lei nº 9.394/96. Seus pontos marcantes são os seguintes:

1. a flexibilidade que se caracteriza, por exemplo, pela descentralização das competências e desregulamentação de controles cartoriais;
2. a avaliação sistemática do rendimento escolar, das instituições de ensino e dos docentes; e
3. a revogação de todas as disposições legais criadas durante o regime ditatorial.[12]

A regulamentação atual dos cursos de graduação não usa mais o conceito de currículo mínimo como as anteriores, mas diretrizes curriculares nacionais, cujas deliberações passaram a ser atribuições da Câmara de Educação Superior, conforme o artigo 9º da Lei nº 9.131/95. De acordo com o Parecer nº 776 de 1997, o currículo mínimo visava inicialmente facilitar as transferências entre instituições diversas, bem como garantir a qualidade e a uniformidade dos cursos que geravam um diploma profissional. Porém, a Lei nº 9.394/96, que instituiu a nova LDB, eliminou a vinculação entre diploma e exercício

---

[12] CURY, 2004, p. 14-22.

Educação ambiental na formação do administrador

profissional ao estabelecer que os diplomas de cursos superiores reconhecidos, quando registrados, teriam validade nacional como prova da formação recebida por seu titular.[13] Na avaliação do Parecer 776/97, os currículos dos cursos superiores baseados na legislação anterior se caracterizavam em geral por excessiva rigidez, devido, em grande parte, à fixação de currículos mínimos, tendo como resultado a diminuição da margem de liberdade concedida pela legislação para as IES organizarem suas atividades de ensino.

O Parecer 776/1997 estabelece que as diretrizes curriculares nacionais devem:

1. contemplar elementos de fundamentação essencial em cada área do conhecimento, campo do saber ou profissão, visando promover ao estudante a capacidade de desenvolvimento intelectual e profissional autônomo e permanente;
2. pautar-se pela tendência de redução da duração da formação no nível de graduação;
3. promover formas de aprendizagem que contribuam para reduzir a evasão, como a organização dos cursos em sistemas de módulos;
4. induzir a implementação de programas de iniciação científica nos quais o aluno desenvolva sua criatividade e análise crítica; e
5. incluir dimensões éticas e humanísticas, desenvolvendo no aluno atitudes e valores orientados para a cidadania.[14]

Faltou menção expressa ao meio ambiente, lapso de natureza grave, pois a Constituição Federal de 1988 estabeleceu como incumbência do poder público a promoção da EA em todos os níveis de ensino.[15]

Antes da Resolução n° 04/2005 do CNE, a Resolução n° 01, de 2 de fevereiro de 2004, instituíra as diretrizes curriculares nacionais dos cursos de graduação em Administração. A Associação Nacional dos Cursos de Graduação em Administração (ANGRAD) e o Conselho Federal de Administração (CFA) fizeram um requerimento ao

---

[13] BRASIL. Lei n° 9.394 de 1996, art. 48, caput.
[14] MEC/CNE/CES, Parecer no 776 de 1997.
[15] BRASIL, CF, art. 225, § 1°, inciso VI.

Os cursos de graduação em Administração

CNE com vistas a alterar o texto para não dar margem a interpretações de que a regulamentação atual admitia habilitações. O requerimento informava que havia cerca de 2.500 habilitações com 240 denominações distintas, por exemplo: administração hospitalar, rural, hoteleira, de sistemas de informação, de negócios, de agronegócios, de marketing, financeira. Requeriam ainda retificação quanto à duração, conteúdos mínimos e ao prazo de transição para a nova situação. Assim, a primeira resolução foi revogada pela Resolução CNE nº 04/2005, que extinguiu as habilitações ao estabelecer que as linhas de formação específicas nas diversas áreas da Administração não constituem uma extensão ao nome do curso e não caracterizam uma habilitação. A carga horária mínima continuou sendo 3 mil horas-aula estabelecidas pela regulamentação de 1993.

As competências e habilidades mínimas para a formação profissional estão listadas no Quadro 4.2. Sob esses aspectos, há pouca inovação em relação à regulamentação de 2001, apenas é apresentado de forma diferente o que fora disposto no documento revogado. A novidade é a menção feita à consultoria em Administração. Algumas dessas competências e habilidades se referem às atividades listadas no Decreto nº 61.934 de 1967 que regulamenta o exercício profissional do administrador, estabelecido pela Lei nº 4.769 de 1965, como fica evidente pelo Quadro 4.3.

Quadro 4.2 — Formação profissional: habilidades e competências

1. Reconhecer e definir problemas, equacionar soluções, pensar estrategicamente, introduzir modificações no processo produtivo, atuar preventivamente, transferir e generalizar conhecimentos e exercer, em diferentes graus de complexidade, o processo da tomada de decisão.
2. Desenvolver expressão e comunicação compatíveis com o exercício profissional, inclusive nos processos de negociação e nas comunicações interpessoais ou intergrupais.
3. Refletir e atuar criticamente sobre a esfera da produção, compreendendo sua posição e função na estrutura produtiva sob seu controle e gerenciamento.

continua >>>

Educação ambiental na formação do administrador

Quadro 4.2 – Formação profissional: habilidades e competências (continuação)

4. Desenvolver raciocínio lógico, crítico e analítico para operar com valores e formulações matemáticas presentes nas relações formais e causais entre fenômenos produtivos, administrativos e de controle, bem assim expressando-se de modo crítico e criativo diante dos diferentes contextos organizacionais e sociais.

5. Ter iniciativa, criatividade, determinação, vontade política e administrativa, vontade de aprender, abertura às mudanças e consciência da qualidade e das implicações éticas do seu exercício profissional.

6. Desenvolver capacidade de transferir conhecimentos da vida e da experiência cotidianas para o ambiente de trabalho e do seu campo de atuação profissional, em diferentes modelos organizacionais, revelando-se profissional adaptável.

7. Desenvolver capacidade para elaborar, implementar e consolidar projetos em organizações.

8. Desenvolver capacidade para realizar consultoria em gestão e administração, pareceres e perícias administrativas, gerenciais, organizacionais, estratégicas e operacionais.

Fonte: MEC/CNE/CES, Resolução CNE nº 04/2005, art. 4º.

Quadro 4.3 – Áreas de atuação do administrador e conteúdos de formação profissional

ÁREAS DE ATUAÇÃO DO ADMINISTRADOR (LEI Nº 4.769, DE 09/09/1965)	CONTEÚDOS DE FORMAÇÃO PROFISSIONAL (RESOLUÇÃO CNE 04/2005)
Administração Financeira	Administração Financeira e Orçamentária
Orçamento	
Organização e Métodos e Programas de Trabalho	Teorias da Administração Teoria das Organizações Administração de Serviços Administração Estratégica Administração de Sistemas de Informações
Administração e Seleção de Pessoal/ Recursos Humanos	Administração de Recursos Humanos
Administração da Produção	Administração da Produção Administração de Materiais Logística
Administração de Materiais	
Administração Mercadológica/ Marketing	Administração de Marketing

Fonte: Grupo de Trabalho constituído pela Portaria MEC/SESu 3.034/2004, p. 21.

Os cursos de graduação em Administração

A desvinculação do diploma para o exercício profissional, como sabiamente fez a LDB, não significa que os cursos devam deixar de oferecer o que o exercício profissional requer, o que seria um absurdo. Significa apenas que o diploma não é suficiente para o exercício de uma profissão regulamentada e que há órgãos na estrutura do Estado brasileiro criados especificamente para regular e fiscalizar o exercício de profissões regulamentadas. A propósito, a Ordem dos Advogados do Brasil (OAB) exige que o bacharel em Direito se submeta a um exame específico para exercer a profissão, uma exigência que já era feita antes da atual LDB.

Os cursos devem contemplar em seus projetos pedagógicos, e em sua organização curricular, conteúdos que revelem inter-relações com a realidade nacional e internacional, segundo uma perspectiva histórica e contextualizada de sua aplicabilidade no âmbito das organizações e do meio pela utilização de tecnologias inovadoras e que atendam aos seguintes campos interligados de formação:

1. Conteúdos de formação básica: relacionados com estudos antropológicos, sociológicos, filosóficos, psicológicos, ético-profissionais, políticos, comportamentais, econômicos e contábeis, bem como os relacionados com as tecnologias da comunicação e da informação e das ciências jurídicas.

2. Conteúdos de formação profissional: relacionados com as áreas específicas, envolvendo teorias da administração e das organizações e a administração de recursos humanos, mercado e marketing, materiais, produção e logística, financeira e orçamentária, sistemas de informações, planejamento estratégico e serviços.

3. Conteúdos de estudos quantitativos e suas tecnologias: abrangendo pesquisa operacional, teoria dos jogos, modelos matemáticos e estatísticos e aplicação de tecnologias que contribuam para a definição e utilização de estratégias e procedimentos inerentes à administração.

4. Conteúdos de formação complementar: estudos opcionais de caráter transversal e interdisciplinar para o enriquecimento do perfil do formando.[16]

---

[16] MEC/CSN/SES, Resolução n° 4/2005, art. 5°.

Educação ambiental na formação do administrador

Pela regulamentação atual, cada curso deve ser constituído a partir de um projeto pedagógico que contemple, além dos conteúdos curriculares mencionados, os seguintes elementos:

* perfil do formando;
* competências e habilidades;
* estágio curricular;
* práticas pedagógicas;
* opção ou não pelo trabalho de conclusão do curso;
* sistema de avaliação;
* modo de integração com a pós-graduação, quando houver;
* contextualização do curso em termos de sua inserção institucional, política, geográfica e social;
* formas de realizar a interdisciplinaridade;
* modos de integrar a teoria com a prática;
* incentivo à pesquisa;
* concepção e composição das atividades complementares.[17]

Há nessa nova regulamentação algumas exigências que podem favorecer a implementação da EA e que estavam ausentes nas regulamentações anteriores. Entre elas, a menção explícita para incluir no projeto pedagógico formas de realizar a interdisciplinaridade e o incentivo à pesquisa. As atividades complementares podem ser realizadas fora da escola, por meio da prática de estudos e atividades independentes, transversais, opcionais, de interdisciplinaridade, especialmente nas relações com o mundo do trabalho e com as ações de extensão na comunidade.[18] São pequenos avanços entre muitas barreiras à implementação da EA, conforme será mostrado a seguir.

Tornar efetiva a EA nos cursos superiores constitui um imperativo que acolheu os clamores da sociedade, consubstanciados em diversas conferências nacionais e internacionais que surgiram diante da necessidade de dar soluções adequadas aos graves problemas que afetam o país e o planeta, conforme mostrado ao longo do Capítulo 2. Uma das questões problemáticas da EA concerne à necessidade de torná-la

---

[17] Idem, art. 2º.
[18] Idem, art. 8º.

Os cursos de graduação em Administração

parte da formação de profissionais de nível superior, dentre eles, os administradores, mencionados explicitamente nas resoluções de Tbilisi, comentadas na Seção 2.1. Embora a recomendação seja endereçada aos administradores genericamente considerados, o próximo capítulo centrará sua atenção na formação de administradores de empresas, pois a maioria dos cursos de graduação está direcionada para esse segmento, embora a regulamentação atual procure evitar as habilitações, como mostrado na seção anterior.

Além disso, vale lembrar que grande parte dos problemas socioambientais decorre da maneira como os empresários e administradores exercem as suas atividades. As empresas estão no centro desses problemas ambientais desde as suas origens, pelo uso de recursos de todo tipo para produzir bens e serviços, pelos resíduos de produção e consumo, pelo estímulo ao consumismo que tem caracterizado a sua atuação desde que elas começaram a existir. Acrescente-se que elas adquiriram uma enorme capacidade para induzir comportamentos, modificar hábitos de consumo, criar desejos, em outras palavras, adquiriram capacidade para impor modos de vida e influenciar o que as pessoas pensam a respeito de si mesmas, dos outros e do meio ambiente.

Capítulo 5

Educação e gestão ambiental em cursos de Administração

A educação ambiental de acordo com os princípios e objetivos da PNEA impõe desafios para a sua inclusão nos cursos de graduação em Administração por razões a serem comentadas a seguir. Na Seção 3.3., foram apresentados diversos obstáculos à implementação da EA válidos para a EA em qualquer nível de ensino, formal ou informal. Por exemplo, a existência de diferentes conceitos sobre desenvolvimento sustentável decorrentes da diversidade de visões por parte dos segmentos da sociedade é um problema que afeta todos os cursos indistintamente, da mesma forma que afeta a construção de políticas públicas em qualquer nível de abrangência, do local ao supranacional. A Seção 2.4. apresenta vários argumentos contrários e a favor do desenvolvimento sustentável. A questão do crescimento econômico é um dos aspectos mais polêmicos para se levar aos cursos de Administração de Empresas, pois promover o crescimento faz parte da crença profundamente arraigada dos dirigentes de empresas, sendo um dos principais critérios pelos quais são avaliados. O descumprimento das recomendações constantes na Agenda 21 também foi incluído entre os problemas que afetam a implementação da EA de um modo geral. O Quadro 3.3 apresenta uma longa lista de fatores que dificultam a implementação da EA nas IES. A esses somam-se outros, peculiares aos cursos de graduação em Administração, alguns dos quais serão tratados neste capítulo.

5.1. Entendimentos sobre meio ambiente

Um desafio inicial refere-se ao próprio entendimento sobre meio ambiente, muitas vezes usado para se referir aos seus aspectos físicos e

Educação ambiental na formação do administrador

biológicos. A definição de meio ambiente dada pelo PNMA é a seguinte: "conjunto de condições, leis, influências e interações de ordem física, química e biológica, que permite, abriga e rege a vida em todas as suas formas".[1] Essa é uma definição pobre, pois deveria incluir também as condições e interações de ordem social, econômica, cultural e política. A propósito, a primeira diretriz da Carta de Belgrado, já mencionada, recomenda que os programas de EA devam considerar o meio ambiente na sua totalidade, isto é, o ambiente natural e o construído pelo ser humano, envolvendo questões políticas, culturais, econômicas, tecnológicas, estéticas etc. Para isso é necessário superar o entendimento de meio ambiente apenas como a circunvizinhança da organização, como se vê em alguns textos de administração, como na norma ISO 14001 sobre sistema de gestão ambiental.[2] Esse entendimento restrito pode ser útil para efeito de ações localizadas de gestão, como o atendimento de reclamações da vizinhança, definição do escopo territorial de uma auditoria ambiental ou a delimitação do espaço para efeito de mitigação e monitoramento. Mas é insuficiente para promover uma compreensão integrada do meio ambiente em suas múltiplas e complexas interações, que é um dos objetivos do PNEA,[3] conforme mostrado na Seção 3.2.

Outro entendimento restrito advém de uma visão naturalista do meio ambiente, muito comum na população brasileira e certamente entre os alunos dos cursos de graduação. A pesquisa denominada *O que os brasileiros pensam sobre o meio ambiente*, realizada pelo MMA e o Instituto de Estudos da Religião (ISER), realizada em 2001, mostrou que foi notável o aumento da consciência ambiental no Brasil comparativamente às pesquisas anteriores. O número de pessoas que afirmaram que a preocupação com o meio ambiente não é exagerada, passou de 42% em 1997 para 46% em 2001. Os que acham que a natureza é sagrada e que os seres humanos não deveriam interferir nela saltaram de 57% em 1992 para 67% em 2001. Cresceu de 23% em 1997 para 31% em 2001 o número de pessoas que concordam com a ideia de que é necessário realizar mudanças significativas nos nossos hábitos de produção e

[1] BRASIL, Lei nº 6.938/1981, art. 3º, I.
[2] ABNT, 2004-b, definição 3.5.
[3] BRASIL, Lei nº 9.795/99, art. 5º.

Educação e gestão ambiental em cursos de Administração

consumo para conciliar desenvolvimento e proteção do meio ambiente. Tanto em 1992 quanto em 2001, mais da metade dos pesquisados (51%) preferia menos poluição à geração de empregos. Apesar desses avanços, o relatório da pesquisa de 2001 mostra que o meio ambiente para os brasileiros continua sendo sinônimo de fauna e flora, conforme havia sido revelado nas pesquisas anteriores, que é uma constatação incômoda para quem trabalha com EA.[4]

Há diversas possíveis explicações para a permanência desse entendimento. A valorização da natureza é recorrente no Brasil desde a carta de Pero Vaz de Caminha, passando pelos relatos de viajantes como Américo Vespúcio e Jean de Lery, pelos cronistas da era colonial como Pero de Magalhães Gandavo e Frei Vicente do Salvador (veja Quadro 5.1) e pelos viajantes naturalistas como Spix, Martius, Saint Hilaire e Wallace. A exaltação à natureza é um tema recorrente aos literatos brasileiros de diversas correntes literárias. O hino nacional é um monumento de exaltação à natureza. Os artistas plásticos estrangeiros não deixaram por menos, como mostram as pinturas sobre as selvas brasileiras, as naturezas-mortas com frutas tropicais de Albert Eckhout, os abacaxis, mamões, jacas e palmeiras emoldurando as pinturas de Franz Post, a imensa variedade de animais e plantas desenhadas em detalhes pelos próprios viajantes naturalistas e os desenhistas e pintores que os acompanhavam, como Rugendas e Adrian Taunay, as bromélias e orquídeas de Margaret Mee, tanto mais importante para a exaltação da natureza pelo fato de serem estrangeiros valorizando as riquezas naturais do Brasil. A exaltação da natureza tem sido uma constante nos artistas plásticos brasileiros, como Araujo Porto Alegre, Victor Meireles e Benedito Calixto, entre muitos outros, por poetas e compositores de canções populares. Tudo isso foi sendo passado para a população por diversos meios, entre eles o ensino, sendo inclusive uma forma de afirmação da singularidade do país.

Mais recentemente, a exaltação à natureza ganhou novo alento com a primeira colocação no *ranking* dos países megadiversos. O termo *megadiversidade,* que já se tornou popular, foi usado pela primeira vez em 1997 pela *Conservation International* para designar os países ou regiões com elevada diversidade de espécies e de ecossistemas.

[4] BRASIL, ISER, 2001, p. 12.

Educação ambiental na formação do administrador

O critério central do conceito de megadiversidade é o número de espécies de níveis superiores existentes no país. O Brasil é considerado por esses critérios como o país com a maior megadiversidade em termos de espécies terrestres, com cerca de 12% de toda a vida natural da Terra. Mata Atlântica, Amazônia, Pantanal e Cerrado estão entre os biomas com maior biodiversidade do planeta.[5]

Como bem observou Gadiando, elementos importantes a serem considerados na história da EA de um país são o seu impulso inicial e o seu processo subsequente de constituição do seu campo específico. Segundo seus exemplos, nos Estados Unidos o impulso inicial foi dado pelos professores de educação primária; na Espanha, pelos acadêmicos das ciências naturais, principalmente ecologistas; na América Latina, pelos biólogos que trabalhavam em projetos comunitários de conservação.[6] Quando a EA se tornou obrigatória por força da Lei nº 9.795 de 1999 que instituiu a Política Nacional de Educação Ambiental, grande parte do seu atendimento a essa lei foi feita com a inclusão da temática ambiental no ensino de Biologia. Provavelmente, os licenciados em Biologia eram os profissionais de educação mais aparelhados para dar conta dessa exigência à falta de orientações pedagógicas que interpretassem os princípios, objetivos e diretrizes dessa lei.

O fato do ensino de Biologia ser uma das vias mais importantes para a inclusão do debate ambiental no ensino formal nada tem a ver com a visão biologizada ou naturalizada do meio ambiente e das questões ambientais, mas, sim, a abordagem despolitizada que evita apontar as causas sociais por trás dessas questões. Desse modo, as práticas de ensino enveredam para as explicações científicas referentes aos aspectos biológicos e físicos do meio ambiente. Porém, como diz a primeira diretriz da Conferência de Tbilisi, os aspectos biológicos e físicos constituem a base natural do meio humano, mas são as dimensões socioculturais e econômicas e os valores éticos que definem as orientações e os instrumentos com os quais o homem poderá compreender e utilizar melhor os recursos da natureza com o objetivo de satisfazer as suas necessidades.

---

[5] Sobre megadiversidade, veja: <http://www.conservacao.org/como/index.php?id=11>, acesso em 15/02/2010.
[6] GADIANDO, 2005-a, p. 50.

Educação e gestão ambiental em cursos de Administração

Quadro 5.1 — Elogios à natureza do Brasil: trechos selecionados

"Essa terra é muito amena e cheia de inúmeras e muito grandes árvores verdes, que nunca perdem as folhas; todas têm odores suavíssimos e aromáticos, produzem muitas frutas, e muitas delas saborosas e salutares ao corpo. Os campos produzem muitas ervas, flores e raízes muito suaves e boas. Algumas vezes me maravilhei tanto com os suaves odores das ervas e flores e com os sabores dessas frutas e raízes, tanto que pensava comigo estar perto do paraíso terrestre; no meio desses alimentos podia acreditar estar próximo dele."
Américo Vespúcio. *Novo Mundo*: cartas que batizaram a América, São Paulo: Editora Planeta, 2003. p. 184.
(Obs.: Carta de Lisboa, de 1502).

"Esta terra he mui fértil e viçosa, toda coberta de altíssimos e frondosos arvoredos, permanece sempre a verdura nella inverno e verão; isto causa chover-lhe muitas vezes e não haver frio que offenda ao que produz a terra. Há por baixo destes arvoredos grande mato e mui basto e de tal maneira está escuro e serrado em partes que nunca participa o chão da quentura nem da claridade do Sol, e assi está sempre humido e manando agoa de si. As agoas que na terra se beba não prejudicam a saúde da pessoa, a mais della se torna logo a suar e fica o corpo desaliviado e são. Finalmente que esta terra tam deleitosa e temperada que nunca della se sente frio nem quentura sobeja."
Pero de Magalhães Gandavo. *Tratado da terra do Brasil*. São Paulo: Edusp, 1980. p. 46.
(Obs.: publicado pela primeira vez em Lisboa em 1576).

"Quando a imagem desse novo mundo, que Deus me permitiu ver, se apresenta a meus olhos, quando revejo assim a bondade do ar, a abundância de animais, a variedade de aves, a formosura das árvores e plantas, a excelência das frutas e em geral as riquezas que embelezam essa terra do Brasil, logo me acode a exclamação do profeta no Salmo 104: *senhor Deus, como tuas obras diversas são maravilhosas em todo o Universo; como tudo fizeste com grande sabedoria! Em suma a terra está cheia de tua magnificência.*"
Jean de Léry. *Viagem à terra do Brasil*. São Paulo: Livraria Martins Fontes, 1941. p. 166.
(Obs.: primeira edição publicada na França em 1578).

"É o Brasil mais abastado de mantimentos que tantas terras há no mundo, porque nele se dão mantimentos de todas as outras."
Frei Vicente do Salvador. *História do Brasil 1500-1627*. São Paulo: Edusp, 1982. p. 68.
(Obs.: concluída em 1627, esta obra foi publicada pela primeira vez em 1851).

5.2. AMBIENTALISMO E ECOLOGISMO

Qualquer proposta educacional sempre envolve uma visão de mundo e a EA não é diferente, como mostram as diferentes concepções apresentadas no Quadro 1.1. Uma questão fundamental na elaboração de programas de EA refere-se à relação entre o ser humano e a natureza.

Por ser uma relação essencial que tem preocupado os humanos de todos os tempos e lugares, há uma diversidade de entendimentos e pode-se até dizer que cada ser humano tem o seu próprio. Essa diversidade se expressa na complexidade do que se denomina de movimento ambientalista ou ecologista. A propósito, há quem entenda que esses dois termos, ambientalismo e ecologismo, nem sequer podem ser usados como sinônimos. É o caso de Dodson, que distingue ecologismo de ambientalismo e considera este último o parente mais visível do primeiro. Tal distinção não é apenas de grau, mas de espécie, da mesma forma que devem ser separados liberalismo e socialismo, por exemplo. O ecologismo tem no ecocentrismo o seu valor essencial, assim como a igualdade é um valor essencial ao socialismo. Por isso é uma ideologia política, e é nisso que se diferencia do ambientalismo, uma vez que esse, por não subscrever o ecocentrismo, pode-se adaptar ou se incorporar a qualquer outra ideologia.[7]

Pepper denomina ambientalismo um movimento multifacetado que pode adquirir diversos matizes. Conforme suas palavras: difusos, incoerentes, uma confusão, estes são apenas alguns qualificativos frequentemente atribuídos às pessoas que se autodenominam verdes, especialmente quando eles falam a respeito da sociedade e como deveria ser. Suas crenças, que parecem vir de todos os lados, formam uma miscelânea (no original: *mélange*) de ideias tradicionalmente associadas com as políticas de direita, esquerda e centro, mescladas com princípios científicos extraídos da Ecológica. Apesar da variedade de posicionamentos, Pepper reconhece que há um núcleo de crenças comuns entre eles, embora muito mais entre os verdes radicais do que entre os reformistas. Os valores nucleares verdes são ecocêntricos, isto é, partem de preocupações com a natureza não humanas e com o ecossistema global e não de preocupações humanistas.[8]

Vincent entende o ecologismo como uma ideologia moderna, como o liberalismo, conservadorismo, socialismo, fascismo, anarquismo, feminismo e nacionalismo. O movimento ecológico apresenta duas tendências gerais: o antropocentrismo leve e a ecologia ortodoxa. Para a

---

[7] DODSON, 1995, p. 21-29.
[8] PEPPER, 1996, p. 10.

Educação e gestão ambiental em cursos de Administração

primeira tendência, o ser humano é o único critério do que é importante e do que pode importar. A natureza apresenta um caráter instrumental, ou seja, só possui valor para os humanos na medida em que eles lhe confiram valor. Como corolário, tem-se que sem os seres humanos nenhum elemento da natureza teria valor. Para a ecologia ortodoxa, o valor primordial não é o ser humano, mas a ecosfera como um todo. A ecosfera possui valor intrínseco, portanto, independe da atribuição de valor pelos humanos, por isso não pode ser usada instrumentalmente para fins humanos. Entre esses dois extremos, Vincent identifica uma categoria intermediária que se caracteriza por não aceitar o antropocentrismo ou o ecocentrismo. Essa categoria se subdivide em duas subtendências que o autor denomina expansionismo moral e holismo relutante, sendo que a primeira é mais propensa que a segunda ao antropocentrismo.[9]

Os melhores exemplos de expansionismo moral seriam os argumentos em favor da libertação e dos direitos dos animais, pelo fato de serem sencientes (seres que sentem), daí serem denominados muitas vezes de sencientismo ético. Os animais por serem sencientes possuem valor; as plantas, rios, rochas e outros elementos da natureza não sencientes, não possuem. O holismo relutante estende a argumentação do valor para além do caráter senciente e inclui outros elementos da natureza, inclusive totalidades de elementos como as comunidades bióticas.[10] O autor prevê que o sencientismo ético será reforçado no futuro em decorrência das constatações de várias pesquisas sobre o comportamento emocional e cognitivo dos animais mostrando muitas semelhanças com os seres humanos. Algumas pesquisas revelaram que os animais também são seres emotivos, ou seja, são capazes de se emocionar, de chorar diante do desaparecimento de um companheiro, de sentir alegria pelo reencontro, de sentir vergonha, de gostar de música, como se pode ver na obra magistral de Masson e McCarthy intitulada *Quando os elefantes choram: a vida emocional dos animais*.[11]

O debate antropocentrismo x ecocentrismo não é novo, já existia na Antiguidade Clássica, mas para não se alongar pode-se estabelecer

---

[9] VINCENT, 1995, p. 217.
[10] Idem, p. 218.
[11] MASSON; McCARTHY, 2001.

Educação ambiental na formação do administrador

como marco do debate o início da formação da Ecologia como ciência. Para Haeckel, o criador da palavra ecologia, o antropocentrismo constitui um poderoso e vasto complexo de noções errôneas que tendem a colocar os humanos em oposição com todo o resto da natureza. Essas noções errôneas baseiam-se em três dogmas: (1) o dogma antropocêntrico, que afirma serem os humanos o centro, o alvo final previamente consignado a toda vida terrestre e por extensão a todo o Universo; (2) o dogma antropomorfo, que se relaciona com os mitos da criação e que enxerga os humanos como entes assemelhados ao Deus criador do Universo e que estão em contradição absoluta com os avanços das ciências naturais, tal como a teoria evolucionista e (3) o dogma que resulta da comparação das atividades humanas com as divinas, decorrendo daí a crença na imortalidade da alma e, consequentemente, na concepção dual da natureza humana, pela qual uma alma imortal habita temporariamente um corpo mortal. Haeckel foi um incansável defensor do monismo, que no seu entender concebe o Universo constituído de uma substância única, ao mesmo tempo Deus e Natureza, ou corpo e espírito.[12] Essas considerações inspiraram muitos grupos ambientalistas de tendências ecocêntricas variadas, bem como ecofascistas.

Embora Haeckel tenha criado a palavra *ecologia*, a Ecologia como ciência só iria se constituir com a obra de Eugen Warning no fim do século XIX. A grande contribuição de Haeckel, conforme Acot, foi ter proposto a reorganização da biologia, em estado de crise na sua época, em bases darwinianas.[13] O biólogo alemão também está entre os precursores do darwinismo social e do racismo científico. Em sua obra, *História natural da criação*, de 1868, um *best-seller* em sua época traduzido em muitos idiomas, ele identificou 12 espécies humanas, com quatro espécies inferiores por estarem mais próximas aos primatas, sendo os papuas da Nova Guiné a mais inferior.[14] No topo da evolução humana ele colocou a raça indo-europeia que, segundo suas palavras, foi a que "excedeu todas as outras na via do progresso intelectual".[15] Em outro

[12] HAECKEL, 1926, p. 22-24.
[13] ACOT, 1990, p. 31-32.
[14] HAECKEL, 1961, p. 518-36.
[15] Idem, p. 533.

Educação e gestão ambiental em cursos de Administração

trecho ele diz que essas raças triunfaram sobre as demais na luta pela existência graças ao seu desenvolvimento cerebral.[16] Dois grandes ramos dessa raça se sobre-excederam às demais: na Antiguidade e Idade Média, o ramo greco-romano-celta; na atualidade, o grupo germânico.[17]

Palavras como essas, pronunciadas por um cientista prestigiado, não poderiam ser mais perniciosas para a Humanidade. Elas alimentaram o racismo científico que prosperou no século XIX e o que viria a ser conhecido por darwinismo social, embora tivesse sido mais bem denominado de spencerismo social, em homenagem ao filósofo inglês Herbert Spencer (1820-1903), criador da expressão "sobrevivência do mais forte". Darwin usa outra expressão, "luta pela existência", e em sentido geral e metafórico, o que remete às relações mútuas de dependência dos seres organizados, não somente em relação à vida do indivíduo, mas à sua aptidão e êxito para deixar descendentes.[18] No sentido *lato*, o darwinismo social é um conjunto de doutrinas que procuram aplicar a teoria darwiniana da evolução no campo ético-político; no sentido restrito, são doutrinas que usam conceitos biológicos de luta pela existência e sobrevivência do mais apto para fundamentar as desigualdades sociais.[19] Darwin não endossaria essa doutrina, como se pode ver em sua autobiografia quando se refere a Spencer.[20]

O darwinismo social restrito prestou-se para justificar o sucesso das classes privilegiadas.[21] Sua influência no mundo dos negócios ainda permanece e caracteriza-se por justificar a empresa exitosa, não importa os métodos utilizados. Haeckel foi um darwinista em Biologia e cumpriu um papel importante nessa área como um divulgador incansável e entusiasmado, mas foi um darwinista social que contribuiu com suas ideias para sustentar a escalada das teses nazi-fascistas, como informa Pepper.[22] Como disse Cornwell, ele se apropriou das explicações de Darwin e desovou ideias que justificaram o antissemitismo e a higiene

[16] Idem, p. 532.
[17] Idem, p. 533-536.
[18] DARWIN, 1931, p. 59.
[19] ABBAGNANO, 2007, p. 267.
[20] DARWIN, 2000, p. 93.
[21] GALBRAITH, 1980, p. 37.
[22] PEPPER, 1996, p. 188.

Educação ambiental na formação do administrador

racial de Hitler.[23] Foi um ecocentrista, embora em sua época ainda não houvesse essa denominação, e fez severas críticas ao antropocentrismo, já mencionadas, uma delas por colocar o ser humano em oposição à natureza, críticas que também fazem os ecocentristas contemporâneos.

O ecocentrismo recebeu influência de John Muir, naturalista, escritor e líder de campanhas que mobilizavam pessoas de diversos segmentos da sociedade para a criação de parques nacionais nos Estados Unidos no século XIX, entre eles o Parque Nacional de Yosemite, na Califórnia. Nesse caso, uma influência benigna. Arnes Naess, emérito professor de Filosofia da universidade de Oslo, criou a expressão ecologia profunda (*deep ecology*), para se contrapor ao que ele denominou de ecologia superficial ou rasteira (*shallow ecology*), que, segundo Vincent, é uma das principais influências da corrente denominada ecologia ortodoxa. A ecologia profunda apresenta, na opinião de Naess, uma orientação biocêntrica; e a ecologia superficial, antropocêntrica. Entre os fundamentos da ecologia profunda está a ideia de equidade biocêntrica, ou seja, todos os seres da natureza têm direito de existir e possuem valor independentemente de qualquer conhecimento, avaliação ou apreciação feita pelos humanos.[24] Esse posicionamento também é denominado de biocentrismo forte ou biocentrismo holístico, no qual é o valor que concerne ao conjunto dos seres, a comunidade biótica, o que remete à perspectiva do ecossistema e não de entidades individuais.[25] Ecologia profunda passou a ser a designação de um importante movimento ecológico que tem em Fritjof Capra um dos seus membros mais conhecidos por defender teses polêmicas sobre a convergência da ciência com a religião. Seus livros como *Ponto de mutação*, *O tao da Física,* e *Teia da vida* tornaram-se *best-sellers* em várias partes do mundo. Capra também é o criador de uma concepção de EA chamada alfabetização ecológica, de orientação ecocêntrica, comentada na Seção 1.1.

Nesse movimento multifacetário, para usar a expressão de Pepper, há ambientalistas que entendem que a natureza só tem valor como instrumento dos seres humanos e que estes possuem direitos absolutos sobre

[23] CORNWELL, 2003, p. 18.
[24] VINCENT, 1995, p. 217.
[25] RIECHMANN, 1999, p. 28.

Educação e gestão ambiental em cursos de Administração

ela. A preocupação com o meio ambiente se dá apenas à medida que ele se torna um problema para os humanos. E há os que entendem que todos os seres vivos possuem os mesmos direitos. Entre as formas extremadas de antropocentrismo e ecocentrismo há diversos posicionamentos intermediários, ou categorias intermediárias nas palavras de Vincent. Nessa categoria ampla há os que defendem a necessidade de mudanças profundas na sociedade para estabelecer uma relação harmoniosa dos humanos entre si e com o meio ambiente e os que aceitam os fundamentos da sociedade e defendem a necessidade de ajustes e reformas para reduzir os impactos sobre o meio ambiente.

O debate sobre a questão antropocentrismo x ecocentrismo é pontuado por polêmicas intermináveis a respeito dos conceitos sobre valor instrumental e não instrumental da natureza. Por exemplo, é comum associar valores antropocêntricos como instrumentais e ecocêntricos como não instrumentais, bem como valores intrínsecos com igualitarismo biológico. Os estudiosos sobre o assunto apresentam muitas divergências e não haveria espaço suficiente neste trabalho para discorrer sobre esse assunto. Riechmann, em sua brilhante introdução a uma obra de Aldo Leopold, um dos pensadores mais prestigiados entre os ambientalistas de diversos matizes, entende que boa parte da confusão nesse debate relaciona-se ao fato de não se fazer distinção entre antropocentrismo no sentido moral e no sentido epistêmico, pois, como espécie biológica dotada de determinados mecanismos sensoriais e estruturas neurais, os humanos percebem e concebem o mundo de uma maneira única, diferente das demais espécies. Assim, por esse prisma, os humanos não podem deixar de ser antropocêntricos. Ele chama atenção que, do ponto de vista moral, é conveniente diferenciar o antropocentrismo forte ou excludente do antropocentrismo fraco; o primeiro não concede às entidades não humanas qualquer valor que não seja estritamente instrumental destinado a alcançar fins humanos; o segundo reconhece valor a entidades não humanas que compartam com os humanos algumas características.[26] A capacidade de alguns seres não humanos de sentirem seria uma dessas características (seres

---

[26] RIECHMANN, 1999, p. 29.

Educação ambiental na formação do administrador

sencientes). O antropocentrismo fraco é o que Vincent denominou de expansionismo moral, comentado no início desta seção.

No âmbito das escolas de Administração, esse debate é pouco frequente pela predominância excessiva da abordagem antropocêntrica. O ser humano é o destinatário por excelência da administração e o seu recurso fundamental. Sua razão de ser, simplificadamente, é a existência de um descompasso permanente entre as necessidades humanas sempre crescentes e os recursos disponíveis sempre escassos. A visão centrada exclusivamente no humano tem sido apontada por Naess, Capra e outros ambientalistas ecocêntricos como a raiz de todos os males que afetam o planeta. Suas propostas dificilmente seriam aceitas no ambiente das empresas e das escolas de Administração, pois contestam com veemência a posição central que os humanos ocupam nesse ambiente. Contestam também as posturas que buscam incorporar as questões ambientais no cotidiano das organizações, por entendê-las como medidas reformistas que apenas objetivam legitimar as organizações e seus dirigentes diante da crescente conscientização a respeito dos problemas ambientais.

No ambiente empresarial e das escolas de Administração, a aceitação de uma abordagem ambientalista para além do antropocentrismo fraco não é menos difícil. Para Shrivastava, uma das fontes de dificuldades deve-se ao fato de que as teorias organizacionais não trataram as questões ecológicas seriamente, excetuando a relacionada com responsabilidade social empresarial.[27] Esse autor entende que uma gestão ecocêntrica teria de superar os seguintes fatores limitantes que estão presentes nas abordagens administrativas tradicionais. O primeiro refere-se a uma visão de ambiente desnaturalizado que afirma ser o ambiente da organização constituído pelo ambiente econômico, político, social e tecnológico, sendo o ambiente natural visto apenas como fonte de recursos para ela. O segundo fator limitante refere-se ao pensamento de que a administração é uma atividade neutra e racional que serve aos propósitos de múltiplos *stakeholders* e que o consumo sem restrição não é um problema. O terceiro é a predominância do risco financeiro e mercadológico sobre os riscos ambientais e sociais. O quarto fator limitante é o paradigma antropocêntrico típico da administração tra-

---

[27] SHRIVASTAVA, 1905, p. 124.

Educação e gestão ambiental em cursos de Administração

dicional, uma ideologia que separa o ser humano dos demais seres e o coloca como superior a todos, legitimando o bem-estar humano como o propósito fundamental das instituições sociais.[28]

Uma concepção ecocêntrica da organização requer dois conceitos básicos: ecossistemas industriais e gestão ecocêntrica. A primeira consiste em uma rede de organizações que em conjunto procuraram minimizar a degradação ambiental por meio do uso dos resíduos e subprodutos gerados entre elas e pelo compartilhamento e minimização do uso de recursos naturais. A gestão ecocêntrica se dá mediante o alinhamento da organização com o seu ambiente natural, envolvendo uma visão diferente dos objetivos, valores, produtos e sistema produtivo. Como essa gestão reconhece que os recursos da Terra são finitos, ela procura usar materiais e energia de modo sustentável, principalmente os provenientes de recursos não renováveis, minimizar os riscos ambientais, ocupacionais e de saúde pública dos processos produtivos, e reduzir a geração de poluentes.[29] Apesar de nomear essa gestão de ecocêntrica, trata-se de uma abordagem antropocêntrica, lembrando que o antropocentrismo apresenta muitas variações, algumas delas já mencionadas anteriormente, como o antropocentrismo fraco ou expansionismo moral.

O desenvolvimento sustentável é uma proposta antropocêntrica como fica patente pelo primeiro princípio da Declaração do Rio de Janeiro sobre o Meio Ambiente e Desenvolvimento: "Os seres humanos estão no centro das preocupações com o desenvolvimento sustentável. Têm direito a uma vida saudável e produtiva, em harmonia com o meio ambiente".[30] *O nosso futuro comum*, uma espécie de livro fundador do desenvolvimento sustentável elaborado pela CMMAD, diz claramente que "satisfazer as necessidades e aspirações humanas é o principal objetivo do desenvolvimento sustentável".[31] Outro trecho desse livro diz que

em essência, o desenvolvimento sustentável é um processo de transformação no qual a exploração dos recursos, a direção dos investimentos, a orientação do desenvolvimento tecnológico e a mudança institucional

---

[28] SHRIVASTAVA, 1995, p. 124-126.
[29] SHRIVASTAVA, 1995, p. 124-126.
[30] Veja outros princípios no Anexo I.
[31] CMMAD, 1991, p. 46.

se harmonizam e reforçam o potencial presente e futuro, a fim de atender às necessidades e aspirações humanas.[32]

Como mostrado na Seção 2.5., a EDS requer um novo conjunto de conhecimentos e habilidades para aplicar diversos conceitos como desenvolvimento humano, necessidades básicas, democracia e outros apresentados no Quadro 2.2. Um desses conceitos é o de equidade interespécie, conceito central do debate antropocentrismo x ecocentrismo. Relembrando o conceito apresentado nessa ocasião, a equidade interespécie refere-se à necessidade dos humanos de tratar as demais espécies decentemente, protegendo-as de crueldade e evitando sofrimento.[33] Colocada nesses termos, a equidade interespécie aproxima-se do que Vincent denomina expansionismo moral, mencionado no início dessa seção, uma postura intermediária entre o antropocentrismo e o ecocentrismo, embora mais próxima da primeira.

Riechmann denomina antropocentrismo fraco ou, analogamente, ecocentrismo fraco, o posicionamento de que todos os seres vivos merecem consideração moral, porém uns mais do que outros.[34] Do exposto, pode-se afirmar que o desenvolvimento sustentável transita em um meio termo entre as posições extremadas do antropocentrismo e do ecocentrismo, podendo designar tal posicionamento de antropocentrismo fraco ou de ecocentrismo fraco, se bem que esse último seria o mais adequado, pois o conceito de equidade interespécie sugere um encaminhamento em direção ao ecocentrismo. Esse posicionamento é palatável aos administradores de empresa, não sem relutância, mas é criticado pelos defensores das posições extremadas dos dois lados. Porém, a posição equidistante dos extremos é a senha e a porta de entrada para a inclusão dessa temática nos cursos profissionais de um modo geral e de Administração, em especial.

A concepção antropocêntrica dominante nas áreas administrativas é um dos fatores que dificultam a inclusão de temas ambientais nas disciplinas dos cursos de Administração. Na prática da administração isso se evidencia a todo instante pela dificuldade de diálogo com representantes

---

[32] Idem, p. 49.
[33] UNESCO, 2002, p. 20.
[34] RIECHMANN, 1999, p. 27-28.

de movimentos ambientalistas de um modo geral, mas principalmente dos que se baseiam em concepções ecocentristas. A postura convencional dos praticantes da administração de enxergar o meio ambiente apenas de modo instrumental gera uma percepção desfavorável à EA baseada nos objetivos, conceitos e diretrizes adotados pela legislação brasileira.

5.3. O PAPEL DA CIÊNCIA E DA TECNOLOGIA

As opiniões sobre o papel da ciência e da tecnologia é uma questão central da relação dos humanos com o meio ambiente, e é parte central definidora de diferentes posturas ambientalistas. Como diz Pepper, a ciência deveria estar no centro do debate sobre a relação sociedade-natureza, pois, a partir do século XVI, ela se desenvolve de modo a se tornar, talvez, a principal fonte sobre nossa percepção a respeito da natureza. Os seres humanos percebem o meio ambiente por meio de seus filtros culturais (Figura 5.1), de modo que a percepção ambiental é distinta em diferentes culturas. A percepção ambiental não se dá de modo direto, por isso o ambiente real e o percebido diferem, sendo esse último de maior influência para a tomada de decisão. O ambiente real é visto por um filtro cultural feito de atitudes, limites dados pelas técnicas de observação e experiências passadas. Por isso, se alguém quiser entender o debate ambiental deve entender as suposições e percepções do mundo científico concernentes à natureza.[35]

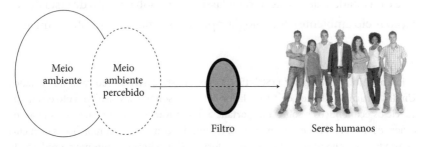

Figura 5.1 — O Filtro Cultural
Fonte: Pepper (1999, p. 6); Claudio Baba/Photos.com.

[35] PEPPER, 1996, p. 6-7.

Educação ambiental na formação do administrador

Os posicionamentos a respeito desse tema apresentam-se em um *continuum* de opiniões. Em um dos polos está a crença de que a ciência e a tecnologia sempre resolveram os problemas de modo que eles são sempre transitórios, e os administradores tendem a se situar nesse polo. Os compêndios de história das técnicas reforçam esse pensamento, pois em geral mostram técnicas sendo desenvolvidas para resolver problemas específicos. Um exemplo é a obra de Wasserman na qual é discutido de forma magnífica o desenvolvimento do telefone, apontando os problemas que foram surgindo e as soluções que foram dadas.[36] No âmbito da Economia da Inovação Tecnológica, que se desenvolve a partir da obra de Joseph Schumpeter,[37] há um debate que já foi muito mais intenso, mas vira e mexe ressurge, qual seja, o debate *science push* x *demanda pull*. De forma simplificada, o centro do debate é a fonte que enseja as inovações, isto é, se a fonte é a oferta de novos conhecimentos decorrentes dos avanços da ciência (*science push*), ou se são as necessidades de ordem prática observadas no mercado ou no sistema produtivo (*demanda* ou *need pull*). Não é preciso bola de cristal para adivinhar que entre os administradores há uma preferência por esse último, pois ressalta as atividades administrativas para identificar problemas ou oportunidades passíveis de serem resolvidas por meio de inovações.

Acrescente-se ainda a base conceitual dos administradores que têm na Economia um dos seus elementos formadores importantes, como se vê em todas as regulamentações dos cursos de graduação em Administração, conforme mostrado no capítulo anterior. A Economia que é ensinada é de extração neoclássica, que, sob o ponto de vista da relação meio ambiente e tecnologia, apresenta uma visão muito otimista.[38]

---

[36] WASSERMAN, 1985.

[37] Joseph Alois Schumpeter (1883-1950), economista austríaco radicado nos Estados Unidos a partir da década de 1930, elaborou teorias sobre o desenvolvimento econômico, ciclos econômicos e sobre a importância das inovações como meios pelos quais os ciclos se renovam. Para ele, as inovações, entendidas como novas combinações de meios de produção e que se realizam de várias formas (introdução de um novo produto, de novo processo de produção, abertura de um novo mercado etc.) constituem o fenômeno fundamental do desenvolvimento econômico. Enfatiza em suas obras a importância dos empresários inovadores, entendidos como os que implementam inovações e não como qualquer tipo de proprietário ou acionista de companhias.

[38] CONSTANZA; DALY; BARTHOLOMEW, 1991, p. 5.

A ideia básica é a seguinte: quando um recurso natural começa a escassear, os seus preços aumentam e à medida que encarecem os custos dos usuários, surgem oportunidades que podem ser exploradas por meio de inovações tecnológicas que reduzam a necessidade desse insumo ou que tragam um insumo alternativo. Desse modo, não há problemas que não se transformam em oportunidades de negócios, expressão das mais usadas entre administradores, empresários, professores e estudantes de administração. Tudo o que é preciso é um sistema de preços livre que sinalize o que está ocorrendo no mercado, por isso esse otimismo elevado convive com a defesa da liberdade dos agentes econômicos advogando a mínima intervenção do Estado na economia para não distorcer o sistema de preços. Uma prática orientada por esse pensamento é o que Sachs denomina cornucopiana.[39] Assim como a cornucópia da mitologia grega fornece frutas, legumes, cereais, enfim, alimentos incessantemente (Figura 5.2), a ciência e tecnologia também fornecem a todo momento as soluções que os humanos necessitam.

Figura 5.2 — Representação de uma cornucópia
Fonte: Comstock Images/Photos.com

[39] SACHS, 1993, p. 42.

As evidências vistas pelo filtro de que fala Pepper construído sob o argumento neoclássico confirmam esse fato. O preço do algodão não conheceu a estratosfera mesmo com o crescimento da demanda de fibras para vestir uma população crescente graças às fibras sintéticas que se tornaram possíveis com os avanços da química dos polímeros. A elevação constante do preço do petróleo estimula as atividades de P&D para encontrar fontes alternativas. Por isso, causa estranheza no ambiente empresarial e dos cursos de Administração a crítica à ciência e tecnologia sob o seu papel no processo de degradação do meio ambiente físico, biológico e social. A estranheza vem da ideia de que da mesma forma que a ciência e tecnologia fornecem as bases para as inovações que eliminam o fantasma da escassez de recursos, elas também fornecem as bases para combater as fontes de degradação e solucionar os problemas causados, por exemplo, recuperando áreas degradadas por meio de inovações baseadas na biotecnologia moderna. Mais uma vez o filtro da cultura empresarial e das suas escolas deixa passar exemplos que reforçam essa ideia e retém os que a contrariam. Os textos sobre o assunto apresentam casos de sucesso, narrativas sobre inovações que resolveram problemas ambientais graves, mas são raros os casos de insucesso, e mesmo assim, ele é atribuído ao estágio inicial do processo de P&D e de inovação ou de visão ou tino administrativo dos que tomaram decisão.

Essa forma de enxergar o papel da ciência e tecnologia gerou modelos normativos como a curva de Kuznets ambiental, em homenagem ao economista Simon Kuznets que formulou o modelo geral. Simon S. Kuznets (1901-1985), Prêmio Nobel de Economia de 1971, usando dados históricos de diversos países, observou que a relação entre a renda *per capita* com a distribuição da renda medida pelo coeficiente de Gini formava uma curva em formato de um U invertido, como mostra a Figura 5.3-A. Na fase inicial, quando a renda é baixa, ela é distribuída de forma concentrada, à medida que a renda cresce a distribuição torna-se mais equilibrada. No início da década de 1990, esse modelo foi usado para relacionar a emissão de CO_2 com a produção *per capita*. Surgiu assim o modelo denominado curva ambiental de Kuznets pelo qual um processo específico de degradação ambiental aumenta nos estágios iniciais de crescimento econômico até um máximo, diminuindo depois a níveis aceitáveis com o aumento do crescimento formando um U invertido ilustrado pela Figura 5.3-B. O Banco Mundial e a CEPAL foram seus grandes promotores.

Embora os estudos empíricos sobre a curva original de Kuznets já mostravam problemas, ela foi transplantada para o domínio ambiental sem mais nem menos.[40] Não deveria causar estranheza se os estudos empíricos para verificar a hipótese da curva ambiental também mostrassem problemas. E de fato são vários os estudos que apontam a inadequação desse modelo, colocando em xeque a ideia de que o crescimento econômico é sempre bom para o meio ambiente.[41] Um encontro de especialistas realizado em 1994 sob o patrocínio do Instituto Beijer da Suécia (*Askö meeting*), coordenado pelo economista Kenneth Arrow, Prêmio Nobel de 1972, constatou que o modelo do U invertido ocorre em alguns casos, mas não há evidência de que ocorrerá em todos e a tempo para evitar as consequências importantes e irreversíveis do crescimento econômico. Esses especialistas concluíram que o crescimento econômico não é a panaceia para a qualidade ambiental.[42] Importante comentar que em nenhum momento esses renomados especialistas citam o nome de Kuznets ou denominam o modelo de curva ambiental de Kuznets, eles sempre dizem modelo do U invertido. Provavelmente fazem isso por respeito ao economista que concebeu o modelo geral e que provavelmente não concordaria com a transposição para o campo ambiental se ainda estivesse vivo.

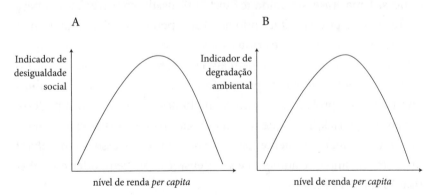

Figura 5.3 — **Curva de Kuznets**

---

[40] BÜRGENMEIER, 2005, p. 22.
[41] Veja, por exemplo, STERN, 2004 e COMMON; SIGRID; 2007, p. 248-254.
[42] ARROW, et al., 1995; p. 92-93.

Apesar dos estudos empíricos não serem conclusivos e mostrarem problemas com o modelo do U invertido ambiental, o filtro faz essa ideia ficar retida na mente como um padrão esperado, lançando para o futuro as esperanças de solução de modo que não há razão para desespero, pois tudo pode ser curado se houver crescimento econômico. Converte-se, portanto, na ideologia do crescimento tanto mais convincente pelo fato de se revestir de uma linguagem científica. A EA decorrente desse tipo de pensamento enfatizaria o conhecimento científico e tecnológico para apoiar o crescimento econômico, tendo como pressuposto que o estágio atual da degradação ambiental é decorrente da falta da aplicação de conhecimentos científicos e tecnológicos disponíveis ou da falta de mais conhecimentos, o que ensejaria mais atividades de P&D. Trata-se de um otimismo exagerado a respeito da contribuição da ciência e tecnologia como apontaram expoentes da economia ecológica, que sobre essa questão defendem uma postura de ceticismo prudente.[43] Porém, anos a fio de hegemonia da abordagem neoclássica fazem as propostas da Economia Ecológica serem pouco discutidas nos cursos de Administração, assim como nos próprios cursos de Economia de onde saem os professores para as disciplinas de Economia dos cursos de Administração.

Esse modo de pensar a contribuição da ciência encontra muitas críticas. Uma frase atribuída a Einstein é usada com frequência para expressar essa crítica: "O mundo não vai superar sua crise atual usando o mesmo pensamento que criou essa situação". Schwartz já dizia que "a ciência e a tecnologia não podem ajudar a resolver os problemas que o mundo enfrenta justamente porque foram as forças que mais contribuíram para esses problemas".[44] Um exemplo desse tipo de crítica pode-se ver em Kirpatrick, para quem a tecnologia "tende a distanciar os seres humanos do meio ambiente, promovendo entre as pessoas e o *habitat* um antagonismo que aumenta e se intensifica com seu poderio e sofisticação cada vez maiores".[45]

---

[43] CONSTANZA; DALY; BARTHOLOMEW, 1991, p. 5.
[44] SCHWARTZ, 1975, p. 268.
[45] KIRPATRICK, 1999, p. 233.

Educação e gestão ambiental em cursos de Administração

Assertivas como essas, longe de serem vozes isoladas, são cada vez mais frequentes em praticamente todos os cantos do mundo. O desencanto com a ciência e tecnologia não é de hoje e ao longo do tempo assumiu diversas posturas, inclusive violentas como o movimento *luddita* do início do século XIX na Inglaterra. Kirpatrick faz parte de um movimento autodenominado *neoluddita*. Existem diversos grupos que combatem as pesquisas e inovações em energia nuclear, células tronco, organismos geneticamente modificados, nanotecnologia etc., sob diferentes argumentos, como preocupação com o meio ambiente, religião e fortalecimento do poder das empresas.

Os humanos como coletores e caçadores estavam muito próximos da natureza e pouco se diferenciavam dos demais mamíferos. A construção do mundo humano em grande parte se deveu a um afastamento dos humanos em relação à natureza e que muitos enxergam como a causa básica da degradação ambiental. Para muitos, a afirmação da natureza humana em sua plenitude requer a superação desse afastamento sem, no entanto, fazer *tábula rasa* de tudo que se fez até então, mesmo porque elas jamais produziram consenso, apesar de dar essa impressão pelo fato de que certas escolas de pensamentos dominam a cena em determinadas épocas. Diversos aspectos científicos e tecnológicos recusados pela escola hegemônica continuam sendo tratados e muitos são revisitados e incorporados em outros momentos e sob novas considerações. É o caso da cadeia da vida que fazia parte da filosofia medieval e que aparece depois no conceito de interdependência dos seres vivos e de cadeia alimentar.

Uma importante contribuição ao debate sobre o papel da ciência e da tecnologia nos processos de EA poderá vir sem dúvida do movimento Ciência, Tecnologia e Sociedade (CTS), conhecido também pela sigla em inglês STS (*Science, Technology and Society*). As preocupações com essas questões não são novas, mas tomaram novos impulsos com os estudos e propostas sobre a sociologia do conhecimento científico desenvolvidas na Universidade de Edimburgo no início da década de 1970, surgindo daí a denominação Escola de Edimburgo. O objetivo dessa Escola era estudar a ciência e a tecnologia como processos sociais mais amplos, afastando-se tanto da filosofia da ciência centrada em reflexões epistemológicas quanto da sociologia da ciência de

Educação ambiental na formação do administrador

caráter funcionalista que se desenvolvera principalmente a partir de Robert K. Merton.[46] Desde as iniciativas pioneiras da Escola de Edimburgo, muitas contribuições foram feitas aprofundando essas considerações e consolidando o movimento CTS. Entre os promotores desse movimento estão a Unesco e a OIE (veja o Anexo 6).

Como tudo na vida, esse movimento tem adversários importantes, dentre eles Mário Bunge. Esse renomado filósofo da ciência faz críticas demolidoras a cada característica desse movimento, tal como o externalismo, pelo qual os conceitos da ciência estão determinados pelo contexto social; o construtivismo, pelo qual o pesquisador constrói suas ideias, os aparatos e os próprios fatos; e o relativismo, a tese de que não há verdades objetivas e universais.[47] Apesar de serem críticas bem fundamentadas, muitos questionamentos que o movimento CTS trouxe permitem entender o papel da ciência e da tecnologia como construções sociais e, portanto, como componentes da cultura de um povo num dado momento.

Desde o início, a CTS sempre se caracterizou como uma proposta interdisciplinar e voltada para o público, de modo que a perspectiva educacional é praticamente inerente ao movimento. Vem daí a grande preocupação de levar o debate como parte da educação formal e não formal de um modo geral e, consequentemente, da educação superior na qual a ciência e a tecnologia são componentes importantes quando não centrais. As profissões citadas na Resolução 10 da Declaração de Tbilisi, dentre elas a de administrador, são usuárias de conhecimentos científicos e tecnológicos que quase sempre são transmitidos sem nenhuma reflexão sobre o seu contexto social, econômico, político e ideológico, como ademais nas outras profissões. Conhecimentos transmitidos desse modo dão ao futuro profissional uma falsa noção de neutralidade da ciência e da tecnologia. Pior ainda, as decisões tomadas com base nelas ficam legitimadas pela ideia de neutralidade, independentemente dos problemas ambientais e sociais que causam. É uma espécie de bacia de

---

[46] MERTON, Robert. K. Sociólogo norte-americano cujos trabalhos procuravam desvendar o modo de trabalho dos cientistas. Um das suas obras mais importantes é *The sociology of science: theoretical and empirical investigations*. Chicago, University of Chicago Press, 1973.
[47] BUNGE, 1999, p. 151-183.

Educação e gestão ambiental em cursos de Administração

Pilatos, na qual o tomador de decisão se exime da responsabilidade por estar tomando decisões amparadas em conhecimentos científicos e tecnológicos tidos como neutros.

A EA, conforme as diretrizes e objetivos mencionados nos capítulos 2 e 3, terá necessariamente que se envolver com esse debate. Uma boa referência para iniciar esse debate são os documentos da Conferência Mundial sobre a Ciência, organizada pela Unesco e o Conselho Internacional de Ciência, realizada em 1999 em Budapeste. Nessa Conferência foi elaborada a Declaração mundial sobre a ciência para o século XXI: um novo compromisso, mais conhecida como *Declaração de Budapeste*. A Declaração se inicia com as seguintes palavras:

> todos vivemos no mesmo planeta e formamos parte da biosfera. Reconhecemos agora que nos encontramos numa situação de crescente interdependência e que nosso futuro é indissociável da preservação dos sistemas de sustentação da vida no planeta e de sobrevivência de todas as formas de vida. Os países e os cientistas de todo o mundo devem ter consciência da necessidade urgente de utilizar responsavelmente o saber de todos os campos da ciência para satisfazer as necessidades e aspirações do ser humano sem empregá-los de forma incorreta.[48]

Em outro trecho do preâmbulo da Declaração de Budapeste se lê o seguinte: "Em nossos dias, apesar dos avanços científicos sem precedentes, faz falta um debate democrático vigoroso e bem fundamentado sobre a produção e a aplicação do saber científico". A Declaração recomenda uma nova relação entre a ciência e a sociedade para resolver os problemas planetários urgentes como a pobreza, a degradação do meio ambiente, a insuficiência de serviços de saúde pública e a segurança no fornecimento de alimentos e água potável. E reconhece, de um lado, que algumas aplicações da ciência podem ser prejudiciais às pessoas, à sociedade, ao meio ambiente e à saúde dos humanos, inclusive pondo em perigo a sua sobrevivência e, de outro, que as suas contribuições são indispensáveis à causa da paz, do desenvolvimento e da segurança mundial. Uma hipótese que pode explicar a dificuldade para implantar a EA

---

[48] Declaração de Budapeste de 26/07/1999. Disponível em <http://www.campus.oei. org>, acessado em 07/06/2002.

nos cursos de administração é a falta de compreensão sobre o papel da ciência e tecnologia como promotoras do desenvolvimento sustentável.

Outra questão considerada na Declaração de Budapeste é o respeito aos conhecimentos tradicionais e locais como expressões dinâmicas da percepção e entendimento do mundo e da necessidade de preservar, pesquisar e promover a herança cultural e esses conhecimentos empíricos. Essa questão havia sido colocada como um princípio na Declaração do Rio de Janeiro sobre Meio Ambiente e Desenvolvimento (veja: princípio 22 no Anexo 1). A Agenda 21 faz várias recomendações nesse sentido, por exemplo, no Capítulo 3 que trata do combate à pobreza, no Capítulo 10, sobre gerenciamento de recursos terrestres e no Capítulo 15 sobre conservação da biodiversidade e o uso sustentável dos recursos biológicos. Porém, no Capítulo 35, que trata da ciência para o desenvolvimento sustentável, a recomendação é para a comunidade científica utilizar os melhores conhecimentos científicos e tradicionais disponíveis.

A Convenção da Biodiversidade aprovada durante a Conferência do Rio de Janeiro de 1992 também faz recomendações nesse sentido com vista à conservação da biodiversidade *in situ* (art. 8º, letra j). Essa questão é tratada no princípio 9 do TEASS (veja Anexo 3). Para isso, duas concepções errôneas sobre os conhecimentos tradicionais devem ser combatidas, a visão que desdenha e a que mistifica. De um modo ou de outro essas visões errôneas atrapalham a EA onde quer que ocorram e como se tratam de estereótipos generalizados, é de supor que também atrapalham nos cursos de Administração.

Outro ponto central é o princípio da precaução, tratado em vários documentos do movimento do desenvolvimento sustentável, como a Declaração do Rio de Janeiro (veja Anexo 1, princípio 15). Muitos problemas ambientais e sociais decorrem de inovações tecnológicas, ainda que de forma indireta e remota. Em alguns casos, a relação é direta como os CFCs, gases de síntese introduzidos pela DuPont para substituir o gás de amônia na refrigeração. Quando foi lançado comercialmente, não se sabia que produzia efeitos deletérios sobre a camada de ozônio estratosférico que protege os seres vivos dos raios ultravioletas.

A excessiva valorização das inovações como fator de competitividade das empresas é um obstáculo à aplicação do princípio da precaução. Exortações às inovações abundam na literatura administrativa,

Educação e gestão ambiental em cursos de Administração

convencendo quem já está mais do que convencido da importância das inovações para os seus negócios, e as escolas de Administração repetem isso *ad nauseam*. Por exemplo, Peter Drucker, conhecido autor de livros de Administração que foram *best-sellers* até o início dos anos 2000, afirma de modo peremptório que a inovação é o instrumento específico do empreendedor.[49] Há os que afirmam que a única forma de permanecer na zona de lucro é inovando constantemente.[50] A aposta na inovação é tal que não se discute o fato, mas, sim, como conseguir inovar sempre e mais rapidamente. No entanto, essa visão pode ser compatibilizada com as exigências do desenvolvimento sustentável que se apresentam como requisitos econômicos, sociais e ambientais a serem obtidos simultaneamente. Para isso seria necessário sair do foco exclusivamente econômico como tem sido a regra. Diversas práticas exitosas caminham nesse sentido, como os projetos para meio ambiente (*design for environmental*), as práticas de produção mais limpa, a ecoeficiência e muitas outras. A difusão dessas novas práticas associadas à inovação a partir dos bancos escolares poderia acelerar o caminhar das organizações em busca de padrões de produção e consumo de acordo com as propostas de desenvolvimento sustentável.

5.4. ÉTICA E RESPONSABILIDADE SOCIAL

Note nos documentos citados nos Capítulos 2 e 3 quantas vezes a palavra ética é mencionada. A pergunta é: qual ética interessa à EA a que esses documentos se referem? Antes de prosseguir é necessário fazer algumas considerações iniciais a respeito dos entendimentos sobre ética e moral. A palavra ética vem do grego clássico *ethos* e indica hábitos ou costume. Em latim virou *ethicus, ethica* que é a origem das palavras ética em português e espanhol, etica em italiano, éthique em françês, ethics em inglês, entre outros. Moral origina-se da palavra latina *mos, moris*, que indica costumes, hábitos e modo de vida. Embora as origens dessas palavras refiram-se a costumes e hábitos, ao longo do tempo adquiriram significados

---

[49] DRUCKER, 1986, p. 39.
[50] SLYWORSTZKI; MORRISON, 1998, p. 34.

diferentes, porém relacionados. A palavra "moral" refere-se ao conjunto de valores e normas aceitos pela sociedade ou grupos sociais que orientam a conduta humana. Uma conduta moral é aquela que se orienta por esses valores e normas, qualificando-a como boa, certa, correta ou desejada. A palavra "ética" indica o estudo a respeito da moral, ou seja, a moral é o objeto da ética como área de estudo e as teorias éticas são reflexões a respeito da moral.[51] Não é a ética que cria as normas e valores morais, mas a vida em sociedade, as relações concretas entre pessoas e grupos, por isso, a moral difere de um segmento da sociedade para outro e em um mesmo segmento, de um período para outro.

A ética normativa procura oferecer respostas para questões morais que são questões de ordem prática que ocorrem a todo o momento e a todas as pessoas, grupos e organizações. Diante dessas questões, pergunta-se o que deve ser feito, qual a ação correta ou incorreta entre as possíveis alternativas. Enfim, oferece argumentos para responder tais questões. A ética aplicada usa esses argumentos em situações concretas. A ética normativa apresenta diversas teorias ou doutrinas como a ética da virtude kantiana, utilitarista, do discurso, do cuidado, entre tantas que vêm sendo estudadas há milênios. Os dois comentados a seguir apresentaram propostas que vão ao encontro do movimento pelo desenvolvimento sustentável e, portanto, de uma ética com os valores desse movimento.

Em obra escrita na década de 1930, Leopold apresenta uma proposta nova que denominou ética da Terra. Ele explica que a ética se desenvolveu em torno de problemas humanos tendo como premissa que o indivíduo é membro de uma comunidade de partes independentes e seus instintos o levam a competir pelo seu lugar nessa comunidade, mas também a cooperar com outros humanos. A sua proposta ética procura estender as fronteiras da comunidade para incluir o solo, a água, as plantas e animais, ou dito de forma coletiva, a Terra. Daí a denominação "ética da Terra". O princípio básico dessa ética tem o seguinte enunciado: "uma coisa é certa quando tende a preservar a integridade, estabilidade e beleza da comunidade biótica e incorreta, quando tende ao contrário".[52]

[51] VASQUEZ, 1999, p. 23.
[52] LEOPOLD, 1987, p. 224 – tradução nossa.

Educação e gestão ambiental em cursos de Administração

A obra de Leopold, *A sand of county almanac*, é um texto sobre essa proposta ética, escrito na forma de crônica de rara beleza sobre suas observações em uma região do Estado de Wiscosin conhecido como condado de areia; daí o nome do livro. Uma das passagens do livro é particularmente bela, talvez uma das páginas mais instrutivas desse livro e de tantos que vieram depois seguindo seus passos. É quando fala de um carvalho que havia crescido ao lado de uma velha estrada, cujo tronco apresentava 80 anéis de crescimento. À medida que a serra vai penetrando nos anéis há uma história acontecendo em retrospectiva, primeiro os anos recentes relacionados com os anéis periféricos até chegar ao primeiro. Leopold seleciona feitos importantes que o carvalho teria presenciado e registrado em seu tronco em cada anel. Por exemplo, quando a serra corta o anel relativo aos anos 1920, ele fala da criação da lei florestal de 1927 e da Grande Depressão de 1929. No corte do anel de 1908, ele se lembra que esse foi um ano muito seco com inúmeros incêndios; quando a serra corta o anel de 1874, a indústria lança o primeiro arame farpado; o anel de 1872 testemunharia a morte do último pato selvagem daquele Estado. O primeiro anel do carvalho ocorre em plena guerra civil que matou milhões de pessoas. Derrubado o carvalho, começa o trabalho de fazer lenha.[53]

Uma vida centenária que presenciou tantos dramas humanos abatida em poucos minutos, é uma mensagem de grande força moral, é um alerta para as consequências das ações humanas. Leopold não condena o abate de árvores para atender às necessidades humanas, mas pede que se reflita sobre esse fato, o que a natureza leva séculos para produzir pode ser destruído em poucos minutos. Uma árvore, ou outro ser não humano, como testemunha muda e imóvel de incontáveis dramas humanos ao longo dos anos é uma alegoria pedagógica apropriada para se tratar em um programa de EA.

Hans Jonas criou uma proposta normativa denominada ética da responsabilidade. Para esse filósofo, a preocupação básica das doutrinas éticas é a relação direta entre os humanos em condições que permaneceram essencialmente constantes ao longo do tempo. Os contemporâneos constituem o universo moral e a perspectiva da ação moral não excede

---

[53] Idem, p. 6-18.

a duração da vida humana.[54] Porém, a revolução científica e tecnológica alargou de modo espetacular o poder dos humanos, o que os tornam agentes morais coletivos, pois os efeitos das suas ações se estendem para um futuro indefinido que ultrapassa o tempo e o espaço contemporâneos. Desse modo, a noção de responsabilidade deve ir além do futuro imediato para contemplar a sobrevivência humana.[55] Tendo como base o imperativo categórico de Kant, ou seja, o princípio fundamental que dá origem aos deveres morais, Jonas modifica seus termos para adequá-los a essa condição. Há várias formas de imperativos categóricos em Kant, um deles é o seguinte: "age apenas segundo uma máxima tal que possas ao mesmo tempo querer que ela se torne uma lei universal".[56] Em Jonas, esse imperativo categórico passa a ter o seguinte enunciado: "age de tal modo que os efeitos da sua ação sejam compatíveis com a permanência de uma vida humana autêntica na Terra".[57]

Jonas não condena a ciência e a tecnologia, mas procura fornecer orientações para as ações presentes para que não comprometam o futuro do planeta e da humanidade. Em outra obra, Jonas recomenda maximizar o conhecimento sobre as consequências das ações humanas em relação aos aspectos que podem ameaçar o destino da humanidade no futuro para elaborar um novo saber sobre o que deve ser e o que não deve ser, o que se pode admitir e o que se deve evitar.[58] Sobre esse aspecto, a ética de Jonas apresenta uma conexão direta com o princípio da precaução comentado na seção anterior, um princípio importante do desenvolvimento sustentável. Outro ponto de contato é a preocupação com as condições da Terra no futuro não imediato, o que remete para o tempo das gerações vindouras. Um ponto de afastamento é a sua ideia de valores universais à moda do objetivismo axiológico.

Serres, influente filósofo francês, propõe uma mudança radical no modo de relacionamento dos humanos para com os demais seres vivos e defende a ideia de um contrato natural para substituir o contrato

[54] JONAS, 1995, p. 29-31.
[55] Idem, p. 36-37.
[56] KANT, 2003, p. 59.
[57] JONAS, 1995, p. 40, tradução nossa.
[58] JONAS, 1992, p. 140-141.

Educação e gestão ambiental em cursos de Administração

social. Segundo ele, a Declaração dos Direitos Universais do Homem teve o mérito de incluir todos os homens e a fraqueza de incluir apenas os homens. Segundo esse filósofo, ao contrato exclusivamente social deve-se juntar um contrato natural de simbiose e de reciprocidade na qual as relações dos humanos com os demais elementos da natureza deixariam de ser domínio e posse e passariam a ser escuta admirativa, reciprocidade, contemplação e respeito. Nesse novo contrato, o conhecimento não mais se basearia no direito de propriedade e na ação de dominação que tornam o ser humano parasita da natureza. Segundo suas palavras, "o parasita toma tudo e não dá nada e o hospedeiro dá tudo e não toma nada". O direito de simbiose do contrato natural se define pela reciprocidade entre os homens e a natureza, o que pressupõe que a natureza também é um sujeito de direito. Esse direito se baseia no seguinte enunciado: "o que a natureza dá ao homem é o que este deve restituir a ela". Por meio do contrato natural, os questionamentos morais relativos à relação dos humanos com os demais entes da natureza passariam a ser orientados pela reciprocidade. Serres pergunta: "o que devemos restituir ao mundo? O que escrever no programa de restituição?".[59] O princípio da reciprocidade para com a natureza não humana inscreve-se na perspectiva ecocêntrica forte, conforme comentado na Seção 5.2. Trata-se de uma proposta audaciosa que dificilmente seria adotada no ambiente dos dirigentes empresariais mais pelo fato de ser ecocêntrica do que pela dificuldade de tratar a reciprocidade com a natureza não humana.

De fato, a reciprocidade não é de todo estranha nesse ambiente, embora os exemplos estejam inseridos dentro de uma abordagem antropocêntrica, porém do tipo fraco, conforme comentado na Seção 5.2. Um exemplo é a prática de neutralização de carbono, na qual a empresa compensa suas emissões de gases de efeito estufa por meio do plantio de árvores em quantidades capazes de capturar carbono correspondente às emissões segundo algum método de cálculo. A realização de compensações pela geração de impactos ambientais adversos está presente em diversos instrumentos legais e em documentos emitidos por entidades empresarias expressando adesão voluntária às práticas ambientais sustentáveis. Um exemplo do primeiro caso encontra-se na legislação

[59] SERRES, 1991, p. 49-51.

Educação ambiental na formação do administrador

que obriga o empreendedor de projeto de significativo impacto ambiental a apoiar a implantação e manutenção de unidade de conservação de proteção integral.[60] Um exemplo do segundo caso encontra-se nos princípios Ceres, que estabelecem a obrigatoriedade de compensar os danos causados ao meio ambiente e realizar esforços para recuperar inteiramente o meio ambiente afetado.[61] Enquanto no primeiro caso a obrigatoriedade é compulsória, por força de lei, no segundo, é um compromisso voluntariamente assumido que se torna um imperativo moral.

A Comissão Mundial de Cultura e Desenvolvimento (CMCD), criada pela Unesco em 1991, sugere que uma ética planetária seja formada por um núcleo de preocupações morais das quais as principais são as seguintes:

1. direitos humanos;
2. democracia;
3. proteção das minorias;
4. compromisso com a solução pacífica das controvérsias;
5. equidade em cada geração e entre gerações; e
6. um compromisso com o pluralismo cultural.[62]

Todos esses elementos foram tratados de forma esparsa em diversos documentos citados anteriormente, como a Agenda 21 e as declarações sobre desenvolvimento sustentável e sobre EA. Daí a importância desse documento da CMCD, uma vez que dá um tratamento sistematizado para um conjunto de ideias centrais para o desenvolvimento de uma ética para um mundo crescentemente globalizado em termos econômicos e socioambientais. Para a CMCD, o número reduzido de elementos e critérios básicos deve-se ao fato de que as sociedades não seguem e nem precisam seguir os mesmos padrões de desenvolvimento. Em outras palavras, não há um caminho único e a modernização ocidental não precisa ser copiada por outras sociedades.[63] Essa ressalva já faz parte do princípio do pluralismo cultural, uma ideia constante nos documentos da ONU e da Unesco

---

[60] BRASIL, Lei nº 9.985 de 18/07/2000, art. 36.

[61] Sobre os Princípios Ceres veja: <http://www.ceres.org>. Acesso em 15/06/2010.

[62] UNESCO/CMCD, 1997, p. 52-63.

[63] UNESCO/CMCD, 1997, p. 52-63.

Educação e gestão ambiental em cursos de Administração

sobre desenvolvimento sustentável. Com isso, fica afastada a ideia de uma ética baseada em valores universais. Pluralismo, que não se confunde com relativismo ético, decorre do conceito de autodeterminação dos povos constante na Declaração dos Direitos Humanos, repetido com outras palavras na Declaração do Rio de Janeiro (Anexo 1, princípio 2).

Os princípios da sociedade sustentável apresentados no Quadro 2.2, extraídos do texto *Cuidando do planeta Terra*, é uma fonte fundamental para uma nova ética socioambiental. Com base nele, foram identificados dois grupos de valores associados à responsabilidade das pessoas e instituições para com o futuro da Terra e a justiça social. Um desses grupos trata das relações entre as pessoas e a natureza, cujo objetivo é alcançar a sustentabilidade ecológica. O outro, das relações entre as pessoas e objetivam promover a justiça social.[64] Os valores associados a esses dois grupos estão apresentados no Quadro 5.2.

Uma questão central dos valores concernentes ao desenvolvimento sustentável é o compromisso com o atendimento das necessidades básicas de todos os indivíduos. Esse compromisso se vincula à proposta de erradicação da pobreza, um objetivo primário do desenvolvimento sustentável. Pobreza pode ser definida de muitas formas, para o relatório Brundtland, é um nível de renda que não permite atender regularmente às necessidades de vida de uma pessoa ou família. As necessidades básicas essenciais citadas no relatório são alimentação, energia, habitação, saneamento, abastecimento de água e serviços médicos.[65] O atendimento dessas necessidades vai ao encontro do conceito de direitos humanos econômicos, sociais e culturais enunciados na Declaração Universal dos Direitos Humanos aprovadas pela Assembleia-Geral das Nações Unidas em 1948. Conforme a Declaração, esses direitos são indispensáveis à dignidade dos seres humanos e ao livre desenvolvimento da sua personalidade.[66] Com vistas à implementação desses direitos, em 1996 a Assembleia-Geral das Nações Unidas aprovou o Pacto Internacional dos Direitos Econômicos, Sociais e Culturais, pelo qual os Estados que vierem a adotá-lo devem reconhecer o

---

[64] FIEND; TILBURY, 2002, p. 5.

[65] CMMAD, 1991, p. 54-60.

[66] O texto integral da Declaração pode ser obtido em: <http://www.onu-brasil.org.br> e <http://www.dhnet.org.br>.

Educação ambiental na formação do administrador

direito de todas as pessoas a um nível de vida adequado a si próprio e à sua família, o que inclui alimentação, moradia e vestimenta adequadas, saúde e educação, formação técnica, assistência às crianças e às mães.[67]

Quadro 5.2 — Valores para uma Nova Ética: um resumo

Pessoas e Natureza – Sustentabilidade Ecológica	Pessoas e Pessoas – Justiça Social
1. Interdependência – Pessoas são partes da natureza e dependem completamente dela. Respeitar a natureza significa abordá-la com humildade, cuidado e compaixão; ser frugal e eficiente no uso dos recursos; orientar-se pelo melhor conhecimento disponível, tanto científico como tradicional; e contribuir para criar e apoiar as políticas públicas que promovem a sustentabilidade.	**1. Direitos humanos** – Toda pessoa e/ou a comunidade devem ter direito a liberdade de consciência, de religião, de expressão, reunião pacífica e associação.
2. Biodiversidade – Toda forma de vida deve ser protegida independentemente do valor que represente aos humanos. As pessoas devem preservar a complexidade dos ecossistemas para assegurar a sobrevivência de todas as espécies e a salvaguarda dos seus *habitats*.	**2. Necessidades humanas básicas** – As necessidades de todos os indivíduos e da sociedade devem convergir de acordo com as restrições impostas pela biosfera, e todos devem ter oportunidades iguais para melhorar seu quinhão.
3. Viver suavemente sobre a Terra – Todos devem assumir a responsabilidade quanto ao seu impacto sobre a natureza. Devem usar os recursos naturais e o meio ambiente de modo cuidadoso e sustentável, e restaurar os danos que causam.	**3. Equidade intergeracional** – Cada geração deve deixar para a futura um mundo que seja tão diverso e produtivo quanto o que recebeu de herança. Para isso, os recursos não renováveis devem ser usados com parcimônia. Recursos renováveis devem ser usados de forma sustentável e os desperdícios devem ser minimizados. Os benefícios do desenvolvimento não devem ser consumidos agora se deixarem os custos para o futuro.
4. Equidade interespécie – As pessoas devem tratar todas as criaturas decentemente, protegendo-as de crueldade e sofrimento evitável.	**4. Participação** – Toda pessoa e comunidade deve estar habilitada a responder pela sua vida e pela vida da Terra. Para isso cada pessoa e comunidade deve ter pleno acesso a educação, emancipação política e meio de vida sustentável, e devem ser capazes de participar das decisões que as afetem.

Fonte: Fiend, J; Tilbury, D., 2002, p. 5.

[67] ASSEMBLEIA-GERAL DAS NAÇÕES UNIDAS, Resolução 2.200-A, 1966.

Educação e gestão ambiental em cursos de Administração

No ambiente acadêmico ligado à administração empresarial, a ética tem sido tratada como ética aplicada às empresas ou aos negócios (*business ethics*), que conta com autores importantes, como Richard de George, Robert Frederick, Manoel Velásquez e Thomas Donaldson. Curiosamente nenhum deles foi traduzido para o português até julho de 2010, indicando que o mercado de livros sobre esse tema não é promissor na avaliação das editoras, apesar da quantidade de administradores, professores e estudantes de Administração. A ética também é tratada como constituinte da responsabilidade social empresarial (RSE), uma tendência que se tornou frequente após a obra de Archie Carroll de 1979. Nessa obra, a RSE é constituída pela responsabilidade econômica, legal, ética e filantrópica, esta substituída depois por responsabilidade discricionária.[68]

Recentemente, observa-se a convergência dos temas sobre responsabilidade social e desenvolvimento sustentável, na qual o primeiro é visto como um meio para o alcance do segundo.[69] Dito de outra forma, o desenvolvimento sustentável é um objetivo de caráter planetário e a responsabilidade social, o meio pelo qual as organizações contribuem para alcançar esse objetivo, como exemplificam as definições do Quadro 5.3. Nesse novo arranjo, a ética como componente da responsabilidade social deve ir além das preocupações essencialmente humanas e limitadas ao futuro imediato, para usar as palavras de Hans Jonas.

Quadro 5.3 — Desenvolvimento Sustentável e Responsabilidade Social

DEFINIÇÃO	FONTE
Responsabilidade social é a relação ética e transparente da organização com todas as suas partes interessadas, visando ao desenvolvimento sustentável.	ABNT (2004a)
Responsabilidade social é a forma de gestão que se define pela relação ética e transparente da empresa com todos os públicos com os quais ela se relaciona e pelo estabelecimento de metas empresariais compatíveis com o desenvolvimento sustentável da sociedade, preservando recursos ambientais e culturais para as gerações futuras, respeitando a diversidade e promovendo a redução das desigualdades sociais.	Instituto Ethos (2005, p. 25)

continua >>>

[68] CARROLL, 1979 e 1991.
[69] BARBIERI; CAJAZEIRA, 2009, p. 61-65.

Educação ambiental na formação do administrador

Quadro 5.3 — Desenvolvimento Sustentável e Responsabilidade Social (continuação)

DEFINIÇÃO	FONTE
Responsabilidade social das empresas é um conceito por meio do qual elas passam a integrar preocupações sociais e ambientais nas operações dos seus negócios e nas interações com outras partes interessadas.	Comissão da Comunidade Europeia (2002, p. 5)
A responsabilidade social das empresas é descrita como a integração voluntária das preocupações sociais e ecológicas nas atividades comerciais e nas interações com suas partes interessadas. Não se trata apenas de atender plenamente às obrigações legais aplicáveis, mas de ir além e investir mais no capital humano, no meio ambiente e nas relações com partes interessadas.	Association Française de Normalisation (AFNOR) (2003)
Responsabilidade social é responsabilidade de uma organização pelos impactos de suas decisões e atividades na sociedade e no meio ambiente, por meio de um comportamento transparente e ético que: • contribua com o desenvolvimento sustentável, incluindo a saúde e o bem-estar da sociedade; • leve em consideração as expectativas das partes interessadas; • esteja em conformidade com as leis aplicáveis e seja compatível com as normas internacionais de comportamento; e • esteja integrado por toda a organização e seja praticado em suas relações.	International Organization for Standardization (ISO 2010)

Os cursos de graduação em Administração sempre trataram as questões éticas de forma limitada, como os demais cursos desse nível, o que se explica pela necessidade de centrar nas matérias específicas da formação profissional. Em geral, esse tema é apresentado nesses cursos como parte do conhecimento da regulamentação profissional, por exemplo, discutindo o código de ética aprovado pelo Conselho que regula e fiscaliza a profissão. Nos cursos de Administração também acontece assim, acrescentando em certas disciplinas outros códigos de conduta, como código para vendedores, para compradores, para publicitários etc. É insuficiente, não resta dúvida, mais pela falta de ênfase e profundidade do que pela forma de tratar o assunto transversalmente. Uma ou mais disciplinas específicas não fariam melhor. Como a EA ligada ao desenvolvimento sustentável deve ser operacionalizada de forma transversal em todas as disciplinas, o mesmo deve acontecer com a ética que lhe seja compatível, como as apresentadas nesta seção.

Educação e gestão ambiental em cursos de Administração

5.5. DISCIPLINAS E TEMAS TRANSVERSAIS

Excetuando os cursos de pós-graduação, a EA não deve ser implantada como disciplina específica, pois não faria sentido diante dos objetivos que se pretende alcançar por meio dela. Do ponto de vista pedagógico, a EA exige uma abordagem inter, multi e transdisciplinar, continuada e centrada em problemas específicos tanto globais quanto locais, a partir de uma visão integrada das questões socioambientais.[70] Por isso, outra classe de desafio para a EA concerne à necessidade de superar o ensino centrado em disciplinas. Coimbra lembra que essa palavra vem do verbo latino *díscere*, cuja forma substantivada é *discente, o que aprende*. Disciplina é "conhecimento assimilado, aquilo que se aprende e passa a fazer parte da vida". Multidisciplinaridade é uma reunião de disciplinas sem que cada uma perca a sua identidade própria, seus métodos, teorias e pressupostos.[71]

Na perspectiva multidisciplinar, um mesmo tema ou objeto é estudado sob o enfoque de diversas disciplinas, sem que, com isso, se forme um diálogo entre elas. A multidisciplinaridade pode ocorrer sem que se estabeleça um nexo entre os seus agentes, pois cada disciplina continua vendo e tratando o seu objeto com seus próprios critérios sem se preocupar com qualquer outro.[72] Diz-se que uma equipe é multidisciplinar quando envolve profissionais com conhecimentos e habilidades de distintas áreas. Cada membro da equipe contribui com o conhecimento e a prática próprias da sua área de atuação e aprende com as demais áreas, porém sem abandonar a sua. Por exemplo, zoneamento ambiental e licenciamento ambiental, temas específicos do Direito Ambiental, podem ser estudados com localização industrial, um tema que integra, sob óticas diferentes, disciplinas de Economia e de Administração da Produção, as duas primeiras fazendo parte dos conteúdos de formação básica e a última, de formação profissional. Equipes multidisciplinares são usadas com muita frequência em administração e são típicas de certas atividades como lançamento de novos produtos, fusão

[70] BRASIL, 1999, art. 10, III.
[71] COIMBRA, 2000, p. 55.
[72] Idem, p. 57.

Educação ambiental na formação do administrador

e incorporação, reorganização administrativa, planejamento estratégico e avaliação de impactos ambientais.

A interdisciplinaridade requer mais que uma reunião de disciplinas justapostas. Requer a interação entre disciplinas com vistas a buscar conexões entre elas, ou seja, uma disciplina transfere às outras seus objetos, métodos, conteúdos, visão de mundo etc. Literalmente significa *entre disciplinas*, isto é, entre corpos de conhecimentos definidos pelas teorias e métodos de disciplinas estabelecidas.[73] Interdisciplinaridade consiste em um tema, objeto ou abordagem em que duas ou mais disciplinas estabelecem nexos e vínculos intencionais para alcançar um conhecimento mais abrangente, diversificado e unificado.[74] O cruzamento de partes dos conteúdos disciplinares que oferecem pontos de contato representa uma noção precária de interdisciplinaridade.[75]

Em uma pesquisa interdisciplinar ocorre a transferência de métodos de uma disciplina para outra.[76] Garcia define pesquisa interdisciplinar como um estudo que requer um sistema complexo, entendido como situações problemáticas determinadas pela confluência de múltiplos fatores que interagem de tal maneira que não podem ser isolados e, portanto, descritos e explicados somando enfoques parciais de distintos especialistas que os estudam isoladamente. O autor sugere que nesse caso a realidade é ela mesma interdisciplinar, no sentido que não apresenta seus problemas classificados segundo as disciplinas existentes. O sistema ambiental é um exemplo de sistema complexo no sentido dado pelo autor e como qualquer sistema complexo comporta-se como uma totalidade.[77]

A transdisciplinaridade é uma estratégia que busca teorias e métodos comuns às disciplinas em um nível mais elevado de integração. Essa perspectiva dá um passo além no tratamento teórico de um tema ou objeto, como se fora um salto de qualidade.[78] Nicolescu informa que o prefixo trans diz respeito ao que está, ao mesmo tempo, entre, através

[73] KARLQVIST, 1999, p. 379.
[74] COIMBRA, 2000, p. 58.
[75] CASCINO, 2000, p. 67.
[76] NICOLESCU, 2000, p. 15.
[77] GARCIA, 1999, p. 40-46.
[78] COIMBRA, 2000, p. 60.

Educação e gestão ambiental em cursos de Administração

e além das disciplinas. Há uma hierarquia entre estas três perspectivas educacionais, segundo o grau de integração entre as disciplinas envolvidas: a multidisciplinaridade é o nível inferior de integração, a inter, o intermediário e a transdisciplinaridade, a etapa superior de integração.[79] A multidisciplinaridade, que é nível inferior de integração já é difícil de ser implementada nas escolas de nível superior, o que não se dirá das demais abordagens.

Como observa Gadiano, a interdisciplinaridade em EA teve um bom desempenho na educação fundamental por meio da proposta de eixos transversais, mas na educação superior "só os sistemas modulares aproximaram-se de expressões que buscam romper com a organização curricular centrada nas disciplinas convencionais". Esse autor se mostra cético quanto a modificações no curto e médio prazo. De acordo com suas palavras, "nem o interdisciplinar, nem o ambiental, traduzido agora para sustentável, serão prioridades de primeira ordem no espaço institucional da educação superior e tecnológica".[80] Percebe-se, portanto, o tamanho do desafio, uma vez que nem sequer a perspectiva multidisciplinar é fácil de ser implantada.

No caso dos cursos de Administração, isso se deve em grande parte à própria maneira como eles foram regulamentados na década de 1960, ou seja, seguindo a forma de estruturação básica das empresas da época, que tinham uma estrutura centrada em funções empresariais, como Finanças, Marketing, Produção, Recursos Humanos etc. As abordagens de administração baseadas em processos, que são multidisciplinares e foram popularizadas nas últimas décadas do século passado pelo movimento da qualidade, ainda não chegaram aos programas de graduação, salvo exceções e, mesmo assim, continuam disciplinares, mostrando que o velho hábito de fumar cachimbo deixa de fato a boca torta. Por exemplo, o gerenciamento da cadeia de suprimento é uma abordagem de caráter multifuncional que dilui as fronteiras departamentais das empresas, pois envolve estratégia empresarial, gestão de operações e produção, logística e distribuição física, desenvolvimento de produtos, compras, contabilidade gerencial etc. Assim, o seu ensino também

[79] NICOLESCU, 2000, p. 15 e 59.
[80] GADIANO, 2005-b, p. 127.

Educação ambiental na formação do administrador

deveria ser oferecido por meio de uma abordagem multidisciplinar, no mínimo. Mas não é o que acontece. Na maioria das vezes o que se observa é a troca de nome de uma das disciplinas que contribuem para esse gerenciamento. Por exemplo, logística passa a ser denominada gerenciamento da cadeia de suprimento, mas a abordagem continua sendo a mesma de antes, com alguma introdução à contribuição das diferentes áreas para depois se concentrar nos tópicos específicos da logística.

Está presente na legislação brasileira que a EA deve ser implantada por meio da transversalidade, ou seja, como um conjunto de temas que devem ser integrados nas diversas disciplinas oferecidas pelo curso. Os eixos transversais constituem uma das inovações teóricas mais importantes no âmbito da teoria curricular moderna. O conceito de transversalidade dentro de um currículo refere-se a um tipo de ensino que deve estar presente na educação obrigatória, não como unidade didática isolada, mas como eixos fundamentais dos objetivos, conteúdos e princípios para salvaguardar as interconexões entre as matérias clássicas, acrescentando novidades próprias de contextos sociais dinâmicos que mudam e evoluem ao longo do tempo. Esses eixos se referem às problemáticas sociais contemporâneas como problemas ambientais, violência, desigualdade, consumismo, racismo e outras que fazem parte do cotidiano das sociedades modernas e que requerem respostas urgentes por parte dos indivíduos e grupos.[81] Um dos significados da palavra eixo é a peça de uma máquina que permite articular outras peças em torno de si. De modo análogo, um eixo transversal é um tema que permite articular os conteúdos e objetivos das disciplinas em torno de si.

A transversalidade pode ser implementada por meio da inserção de conteúdos ambientais nas unidades de ensino de uma disciplina específica. A ideia elementar é fazer a preocupação ambiental penetrar por capilaridade nas disciplinas das matérias básicas, instrumentais e de formação profissional, para que o futuro administrador inclua o meio ambiente e a sociedade em todas as suas decisões. Assim, espera-se que as considerações sobre o meio ambiente e a sociedade fluam naturalmente da mesma forma como ocorre com custo,

[81] PEREZ, 1995, p. 159-173.

Educação e gestão ambiental em cursos de Administração

produtividade, qualidade e outras áreas inerentes ao exercício do profissional de administração.

Porém, a estruturação dos cursos centrada em disciplinas dificulta o tratamento transversal das questões ambientais. Esse fato reflete um ambiente de trabalho no qual a especialização é um fator de sucesso e de prestígio dos profissionais de administração. Também é dificultado pela carência de conhecimento sobre meio ambiente por parte dos professores. Como argumentam Phillippe Junior e Pelicone, qualquer projeto de EA deve contemplar conhecimento científico voltado para a prática e para o conhecimento empírico, além da experiência de cada profissional, pois "pressupõe conhecimentos disciplinares diversos, os quais devem permitir uma visão integral dos problemas e o seu enfrentamento de forma interdisciplinar".[82]

A possibilidade de tratar de questões ambientais transversalmente depende da existência de professores que, além dos conhecimentos específicos das suas disciplinas, tenham conhecimentos em nível elevado sobre meio ambiente para que possam considerá-los objetos de estudos. A formação complementar de que fala a legislação é o caminho, mas não é fácil percorrê-lo, uma vez que os conteúdos das disciplinas específicas tomam mais tempo da formação dos mestres e doutores e serão em função desses conteúdos que eles serão selecionados e avaliados nas instituições de ensino onde atuam como professores.

5.6. Conceitos básicos para EA

De acordo com os documentos das conferências comentadas anteriormente, a EA resulta de uma reorientação e articulação de diversas disciplinas e experiências educativas que possibilite aos indivíduos e grupos alcançar uma compreensão da natureza complexa do meio ambiente, tanto o natural quanto o criado pelos humanos, para que as ações sejam mais racionais e respondam às necessidades sociais. Deve, portanto, transmitir conhecimentos para interpretar fenômenos complexos, estimulando o surgimento de valores éticos, econômicos e estéticos que

---

[82] PHILLIPPE JUNIOR; PELICONE, 2000, p. 4-5.

Educação ambiental na formação do administrador

constituem a base da autodisciplina e do comportamento favorável à conservação e à melhoria do meio ambiente. Atenção especial deve ser dada às inter-relações complexas entre o desenvolvimento socioeconômico e o meio ambiente.[83] Essa educação deve ser necessariamente crítica, pois o avançado estado de degradação ambiental e social, como aquecimento global que ameaça a existência de vida no planeta, desertificações, extinção de espécies, bilhões de humanos vivendo na pobreza, não permitem outro posicionamento.

A EA em qualquer disciplina de um curso de graduação requer uma abordagem que trate as questões ambientais sob diferentes aspectos, como científico, econômico, social, político, cultural, ético, estético, entre outros. Diversas propostas de ordem geral foram feitas para auxiliar a implantação da EA com as características apontadas, como a iniciativa do PNUMA e UNESCO de 1989, portanto alguns anos depois das reuniões de Belgrado e Tbilisi. Dessa iniciativa resultou um livro contendo conceitos básicos e estudos de casos para orientar a EA, cuja elaboração contou com sugestões de educadores ambientais de muitos países. Esses conceitos foram ordenados nas seguintes categorias:

1. nível de ser;
2. ciclos;
3. sistemas complexos;
4. crescimento populacional e capacidade de suporte;
5. desenvolvimento ecologicamente sustentável;
6. desenvolvimento socialmente sustentável;
7. conhecimento e incerteza; e
8. sacralização.[84]

---

[83] Declaração de Tbilisi, recomendação 1.

[84] A apresentação desses conceitos básicos para a EA está baseada no documento *Harvesting one hundredfold: key concepts and cases studies in environmental education*, elaborado por Dornella H. Meadow como parte da iniciativa do PNUMA e Unesco para promover a implementação da EA. Esse documento foi traduzido pela Secretaria do Meio Ambiente do Estado de São Paulo (veja em Referências como acessar o texto). Comentários adicionais foram feitos e outros autores foram citados para complementar as explicações constantes nesse documento.

5.6.1. Níveis de ser

O planeta pode ser pensado em três diferentes níveis de ser: (1) o físico, formado pela atmosfera, hidrosfera e litosfera; (2) a biosfera que abarca todas as espécies vivas; e (3) a tecnosfera ou socioesfera, o mundo criado pelos humanos. Cada nível obedece a suas próprias leis e as dos níveis inferiores: o primeiro nível obedece as leis da física e da química; o segundo, além dessas, obedece as da biologia e da ecologia; e a terceira, todas estas e mais as leis feitas pelos humanos.

Um exemplo de lei física é a lei da entropia, conhecida também como a segunda lei da Termodinâmica (Quadro 5.4). A entropia é um conceito fundamental relacionado com a energia, um elemento central de todos os níveis de ser. A entropia (*en* = em + *trophos* = transformação) é uma medida da energia não disponível resultante das transformações de uma forma a outra de energia. Ou seja, nenhuma transformação é 100% eficiente, sempre alguma quantidade de energia se degrada, geralmente na forma de calor dissipado, não sendo mais disponível para gerar trabalho. A energia usada não pode ser recuperada de modo que sempre será necessário adicionar continuamente novas quantidades de energia para a manutenção da vida de qualquer ser da natureza.

O mesmo vale para as atividades humanas e os artefatos criados, como máquinas, equipamentos e objetos, cuja manutenção depende de adição constante de energia. Qualquer sistema produtivo depende do fornecimento contínuo de energia para continuar funcionando, inclusive os processos para reciclar materiais utilizados. Como todos os sistemas ambientais obedecem as mesmas leis físicas, eles se comportam quase sempre do mesmo modo em todos os lugares, mas apresentam enormes variações entre eles em decorrência das suas complexidades. Leis físicas comuns e grande variedade na manifestação dessas leis caracterizam o planeta. A EA deve levar as pessoas a reconhecer similaridades na diversidade, que do ponto de vista prático significa reconhecer as semelhanças no nível global enquanto interage com as especificidades locais, como expresso pela fórmula: pensar globalmente e agir localmente.

Educação ambiental na formação do administrador

Quadro 5.4 — Termodinâmica: um brevíssimo resumo introdutório

A termodinâmica é uma das muitas vertentes que a Física desenvolveu para explicar os processos físicos e químicos que ocorrem tanto do ponto de vista natural como daqueles gerados pela sociedade. Parte de duas leis básicas que se aplicam a uma grande generalidade de fenômenos.[85] De acordo com a 1ª lei da termodinâmica, a energia do universo é constante. Enunciada de forma geral em 1847 por Hermann Von Helmholtz, essa lei mostra de forma holística que a energia do universo é constante, mas a energia de sistemas muito menores, como o planeta Terra, não. Se gastamos 1 unidade de energia (1 quilocaloria = 1kcal) para elevar 1ºC a temperatura de 1 L de água e depois resfriarmos em 1ºC esse mesmo litro de água, teríamos de volta aquela quantidade de energia (1kcal), o que parece muito coerente e plausível segundo a 1ª lei. Assim, poderíamos ter uma fonte de energia inesgotável, por exemplo, usando um artefato, em um dia quente para resfriar o ar no interior de um veículo e ao mesmo tempo usando a energia retirada do ar para fazer o carro se locomover. Mas por que isso não ocorre?

Situações como a exemplificada acima podem ser elucidadas com a 2ª lei da termodinâmica que decide qual o sentido "da flecha temporal". Essa lei começou a ser formulada por Sadi Carnot (em 1824) e foi terminada por Clausius (em 1850) e Lord Kelvin (em 1851). Pode ser resumida de forma simples como: os processos térmicos ocorrem em um sentido, mas não podem ocorrer em um sentido oposto. Clausius ainda formulou que a entropia do universo tende a um valor máximo, isto é, os elementos presentes no universo (todos os objetos cotidianos, por exemplo) tendem a um estado de "desorganização" máximo.

Uma quantidade de areia no quintal arranjada na forma de um monte pelo dono da casa fornece um exemplo dessa lei. Se nada for feito, a interação dos grãos de areia com o vento, a chuva, as aves e os insetos fará, após alguns meses, a areia se espalhar no quintal e assim sucessivamente até ocupar toda a área do quintal em uma camada muito fina. O contrário não é possível. A mesma areia espalhada pelo quintal todo não irá formar um monte de areia organizado com o passar do tempo. Esta parece ser uma situação inevitável e há aqui uma "flecha temporal" que indica apenas um sentido possível e a sua reversão (a organização espontânea da areia) não ser possível.

Nos processos de produção da vida sempre necessitamos de energia "entrante" no sistema (no caso o planeta Terra). Essa energia vem do Sol. As plantas realizam esse processo por meio da fotossíntese, que produz "açúcares" tal como a glicose ($C_6H_{12}O_6$), o alimento básico que as nutre. Nesse sentido, as cadeias produtivas naturais são "ciclos abertos", dependem permanentemente de energia solar. O mesmo ocorre com os sistemas produtivos humanos. A reciclagem de latas de alumínio não é uma cadeia fechada, embora muitos pensem assim pelo fato de que o material (o alumínio) usado pode voltar a produzir as mesmas latas. Isso é uma verdade em parte, pois a energia usada para fabricar as latas (derreter o alumínio e moldá-lo sob a forma de recipiente) não é aproveitada quando da sua reciclagem. Então mais energia deve ser empregada para a sua nova fabricação. A reciclagem não elimina os gastos crescentes de energia. Nesse sentido, a cadeia energética de um sistema produtivo é sempre um ciclo aberto.

---

[85] As discussões e exemplos foram reproduzidos ou inspirados no livro de NUSSENZVEIG, H. M. *Curso de física básica*. v. 2: Fluidos, oscilações e ondas e calor. São Paulo: Edgard Blücher, 1983.

Educação e gestão ambiental em cursos de Administração

Uma lei da biologia presente em todos os seres vivos é a composição química e a organização de qualquer indivíduo determinadas pelo código genético contido no DNA. Apenas esse código, e não outra característica aprendida ou adquirida ao longo da vida, é transmitido para a próxima geração. Desse modo, o conhecimento adquirido por uma geração só pode ser transferido à outra por meio de ações e esforços humanos específicos que se realizam no nível da sociosfera, regulado pelas leis humanas. Estas, diferentemente das leis dos demais níveis, não são aplicáveis a todos os humanos, mas a grupos sociais específicos e que se modificam ao longo do tempo.

Os vários níveis de ser operam em escalas de tempo muito diferente, por exemplo, uma rocha sujeita ao impacto das ondas do mar pode levar milhares de anos para se desgastar inteiramente; para formar um centímetro de solo agricultável pode levar centenas de anos, mas basta alguns anos de trato cultural inadequado para perdê-lo; uma árvore que fornece madeira de lei pode levar dezenas de anos para alcançar seu tamanho máximo, mas em poucos minutos pode ser abatida. O relato de Aldo Leopold apresentado na Seção 5.4. é um exemplo de escalas diferentes de tempo entre níveis diferentes de ser. Essas diferenças devem ser enfatizadas na EA porque a escala de tempo humano é de curta duração, no âmbito das organizações humanas esse tempo é o horizonte de planejamento que, em geral, não ultrapassa uma dezena de anos.

5.6.2. Ciclos

Outro conceito básico para a EA é o de ciclos, pois os materiais para a sustentação da vida encontram-se em quantidade limitada no planeta. Assim como a energia do Sol, os ciclos de matérias sustentam a vida por meio de processos que interligam o meio físico com os organismos, e como tal interligam todos os seres vivos do presente com os do futuro. Sob este aspecto, o planeta é um sistema praticamente fechado, entra e sai pouca matéria, de modo que a disponibilidade de matérias necessárias à vida depende da sua circulação constante no meio ambiente.

Há diversos ciclos de matérias, os necessários à vida, – como água, oxigênio, carbono, nitrogênio, enxofre, fósforo – são reciclados por meio de ciclos biogeoquímicos. Odum assim explica essa palavra: *bio* refere-se aos organismos vivos; *geo*, às rochas, ar e água; a *geoquímica*, à composição química da Terra e às trocas de elementos entre várias partes da atmosfera, hidrosfera e litosfera,[86] o primeiro nível de ser comentado anteriormente. Os ciclos se combinam para formar mecanismos de controle complexos que mantêm as condições de vida, podendo-se dizer que, sob este aspecto, a Terra pode ser entendida como um organismo vivo que se automantém. Esses ciclos geram serviços ambientais essenciais à vida com qualidade, mas eles podem ser prejudicados pela ação humana. Graças a esses mecanismos uma mesma parcela de solo pode produzir todo ano novos alimentos para a população, desde que os tratos culturais sejam adequados à preservação dos ciclos que a revitalizam disponibilizando os materiais que mantêm o solo fértil.

Os ciclos biogeoquímicos proporcionam serviços ambientais como a purificação do ar pelas plantas, regulação do clima, controle de pragas, entre outros. As atividades humanas podem alterar esses ciclos, um exemplo é o aquecimento global provocado pela emissão de gases de efeito estufa em quantidade muito além da que a Terra é capaz de absorver, outro é a eutrofização provocada pelo aumento de nutrientes industriais em corpos d'água arrastados pelas chuvas. Mas os ciclos podem ser ajudados pela atividade humana, como a devolução dos restos de safra ao solo e intercalação de culturas.

O conceito de ciclos permite à EA desenvolver a ideia de respeito para com as manifestações da natureza. Essas ideias muitas vezes passam despercebidas. Por exemplo, nos centros urbanos é comum associar chuva a tempo ruim, pois prejudica o trânsito e atrapalha os passeios, quando a chuva é um fenômeno natural importante para o abastecimento de água e alimentos, geração de energia de fontes hídricas, manutenção da umidade do ar, entre muitos outros benefícios. Odum e Sarmiento (1998) citam o grande escritor ambientalista John Ruskin, para quem não existe mal tempo, apenas diferentes classes de bom tempo.[87]

5.6.3. SISTEMAS COMPLEXOS

Sistemas complexos são conceitos básicos para a EA porque mostram que tudo está conectado com tudo. O Universo é um todo único no qual as

---

[86] ODUM, 1988, p. 111. Veja também ODUM; BARRETT, 2007, p. 141.
[87] ODUM; SARMIENTO, 1997, p. 122.

Educação e gestão ambiental em cursos de Administração

partes se relacionam sem linhas divisórias definidas. Por exemplo, os ciclos comentados anteriormente se interconectam e envolvem todos os seres vivos. Os ciclos da água, do carbono, do nitrogênio fluem pelos seres vivos, incluindo os humanos e nem sempre isso é percebido, sendo essa uma das questões a serem trazidas pela EA em qualquer nível de ensino.

Sistema é um conjunto de elementos interconectados, constituído de três componentes: elementos, interconexões e objetivos. O sistema digestivo é composto por dentes, língua, esôfago, estômago, intestino, fígado e elementos interconectados por meio de fluxos físicos e sinais químicos reguladores com o objetivo de extrair nutrientes dos alimentos e levá-los para as correntes sanguíneas, descartando as toxinas e os resíduos não aproveitáveis. Um organismo vivo quando morre deixa de ser um sistema, pois seus elementos deixam de se relacionar e se dissipam. Os sistemas naturais possuem uma sintonia fina, estável e flexível, sendo que em geral a diversidade aumenta a flexibilidade e, consequentemente, a capacidade de resistir às mudanças. Ou seja, aumenta a resiliência do sistema, a capacidade de um sistema natural voltar às condições de estabilidade após sofrer um impacto.

No campo da administração, esse conceito é amplamente conhecido e a palavra sistema é usada para quase tudo, sistema de pagamento, de informação, de produtos, de transporte, de segurança, de gestão da qualidade, de gestão ambiental e tantos outros. A entrada em cena do conceito de sistema nesse campo não é recente, tem como marco importante a obra do biólogo alemão Ludwig von Bertalanffy, *Teoria geral dos sistemas.*[88] Em geral, não ocorre nesse âmbito a percepção de que esses sistemas organizacionais se interconectam com outros dos diferentes níveis de ser e a prática da administração tende a reduzir a sua complexidade para torná-los administráveis. A complexidade vista como um problema é uma regra amplamente utilizada, decorrendo daí que reduzir a complexidade é considerado uma boa prática de gestão. Alargar a visão sistêmica com a noção de complexidade, uma tarefa da EA, possibilitaria aos gestores atuar com mais prudência, pois estariam considerando os impactos das suas decisões para além das fronteiras do sistema organizacional, incluindo sistemas concernentes a outros níveis de ser.

---

[88] BERTALANFFY, 1973.

5.6.4. Crescimento populacional e capacidade de suporte

Crescimento populacional e capacidade de suporte ou de carga são questões cruciais que remetem ao centro dos problemas sociais e ambientais. Crescimento exponencial se dá quando a quantidade de alguma coisa (população, níveis de poluição, recursos materiais, dinheiro etc.) cresce mais rapidamente do que a unidade constante de tempo, por exemplo, em uma dada localidade a cada ano a quantidade de fertilizante utilizada pelos agricultores aumenta 5% em relação ao montante do ano anterior. As populações dos organismos vivos tendem a crescer exponencialmente, ou seja, o acréscimo de novos indivíduos é uma função da quantidade existente anteriormente (Quadro 5.5). Capacidade de carga ou de suporte refere-se à quantidade de indivíduos que um sistema natural suporta por períodos ininterruptos. Em sistemas naturais, o tamanho da população dos organismos não humanos é limitado pela capacidade de suporte, porém os sistemas criados pelos humanos, como as cidades, importam recursos de outros sistemas rompendo o limite da capacidade de suporte artificialmente. O conceito de pegada ecológica, comentado na Seção 2.6., trata dessa questão. Crescimento da população humana é uma questão nevrálgica do conceito de desenvolvimento sustentável, assunto discutido em diversas seções anteriores.

O relatório da CMMAD, *Nosso futuro comum*, coloca a manutenção de um nível de população sustentável como um dos objetivos do desenvolvimento sustentável. Não diz o que significa população sustentável, mas infere-se que não é a que está em curso com as taxas de crescimento elevadas, principalmente nos países não desenvolvidos, também não diz o que fazer, pois seria colocar a mão em um vespeiro, uma vez que esse tema envolve questões culturais, religiosas, políticas e de foro íntimo das famílias, só aponta o problema, com destaque para os efeitos do crescimento descontrolado nos países em desenvolvimento.[89]

---

[89] CMMAD, 1991, p. 60.

Educação e gestão ambiental em cursos de Administração

Quadro 5.5 — Crescimento exponencial

O crescimento exponencial é um conceito importante para a EA e não somente com respeito ao crescimento populacional. Os problemas decorrentes da degradação ambiental também crescem exponencialmente, por exemplo, a perda de fertilidade do solo decorrente de práticas agrícolas inadequadas, a infestação de pragas agrícolas pelo uso de agrotóxicos, a redução da população de espécies nativas de livre acesso, como palmito da Mata Atlântica, cardumes de peixes, animais selvagens e árvores de madeira de lei. Lester R. Brown, um dos pioneiros do movimento do desenvolvimento sustentável, apresenta o seguinte exemplo usado para ensinar os escolares sobre a natureza do crescimento exponencial. Em uma lagoa crescem lírios, a cada dia o número de folhas duplica, uma folha no primeiro dia, duas no segundo, quatro no terceiro e assim sucessivamente. Pergunta-se então aos alunos: se no 30º dia a lagoa estiver totalmente cheia de folhas, quando ela esteve cheia pela metade? Resposta: no 29º dia, que, aliás, é o título do livro de Brown.[90] A intenção é mostrar que a visão equivocada do crescimento linear, muito comum no pensamento cotidiano, pode dar uma falsa impressão sobre a gravidade dos problemas, afinal no dia anterior, metade da lagoa ainda não estava coberta de folhas. A compreensão sobre a natureza do crescimento ou decrescimento exponencial gera um sentimento de urgência com respeito às medidas de prevenção e precaução necessárias para enfrentar os desafios socioambientais.

A população humana suscita vários entendimentos, por exemplo, há quem considere que o nível atual de população é insustentável, enquanto outros consideram que o problema não é a quantidade de gente, mas o modo de vida, o que remete às questões do consumo e da pegada ecológica dos países e regiões. Há os que entendem que a população mundial já é insustentável pelo seu tamanho, enquanto outros entendem que o problema é distribuição desigual entre regiões, as mais pobres com maiores taxas de crescimento e, portanto, com mais crianças e adolescentes, faixas etárias que consomem, mas não produzem, ou, pelo menos, não deveriam produzir. Esses dois conceitos, população e capacidade de suporte, estão ligados ao atendimento das necessidades básicas, comentado na seção anterior, ao uso dos recursos naturais para prover a subsistência humana, à conservação dos mecanismos que reciclam matérias essenciais à vida, entre outros. Lembrando que permanecer nos limites da capacidade da Terra é um dos princípios da sociedade sustentável apresentados no Quadro 2.1.

---

[90] BROWN, L.R., 1982, p. 13.

5.6.5. DESENVOLVIMENTO ECOLOGICAMENTE SUSTENTÁVEL

Este conceito básico da EA já foi discutido em outros momentos desse livro sob outros enfoques. O texto do PNUMA e UNESCO considera inicialmente que a riqueza humana e o desenvolvimento econômico derivam e dependem basicamente dos recursos da Terra. Ao longo do tempo diversas teorias foram elaboradas para explicar a origem da riqueza: algumas entendiam que ela vinha da terra, basicamente do solo agrícola e depósitos de minerais; outras, do trabalho ou do capital; e mais recentemente a energia foi colocada como a base de todo valor. Todas estão parcialmente certas, pois os sistemas produtivos requerem terra, trabalho, capital, energia, tecnologia, água, materiais, serviços ambientais, gerenciamento entre outros fatores de produção.

Todos esses fatores se inter-relacionam formando uma pirâmide na qual a base é constituída pelos recursos da Terra, que são os meios fundamentais de produção: as diferentes formas de matéria e energia, tais como luz do sol, água, minerais, solo agrícola, combustíveis e todos os seres vivos, bactérias, abelhas, pássaros, plantas e os seres humanos, como mostra a Figura 5.4. Entre esses recursos estão as informações genéticas dos seres vivos e os ciclos biogeoquímicos, comentados há pouco. Trabalho, capital, energia processada e materiais são os meios intermediários. Aqui estão os bens de capital como máquinas e equipamentos e edificações, os conhecimentos e habilidades humanas. A transformação dos meios fundamentais para os intermediários dependem de conhecimentos e da organização social.

Os meios intermediários são convertidos em bens e serviços necessários à saúde, educação, moradia, transporte, comunicação, riqueza e outros que atendem aos fins intermediários da sociedade. Os fins fundamentais são as metas humanas boas em si mesmas e não como meio para outros fins. São difíceis de ser definidos e medidos e são expressos por meio de substantivos abstratos como felicidade, amor, bem-estar, realização. Enquanto a conversão dos meios intermediários para os fins intermediários é governada pelo sistema político e econômico, a conversão destes fins para os fundamentais se dá por meio de preceitos e percepções advindas da filosofia, ética, religião, cultura e da sabedoria pessoal. Desenvolvimento real significa, segundo esse documento, o aperfeiçoamento das operações em cada estágio da pirâmide, ao mesmo tempo em que preserva a integridade dos meios fundamentais que é de onde tudo se origina. Note que riqueza é um fim intermediário e não um fim em si mesmo, como em geral se observa na maioria dos textos de economia e administração.

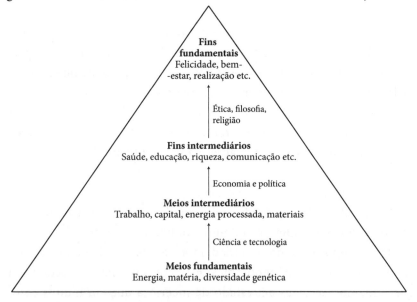

Figura 5.4 — Pirâmide do Desenvolvimento Ecologicamente Sustentável
Fonte: O ESTADO DE S. PAULO, 1999, p. 30

O conceito de desenvolvimento ecologicamente sustentável implica reconhecer o papel da gestão eficiente dos recursos da Terra. E que tanto a escassez quanto a fartura podem trazer problemas ambientais. A primeira leva à frugalidade e à conservação, mas também à avareza e às práticas de aprovisionar o que puder, conforme o ditado popular: "se o angu é pouco, o meu primeiro". A abundância favorece a generosidade, mas também o desperdício e o esbanjamento. Entre esses extremos o meio termo é a suficiência, que permite atender a todos. Esse modo de desenvolvimento implica reconhecer que o desenvolvimento econômico e a defesa do meio ambiente são compatíveis, interdependentes e necessários.

5.6.6. Desenvolvimento socialmente sustentável

Este conceito básico da EA difere do anterior pela ênfase nas pessoas e não no processo de produção. Segundo esse conceito, participação, organização, educação e aumento do poder das pessoas constituem a chave para o desenvolvimento. Ou seja, os recursos básicos para o desenvolvimento são as iniciativas criativas das pessoas, por isso devem ser adequados não só ao meio ambiente, mas também à cultura, à história e aos sistemas sociais locais.

A concepção de que o desenvolvimento sustentável tem como centro das suas atenções as pessoas merece destaque na EA voltada para a formação dos profissionais, pois não raro se esquece de que as atividades produtivas devem servir para proporcionar o bem-estar aos seres humanos. O desenvolvimento para ser sustentável a longo prazo deve ser equitativo, um requisito coerente com a justiça social preconizada pela nova ética socioambiental apresentada no Quadro 5.2.

5.6.7. CONHECIMENTO E INCERTEZA
Estes conceitos referem-se à falta de conhecimento a respeito de como o mundo funciona. Eles permitem reconhecer que orbitamos em torno de dois opostos, ambos verdadeiros, somos notadamente esclarecidos e profundamente ignorantes. Esse conceito implica reconhecer que tomamos decisões em estado de incerteza que em muitos casos podem gerar efeitos negativos irreversíveis. Decorre daí a necessidade de proceder a avaliações e experimentações cuidadosas valendo-se de todos os métodos possíveis, não apenas os objetivos e racionais como os métodos científicos e a aprendizagem, mas também a intuição, a percepção e outros não racionais.

Vale comentar que persistindo a incerteza acompanhada de suspeitas sobre possíveis impactos adversos ao meio ambiente físico, biológico e social, a melhor atitude é a recomendada pelo princípio da precaução constante na Declaração do Rio de Janeiro sobre Meio Ambiente e Desenvolvimento: "quando houver ameaça de danos sérios ou irreversíveis, a ausência de absoluta certeza científica não deve ser utilizada como razão para postergar medidas eficazes e economicamente viáveis para prevenir a degradação ambiental". (Princípio 15).

5.6.8. SACRALIZAÇÃO
Sacralização é um conceito pelo qual se reconhece que a natureza possui seu próprio valor, independentemente do valor que os humanos

Educação e gestão ambiental em cursos de Administração

atribuem a ela. Decorrente desse conceito, nossa atitude em relação aos demais seres da natureza é de reverência. Esse conceito reconhece que um meio ambiente bonito e saudável não é um luxo, mas uma necessidade humana básica, tanto material quanto não material. Reconhece que o relacionamento harmonioso entre os seres humanos e o meio ambiente é essencial ao bem-estar. A EA pode ajudar a tornar esse relacionamento fácil e espontâneo.

Muitos conceitos apresentados aqui requerem uma conciliação entre opostos, como generosidade e frugalidade, ignorância e conhecimento. Os próprios conceitos são aparentemente contraditórios e ao mesmo tempo simultaneamente verdadeiros, em alguns aspectos são novos, outros existem há bastante tempo. Além dos conceitos comentados anteriormente, vale lembrar os citados no Quadro 2.3, a saber: desenvolvimento sustentável, interdependência, necessidades humanas básicas, direitos humanos, democracia e vínculo global-local.

A inclusão desses conceitos nas diversas disciplinas dos cursos de administração formal e não formal permite desenvolver novas compreensões sobre nossas práticas e sobre as concepções errôneas subjacentes a elas, mas que adquiriram um atestado de verdadeiras pela falta de reflexão apropriada. A EA pode provocar essa reflexão considerando os conceitos básicos aqui resumidos.

5.7. DISCIPLINAS ESPECÍFICAS DE EA

A EA não pode ser implementada como disciplina específica nos cursos de graduação, mas como um componente essencial e permanente da educação nacional, devendo estar articulada em todos os níveis e modalidades do processo educativo, em caráter formal e não formal.[91] Desse modo, todos os professores dos cursos de Administração, independentemente das disciplinas que lecionam, devem incluí-la nas suas práticas de ensino. Para atender a esse ditame legal é necessário que os professores desses cursos tenham condições de levar a temática ambiental para as suas disciplinas, o que nem sempre é possível pela falta

---

[91] BRASIL, Lei nº 9.795/1999, arts. 9º e 10º.

Educação ambiental na formação do administrador

de conhecimentos específicos a respeito das questões ambientais concernentes às suas áreas de ensino ou de como incluí-las nas práticas de ensino. Sabiamente a legislação admitiu o oferecimento de disciplinas de EA em cursos de mestrado e doutorado e de extensão.

A Lei nº 9.795/1999 admite a criação de disciplinas específicas apenas nos cursos de pós-graduação, extensão e nas áreas voltadas aos aspectos metodológicos da EA. Nos cursos de formação e especialização técnico-profissional, em todos os níveis, deve ser incorporado conteúdo que trate da ética ambiental das diversas atividades profissionais. A EA deve constar dos currículos de formação de professores de todos os níveis e em todas as disciplinas. Ainda conforme a legislação citada, os professores em atividade devem receber formação complementar na sua área de atuação para atender aos objetivos do PNEA. Essa exigência deve ser estendida ao mestrado e doutorado uma vez que são níveis de educação formal que permitem ou favorecem o ingresso no magistério superior.

Uma disciplina específica de EA em um programa de pós-graduação *stricto sensu* deve, portanto, considerar a EA conforme a legislação brasileira, pois esta não apenas a torna obrigatória, mas estabelece objetivos, conceitos, princípios e recomendações. Desse modo, os temas considerados na legislação e nos documentos das conferências que a embasaram e no Tratado de Educação Ambiental para Sociedades Sustentáveis e Responsabilidade Global, comentados anteriormente, devem ser objeto de estudo dessa disciplina. Entre eles os seguintes:

a. **Meio Ambiente**. Como visto na Seção 5.1., uma das dificuldades para implementar a EA refere-se ao entendimento pouco abrangente a respeito do meio ambiente. Os assuntos a serem tratados nessa unidade de ensino envolvem temas como os seguintes: meio ambiente natural, domesticado e artificial; a evolução histórica da percepção e conscientização sobre os problemas ambientais; problemas ambientais globais, regionais e locais; o movimento ambientalista e sua diversidade de propostas e de entendimentos sobre a relação dos humanos com o meio ambiente. Outro assunto a ser tratado aqui são as diferentes correntes da ética ambiental.

Educação e gestão ambiental em cursos de Administração

b. **Desenvolvimento Sustentável.** A falta de entendimento sobre desenvolvimento sustentável foi apontada como um problema de ordem geral que dificulta a implementação de EA (veja Seção 3.3.). Essa unidade aborda as origens e os motivadores do movimento do desenvolvimento sustentável, os conceitos, objetivos, propostas, o papel dos governos, das empresas e de seus administradores, dos consumidores e outros grupos de parceiros do desenvolvimento sustentável, bem como as polêmicas e objeções.

c. **Educação Ambiental.** Essa unidade de ensino tem como objetivo discutir a EA como instrumento privilegiado de política pública ambiental. Entre os temas a serem tratados estão as diversas correntes de pensamento sobre a educação ambiental, algumas mostradas no Capítulo 1 e os objetivos, princípios e recomendações sobre EA constantes em documentos de conferências intergovernamentais e reuniões de especialistas. Em especial os documentos da Conferência das Nações Unidas sobre o Meio Ambiente Humano de Estocolmo de 1972, Conferência de Belgrado de 1975, Conferência de Tbilisi de 1977, Conferência de Tessalônica de 1997, Conferência das Nações Unidas para o Desenvolvimento e Meio Ambiente de 1992, Conferência de Jomtiem de 1998 e de Dacar de 2000, Cúpula de Johanesburgo de 2002 e o Tratado de Educação Ambiental para Sociedades Sustentáveis e Responsabilidade Global.

d. **A Educação Ambiental no Brasil.** Esta unidade visa apresentar o quadro regulatório sobre a EA, enfatizando o seu *status* constitucional e obrigatório. Alguns temas a serem abordados: o meio ambiente na Constituição Federal, a Carta Brasileira para a Educação Ambiental de 1992, a Política Nacional do Meio Ambiente e a Política Nacional de Educação Ambiental; as instituições relacionadas com a educação ambiental na esfera federal (MEC, MMA, Órgão Gestor da Política Nacional de Educação Ambiental, o Programa Nacional de Educação Ambiental) e nas esferas do Estado e do Município onde o curso estiver sendo realizado.

Educação ambiental na formação do administrador

e. **A prática da educação ambiental.** Como mostrado no Capítulo 2, a legislação nacional estabelece que a EA deve ser implementada segundo as perspectivas multi, inter e transdiciplinar. Alguns temas a serem discutidos são os conceitos básicos para a educação ambiental, as diferenças em relação à gestão ambiental e à EA em programas de treinamento e desenvolvimento em organizações de qualquer tipo e em especial nas empresas.

As práticas de ensino podem ser objeto de outras disciplinas, caso o programa de pós-graduação ou de extensão não tenha nenhuma disciplina sobre metodologia de ensino, o que é muito comum. Qualquer programa de EA deve estar direcionado a alcançar os objetivos gerais constantes na Carta de Belgrado e na Declaração de Tbilisi, no Tratado de Educação Ambiental para Sociedades Sustentáveis, bem como os específicos estabelecidos pela Política Nacional de Educação Ambiental[92] e no ProNEA, apresentados nas Seções 3.2. e 3.3., respectivamente.

[92] BRASIL, Lei n° 9.795 de 1999, art.5°.

Capítulo 6

Gestão ambiental

Administração do meio ambiente ou gestão ambiental, como é mais conhecida, refere-se às diretrizes e atividades administrativas como planejamento, direção, controle, alocação de recursos e outras atividades realizadas com o objetivo de obter efeitos positivos sobre o meio ambiente, quer seja reduzindo ou eliminando os problemas causados pelas ações da organização, quer seja evitando que eles surjam.[1] Os temas de gestão ambiental são tão variados quanto os temas de gestão genericamente considerados. Isso pode ser visto pelos eixos temáticos do Engema — Encontro Nacional de Gestão Empresarial e Meio Ambiente — evento acadêmico periódico promovido pelo Departamento de Produção e Operações da Escola de Administração de Empresas de São Paulo da Fundação Getulio Vargas (EAESP – FGV) e pelo Departamento de Administração da Faculdade de Economia, Contabilidade e Administração da Universidade de São Paulo.[2]

O objetivo do Engema é promover o intercâmbio entre acadêmicos e praticantes de gestão socioambiental, divulgar trabalhos e

---

[1] BARBIERI, 2007, p. 25.

[2] O Engema foi criado em 1991 com o objetivo de congregar pesquisadores, professores e praticantes de gestão ambiental quando ainda havia pouca experiência acumulada nessa área com respeito à realidade brasileira, fato este que dificultava a sua inclusão nos cursos de Administração. Seus criadores foram os professores Isak Krugliansakas da FEA-USP, Walter Delazaro e José Delazaro, ambos da EAESP. Outros autores ligados à gestão ambiental no Brasil coordenaram esse evento como André Carvalho, Carmen Augusta Varela, Denis Donaire, Herman Hrdlica, Luiz Felipe Nascimento, José Carlos Barbieri, José Antonio Puppim de Oliveira, Maurício Dziedzic e Moacir Miranda Oliveira Jr. <http://www.engema.org.br>.

Educação ambiental na formação do administrador

estimular a produção de novos conhecimentos administrativos que atendam às dimensões econômica, social e ambiental da sustentabilidade. Milhares de trabalhos acadêmicos e relatos de experiências foram apresentados e publicados em seus anais, constituindo um amplo repertório de material didático para o ensino de gestão ambiental para todos os níveis de gestão, do operacional ao estratégico, e todas as áreas especializadas da gestão empresarial, tais como administração da produção, marketing, finanças, gestão de pessoas, gestão da inovação, de projetos, do conhecimento etc. Esses trabalhos e relatos na sua maioria referem-se à realidade brasileira, ao seu marco legal e às peculiaridades das atividades econômicas do país. Ao longo do tempo, os eixos temáticos foram se ampliando e hoje a lista é grande, como se vê no Quadro 6.1, e bastante apropriada à realidade brasileira e aos cursos formais e informais de Administração.

6.1. Áreas temáticas

As áreas constantes no Quadro 6.1 são aderentes às áreas de atuação dos administradores e ao conteúdo de formação profissional, um assunto discutido na Seção 4.3. Isso pode ser visto no Quadro 6.2. Alguns temas cabem em mais de um conteúdo, como sistemas de gestão ambiental, indicadores socioambientais e responsabilidade social e gestão de projetos socioambientais. Este, por exemplo, pode ser abordado em disciplinas de finanças, produção e operação, marketing etc. Os temas do eixo 3, "gestão socioambiental em diferentes setores", envolvem um ou mais conteúdos de formação do administrador, por exemplo, gestão ambiental em arranjos produtivos pode ser abordada sob o aspecto estratégico, da cadeia de suprimento, da formação de profissionais, entre outras áreas. As áreas do eixo 4, "tópicos especiais", também são temas de interesse para diversas disciplinas. Note que é nesse eixo que está a educação ambiental empresarial que, sendo de todas áreas, não deve pertencer a nenhuma específica.

Gestão ambiental

Quadro 6.1 — Eixos temáticos em Gestão Ambiental e Áreas Específicas

1. Estratégia socioambiental	• Estratégia empresarial e meio ambiente • Gestão socioambiental e desempenho empresarial • Gestão sustentável da cadeia de suprimento • Gestão tecnológica, meio ambiente e responsabilidade social • Investimentos sustentáveis e Fundos Éticos • Localização industrial, zoneamento ambiental e licenciamento • Marketing verde e social • Modelos de gestão ambiental estratégica • Parcerias interorganizacionais e empreendedorismo socioambiental • Responsabilidade socioambiental empresarial • Riscos ambientais e valor da empresa • Saúde e segurança do trabalho • Tecnologias ambientalmente saudáveis • Tecnologias socioambientais • Inovações para a sustentabilidade
2. Abordagens e técnicas de gestão socioambiental	• Análise de riscos • Auditoria ambiental • Avaliação de impactos ambientais • Avaliação do ciclo de vida • Compras sustentáveis • Contabilidade ambiental • Ecodesign • Ecoeficiência e tratamento de resíduos • Ecologia Industrial • Gerenciamento integrado de resíduos • Gestão de projetos socioambientais • Gestão de recursos humanos para a gestão ambiental • Indicadores socioambientais • Logística reversa • Produção mais limpa • Rotulagem e certificação ambiental • Sistemas de gestão ambiental e de responsabilidade social • Sistemas de gestão integrados • Técnicas de negociação e mediação em questões socioambientais • Técnicas de avaliação e valoração econômica
3. Gestão socioambiental em diferentes setores	• Ecoturismo e turismo sustentável • Gestão socioambiental em agribusiness • Gestão socioambiental em entidades do sistema de saúde • Gestão ambiental em micro, pequena e média empresa • Gestão ambiental em arranjos produtivos locais • Gestão ambiental em setores específicos (transporte, construção civil etc.)

continua >>>

Educação ambiental na formação do administrador

Quadro 6.1 — Eixos temáticos em Gestão Ambiental e Áreas Específicas (continuação)

4. TÓPICOS ESPECIAIS EM GESTÃO SOCIOAMBIENTAL EMPRESARIAL	• Comércio internacional e meio ambiente • Educação ambiental empresarial • Conflitos no âmbito socioambiental empresarial • Consumo sustentável • Marcos regulatórios e normativos socioambientais • Mecanismo de Desenvolvimento Limpo • Redução de pobreza e projetos socioambientais empresariais

Fonte: Engema 2010, Chamada de trabalho (veja: <http://www.engema.org.br>)

Quadro 6.2 — Áreas de atuação do administrador, conteúdos de formação profissional e temas de gestão ambiental

ÁREAS DE ATUAÇÃO DO ADMINISTRADOR (LEI Nº 4.769, DE 09/09/1965)	CONTEÚDOS DE FORMAÇÃO PROFISSIONAL (RESOLUÇÃO CNE 04/2005)	ÁREAS TEMÁTICAS ESPECÍFICAS (QUADRO 5.3)
Administração Financeira Orçamento	Administração Financeira e Orçamentária	• Análise de risco • Contabilidade ambiental • Fundos Éticos • Indicadores socioambientais • Investimentos sustentáveis • Riscos ambientais e valor da empresa • Técnica de avaliação e valoração econômica
Organização e Métodos Programas de Trabalho	Teorias da Administração Teoria das Organizações Administração de Serviços Administração Estratégica Administração de Sistemas de Informações	• Ecologia Industrial • Gestão socioambiental e desempenho empresarial • Gestão sustentável da cadeia de suprimento • Gestão tecnológica, meio ambiente e responsabilidade social • Indicadores ambientais • Modelos de gestão ambiental estratégica • Parcerias interorganizacionais e empreendedorismo socioambiental • Responsabilidade socioambiental empresarial

Gestão ambiental

Administração e Seleção de Pessoal / Recursos Humanos	Administração de Recursos Humanos	• Conflitos no âmbito socioambiental empresarial • Gestão de recursos humanos para a gestão ambiental • Sistemas de gestão ambiental e de responsabilidade social • Técnicas de negociação e mediação em questões socioambientais
Administração da Produção Administração de Materiais	Administração de Materiais, Produção e Logística	• Análise de risco • Avaliação de impactos ambientais • Avaliação do ciclo de vida • Compras sustentáveis • Ecologia Industrial • Estratégia empresarial e meio ambiente • Gerenciamento integrado de resíduos • Gestão sustentável da cadeia de suprimento • Gestão tecnológica, meio ambiente e responsabilidade social • Indicadores socioambientais • Logística reversa • Produção mais limpa • Redução de pobreza e projetos socioambientais empresariais • Rotulagem e certificação ambiental • Sistemas de gestão ambiental e de responsabilidade social • Sistemas de gestão integrados
Administração Mercadológica / Marketing	Administração de Marketing	• Avaliação do ciclo de vida • Consumo sustentável • Estratégia empresarial e meio ambiente • Marketing verde e social • Redução da pobreza e projetos socioambientais empresariais • Rotulagem e certificação ambiental

Fonte: Coluna 1 e 2, Grupo de Trabalho constituído pela Portaria MEC/SESu 3.034/2004, p. 21.
Coluna 3, Engema 2010, chamada de trabalho.

Consumo sustentável também é um tema para reflexão para todos, alunos, administradores e professores, por isso não deve ser tratado em nenhuma área específica (Quadro 6.3). Esse é o tema do Capítulo 4 da Agenda 21, denominado "Mudando os padrões de consumo", para o qual foram estabelecidos dois objetivos: (1) promover padrões de consumo e produção que reduzam as pressões ambientais e atendam às necessidades básicas da humanidade; e (2) desenvolver uma melhor compreensão do papel do consumo e dos meios para implementar padrões de consumo mais sustentáveis.[3] Consumo é um dos temas mais espinhosos para a administração empresarial e para o ensino de administração, pois entre as fontes de competitividade das empresas está a criação de novos produtos e o estímulo ao seu consumo. Muito do que se estuda sob o comportamento do consumidor é exatamente para fazê-lo consumir mais, o que lança dúvidas sobre as possibilidades da administração empresarial de contribuir para desenvolver práticas de produção e consumo sustentáveis, como recomenda a Agenda 21 no Capítulo 30 dedicado às contribuições da indústria e do comércio para o alcance dos objetivos do desenvolvimento sustentável.

Quadro 6.3 — Consumo sustentável

Diversas expressões são usadas para se referir a um novo conceito de consumo adequado às propostas do movimento do desenvolvimento sustentável. Consumo verde, consumo consciente e consumo sustentável são expressões muitas vezes usadas como sinônimas, mas a rigor apresentam muitas diferenças entre elas. Consumo verde enfatiza os aspectos ambientais dos produtos, podendo deixar de lado aspectos sociais importantes. Por exemplo, um automóvel que não polui poderia ser encarado como produto verde sob o aspecto da poluição e seu comprador considerado um consumidor verde. Esse entendimento não leva em conta as questões sociais e políticas relacionadas às necessidades de investimentos públicos associados ao transporte individual que disputam com os necessários para prover transporte coletivo de boa qualidade para a população. Consumo consciente não remete de forma central às questões socioambientais envolvidas no consumo, pois a rigor qualquer pessoa que reflete sobre o que vai consumir, por exemplo, avaliando os custos e benefícios associados à aquisição de um produto, é um consumidor consciente sob este aspecto. Problemas também ocorrem com as expressões consumo responsável e consumo ético, pois há diversos entendimentos sobre ética e responsabilidade.

[3] Agenda 21, Capítulo 4, Seção 4.7.

Gestão ambiental

A expressão consumo sustentável parece ser a mais adequada no quadro da EA com as características apontadas nesse livro. Esse consumo deve estar sintonizado com os dois pactos geracionais que o desenvolvimento sustentável procura cumprir. O pacto entre os membros da geração presente por meio do atendimento das suas necessidades básicas, o que implica em contribuir de modo efetivo para eliminar a pobreza e melhorar a qualidade de vida para todos que ainda não a possuem plenamente. E o pacto com as gerações futuras, significando que o consumo da geração atual não irá prejudicar o atendimento das necessidades básicas das gerações futuras, o que implica em um processo de produção de bens e serviços que minimizem as perdas e o uso de recursos. Por isso, a expressão correta é produção e consumo sustentáveis, pois não é possível ter o segundo sem o primeiro. Além disso, o consumo é apenas uma etapa do ciclo de vida do produto que começa com a exploração de recursos naturais, como comentado na Seção 1.1.

Nenhuma organização ou pessoa pode dizer que é um produtor ou consumidor sustentável, pois sempre haverá possibilidades de melhorias e as incertezas que cercam as questões socioambientais (veja Seção 5.6.7.) não autorizam afirmações categóricas. Produtores e consumidores podem apenas dizer que se esforçam para ser sustentáveis ou menos insustentáveis. Entendimento semelhante está presente na Norma ABNT 16001 sobre sistema de responsabilidade social ao estabelecer que as organizações que criam e operam tais sistemas, segundo os requisitos desta norma, não podem declarar que são organizações socialmente responsáveis, mesmo quando seus sistemas são certificados, podem apenas dizer que possuem um sistema de responsabilidade social certificado.

O Plano de Ação de Johanesburgo, produzido pela Cúpula Mundial sobre Desenvolvimento Sustentável realizada em 2002, enfatiza a necessidade de modificar as modalidades de produção e consumo insustentáveis. Essa questão foi tratada na Seção III desse Plano, que recomendou a criação de um programa decenal para impulsionar as mudanças sugeridas.[4] A criação de programas decenais é usual nas entidades das Nações Unidas, como é o caso do Decênio das Nações Unidas da Educação para o Desenvolvimento Sustentável, comentado na Seção 2.3. O objetivo desses decênios é concentrar esforços para impulsionar algo considerado muito importante, mas que caminha a passos lentos.

O programa decenal criado para acelerar as mudanças nos padrões de produção e consumo é conhecido pela sigla 10 YFP (do inglês: 10 Year Framework Program) e tem como entidades coordenadoras o PNUMA e o Departamento de Assuntos Econômicos e Sociais da ONU. Como parte do esforço para implementar esse programa, o Processo de Marrakesh, criado em 2003, tem entre seus objetivos apoiar o desenvolvimento e implementação de estratégias e iniciativas nacionais e regionais sobre produção e consumo sustentável, desenvolver instrumentos de gestão para implementar essas iniciativas, favorecer a cooperação entre países, regiões e organizações para implementar projetos de produção e consumo sustentável, e aumentar a conscientização do público para efeito das suas decisões de consumo, encorajando-os a adotarem estilos de vida mais sustentáveis.

continua >>>

---

[4] UNITED NATIONS, 2002, Section III, n. 14.

Educação ambiental na formação do administrador

Quadro 6.3 — Consumo sustentável (continuação)

O Processo de Marrakesh criou sete forças-tarefas com base em iniciativas voluntárias para atuar em áreas centrais do desenvolvimento de práticas de produção e consumo sustentáveis, duas delas referem-se a setores econômicos específicos: construção e turismo; uma está voltada para a cooperação com a África, duas tratam de instrumentos e programas de gestão: desenvolvimento de produtos sustentáveis e compras públicas sustentáveis; e duas tratam de questões comportamentais relacionadas com o consumo: estilo de vida sustentáveis e educação para um consumo sustentável.[5]

6.2. Introdução de temas ambientais nos cursos de graduação em Administração

Acompanhando a lógica da EA, os temas de gestão ambiental sempre que possível também devem ser implementados por meio de abordagens transversais nas disciplinas dos cursos. Por exemplo, zoneamento ambiental e licenciamento ambiental podem ser estudados dentro das disciplinas de Administração da Produção, uma matéria de formação profissional, na unidade de ensino relativa à localização industrial. As unidades de ensino que tratam da decisão sobre as escolhas de materiais que a organização deve comprar são oportunidades para discutir questões sobre consumo, responsabilidade expandida do produtor, *dumping* ambiental e outras relacionadas. Nesse momento os alunos estudariam instrumentos de gestão ambiental como a avaliação do ciclo de vida, rótulos ambientais, custos ambientais relativos aos resíduos, legislação aplicável, conexões com os direitos do consumidor, entre outras questões. Muitos temas convencionais da área de Administração da Produção, como gestão da qualidade e da saúde e segurança do trabalho, permitem transitar facilmente para a abordagem de gestão ambiental.

O sistema de gestão da qualidade com base na norma ISO 9001 apresenta correspondência com requisitos dos sistemas de gestão ambiental firmado na norma ISO 14001 e com o sistema de gestão da saúde

---

[5] Sobre o programa decenal 10 YPF e o Processo de Marrakesh, ver: <http://www.unep. en/pcs/marrakech>. Veja também: <http://esa.un.org/marrakeschprocess>. Acesso em 21/11/2010.

Gestão ambiental

e segurança do trabalho baseado na norma OHSAS 18001.[6] O modelo de gestão conhecido por Administração da Qualidade Total (TQM = Total Quality Management) no seu limite leva a necessidade de considerar questões ambientais, dando a oportunidade de transitar para o modelo da Administração da Qualidade Ambiental Total (TQEM = Total Quality Environmental Management), no qual as preocupações relativas à qualidade se somam às ambientais e no mesmo grau de importância (Quadro 6.3). Em outras palavras, o TQEM é a continuação do TQM com ênfase na eliminação de problemas ambientais.

Quadro 6.3 — TQM e TQEM – características principais

ADMINISTRAÇÃO DA QUALIDADE TOTAL (TQM)	ADMINISTRAÇÃO DA QUALIDADE AMBIENTAL TOTAL (TQEM)
Qualidade como dimensão estratégica da organização	Meio ambiente como dimensão estratégica da organização
Liderança da alta administração	
Foco no cliente	
Abordagem por processo	
Participação de todos os funcionários de todos os níveis hierárquicos da organização	
Melhoria contínua	
Meta: defeito zero	Meta: poluição zero

Fonte: Elaboração própria a partir de textos do Gemi 7

O conceito de excelência organizacional do Prêmio Nacional da Qualidade (PNQ), criado e gerido pela Fundação Nacional para a Qualidade (FNQ), é outra oportunidade de entrar com temas socioambientais. Os critérios de excelência da FNQ constituem um modelo sistêmico de gestão de acordo com o conceito de organizações de classe mundial, que são consideradas as melhores do mundo e que se aperfeiçoam continuamente. São oito critérios de excelência usados para avaliar e julgar as organizações candidatas ao Prêmio (Figura 6.1), sendo que o critério "sociedade" só foi introduzido a partir de 2003. Este critério se desdobra

[6] Normas OHSAS, ver: <http://www.ohsas.org>.
[7] GEMI, 1993.

Educação ambiental na formação do administrador

em dois itens: um refere-se à responsabilidade socioambiental e o outro, ao desenvolvimento social. O primeiro trata dos processos gerenciais que contribuem diretamente para a geração de produtos, processos e instalações seguras aos usuários, à população e ao meio ambiente, promovendo o desenvolvimento sustentável. O segundo item do critério "sociedade" refere-se aos processos que contribuem diretamente para estimular o desenvolvimento social ao mesmo tempo em que proporciona uma imagem favorável à organização perante a sociedade de um modo geral e a comunidade do entorno das suas instalações. O Quadro 6.4 apresenta as questões para efeito de diagnóstico da organização quanto a esse critério.

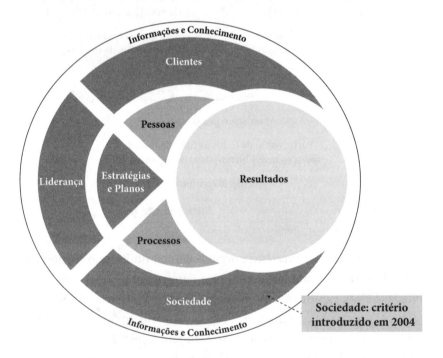

Figura 6.1 — Critérios de Excelência da Fundação Nacional de Qualidade
Fonte: FNQ, 2009, p. 19

Gestão ambiental

Quadro 6.4 — Critério "sociedade": processos gerenciais

Item	Processos gerenciais
Responsabilidade socioambiental	• Como a organização identifica os aspectos e trata os impactos sociais e ambientais negativos de seus produtos, processos e instalações, desde o projeto até a disposição final de resíduos, sobre os quais tenha influência? • Como a organização se mantém preparada e estabelece procedimentos para responder às eventuais situações de emergência e potenciais acidentes visando prevenir ou mitigar os seus impactos adversos na sociedade, incluindo aqueles em comunidades potencialmente impactadas? • Como os impactos sociais e ambientais dos produtos, processos e instalações, assim como as políticas, ações e resultados relativos à responsabilidade socioambiental são comunicados à sociedade, incluindo as comunidades potencialmente impactadas? • Como são identificados e analisados os requisitos legais, regulamentares e contratuais aplicáveis a questões socioambientais e implementadas ações de melhoria visando ao seu pleno atendimento? • Como é propiciada a acessibilidade aos produtos e instalações da organização? • Como a organização seleciona e promove, de forma voluntária, ações com vistas ao desenvolvimento sustentável?
Desenvolvimento social	• Como as necessidades e expectativas da sociedade, incluindo as comunidades vizinhas às instalações, são identificadas, analisadas, compreendidas e utilizadas para definição e melhoria da sua atuação social? • Como a organização direciona esforços para o fortalecimento da sociedade e das comunidades vizinhas, executando ou apoiando projetos voltados para o desenvolvimento nacional, regional, local ou setorial? • Como é avaliado o grau de satisfação da sociedade, incluindo as comunidades vizinhas, em relação à organização? • Como as informações obtidas da sociedade, incluindo comunidades vizinhas, são analisadas e utilizadas para intensificar a sua satisfação e para aperfeiçoar ou desenvolver projetos sociais? • Como avalia e zela por sua imagem perante a sociedade e comunidades vizinhas?

Fonte: FNQ, 2009, p. 52-54.

As disciplinas de marketing oferecem inúmeras possibilidades para incluir as questões ambientais transversalmente, como as indicadas no Quadro 6.2. Muitos temas convencionais dessa área já encaminham para assuntos correlatos aos sociais e ambientais como o caso do

Educação ambiental na formação do administrador

consumerismo, um movimento que desde meados do século passado colocava-se contra o consumismo estimulado pelas práticas abusivas das empresas de estimular o consumo a qualquer preço. Em decorrência desse movimento, surgiram diversas entidades de proteção ao consumidor, legislações sobre esta matéria e iniciativas voluntárias, como os códigos de boas práticas da *International Chamber of Commerce* (ICC).[8] Os tópicos relativos ao consumo como uma questão de cidadania é uma conquista da sociedade organizada da qual derivou um amplo quadro regulatório em que se destaca a defesa do consumidor por parte do poder público, como é o caso, no Brasil, do Código de Defesa do Consumidor.[9]

Como mostra o Quadro 1.1, última linha, entre as estratégias de EA da corrente do desenvolvimento sustentável, está o marketing social, um dos temas de marketing que vem ganhando destaque na atualidade. Kotler e Lee definem o marketing social como

> um processo que aplica os princípios e as técnicas de marketing para criar, comunicar e fornecer valor a fim de influenciar os comportamentos do público-alvo que beneficiem a sociedade (saúde pública, segurança, meio ambiente e comunidade), bem como o público-alvo.[10]

Kotler é um exemplo de autor que evoluiu ao longo do tempo e incorporou as preocupações contemporâneas relativas aos problemas socioambientais sem deixar de ser fiel ao marketing. Conhecido mundialmente por todos os profissionais e estudantes de marketing, talvez o autor mais popular desse segmento, não só fez incursões na área do marketing social, mas lançou, no início de 2010, junto com colegas, um novo conceito de marketing, denominado marketing 3.0. O marketing 1.0 teve início com o desenvolvimento da tecnologia de produção durante a Revolução Industrial, estava centrado em produtos e o seu objetivo era vendê-los para compradores de massa. O marketing 2.0 surge com a tecnologia de informação e a internet, a atenção se volta para os consumidores com inteligência, com coração e mente, para satisfazê-los e retê-los por meio da diferenciação como conceito aplicável aos produtos. O marketing 3.0 é

---

[8] ICC, 1987 e 1992.
[9] BRASIL, 1999.
[10] KOTLER; LEE, 2010, p. 73.

voltado para valores, para tornar o mundo melhor. Os elementos básicos da versão 3.0 são: marketing colaborativo, marketing cultural e a ascensão de uma sociedade criativa. Nesta versão, os consumidores são convidados a participar do desenvolvimento de produtos da empresa e da sua comunicação.[11] Para a versão 3.0 do marketing, a sustentabilidade é entendida como valor para o acionista no longo prazo.[12]

Todos os temas típicos de administração para os quais são dedicadas disciplinas específicas têm aberturas para incluir elementos de gestão ambiental. Em estratégia empresarial, por exemplo, não há como desconhecer as demandas da sociedade com respeito às questões sociais e ambientais, e que se traduzem em fatores de competitividade. Os instrumentos típicos de análise estratégica, como a análise SWOT (veja exemplos na Figura 6.2 e Quadro 6.5), a análise da cadeia de valor de Michael E. Porter (veja exemplo na Figura 6.3), o balanced scorecard e outros podem ser utilizados para incorporar a gestão ambiental nessa disciplina.

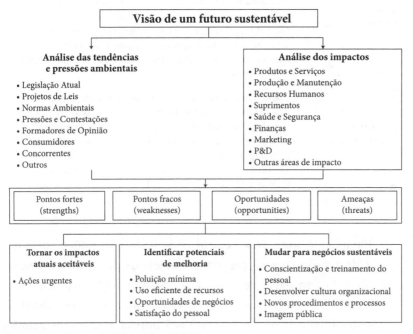

Figura 6.2 — Exemplo de Análise SWOT
Fonte: Adaptado de Welford, 1996.

[11] KOTLER; KARTAJAYA; SETIAWAN, 2010, p. 5-12.
[12] Idem, p. 118.

Educação ambiental na formação do administrador

Quadro 6.5 - Análise SWOT ambiental: um exemplo

Pontos Fortes (Strengths)	• Produtos ambientalmente amigáveis. • Processos eficientes, poupadores de energia e materiais. • Não geração de resíduos tóxicos. • Boa imagem, empresa considerada verde e limpa. • Administração e funcionários comprometidos com a preservação ambiental. • Capacitação em desenvolvimento de novos produtos. • Clima propício para realização de inovações.
Pontos Fracos (Weaknesses)	• Produtos que não podem ser reciclados facilmente. • Embalagens feitas com materiais não recicláveis. • Processos poluidores. • Geração de resíduos perigosos. • Empresa considerada poluidora pela população local. • Administração e funcionários não comprometidos com a preservação ambiental. • Pouca ou nenhuma capacitação.
Oportunidades (Opportunities)	• Entrar em novo mercado. • Estar entre os primeiros a oferecer uma versão ambientalmente amigável de um produto tradicional. • Reduzir custos e economizar recursos. • Garantir a sobrevivência da empresa no longo prazo por meio de uma boa imagem em termos ambientais. • Aumentar o desempenho dos colaboradores estabelecendo novos objetivos.
Ameaças (Threats)	• Regulamentação ambiental exigindo investimentos adicionais ou tornando os produtos não rentáveis. • Ampliação da intervenção estatal contrária à empresa. • Competidores ganhando participação no mercado com produtos verdes. • Diminuição da identificação dos funcionários com a empresa, tornando mais difícil recrutar e reter pessoal.

Fonte: North, 1997, p. 46.

Finanças é uma área central para incluir questões socioambientais de acordo com os conceitos e objetivos do desenvolvimento sustentável. Fazem parte dessa área as questões relacionadas com as atividades fins das organizações financeiras, como a responsabilidade dos agentes financeiros com respeito aos impactos adversos gerados pelas empresas apoiadas financeiramente, os fundos de investimentos sociais, as modalidades de microcrédito, os indicadores de sustentabilidade de empresas com ações cotadas em bolsas, como *Dow Jones*

Sustainability Indexes[13] e o Índice de Sustentabilidade Empresarial (ISE) da Bolsa de Valores de São Paulo (Bovespa).[14]

As disciplinas contábeis incluiriam a identificação dos ativos e passivos ambientais e dos custos e despesas decorrentes dos procedimentos ambientais, como controle da poluição, recuperação de danos e compensações às vítimas, contratação de seguros, taxas, multas, impostos incorridos na aquisição de equipamentos e serviços ambientais, despesas decorrentes da disposição final de resíduos sólidos etc. Economia do meio ambiente e direito ambiental seriam unidades de ensino das disciplinas de economia e direito, respectivamente. Não é exagero afirmar que todas as disciplinas dos cursos de Administração sempre têm algo a ver com meio ambiente e desenvolvimento, sendo esse um dos motivos das resoluções 10 e 11 da Conferência de Tbilisi, comentadas na Seção 2.1.

Figura 6.3 — Análise da cadeia de valor socioambiental: exemplos
Fonte: Porter e Kramer, 2002.

---

[13] Sobre o Dow Jones Sustainability Indexes, veja: <http://www.sustainability-index.com>. Acesso em 28/06/2010.

[14] Sobre o Índice de Sustentabilidade Empresarial, veja: <http://www.bmfbovespa.com.br>. Acesso em 28/06/2010.

O crescimento da legislação ambiental a partir da atual Constituição Federal pouco repercutiu inicialmente nos cursos superiores de Administração. Esse fato contrariava o que ocorria no ambiente empresarial onde se observava um crescente interesse pelo tema ambiental estimulado pela ampla complexidade da legislação ambiental, pelas constantes pressões por parte das entidades da sociedade civil organizada, pelas questões ambientais relacionadas com o comércio internacional e pelo crescimento do número de consumidores que levam em conta aspectos ambientais em produtos, conforme se depreende pelo aumento de artigos em revistas e reuniões técnicas ligados à gestão empresarial.

Nas últimas três décadas foi desenvolvida uma extensa bibliografia nos programas de pós-graduação sobre questões ambientais tratadas do ponto de vista das várias áreas administrativas, produção, marketing, finanças, recursos humanos, desenvolvimento de produtos etc., apresentados em eventos acadêmicos como Engema, Enanpad, SBPO, Simpoi, Sinap e Simpep. O Encontro nacional de pós-graduação em Administração (Enanpad) é o evento mais importante para os cursos de Administração de um modo geral, pois reúne a cada ano uma parcela importante da produção gerada pelos programas de pós-graduação da área. Para 2010, o Enanpad definiu temas relacionados com a sustentabilidade dispersa em diversas áreas, o que é coerente com a perspectiva transversal comentada na seção anterior. Por exemplo, estratégia para a sustentabilidade socioambiental faz parte dos temas da área de estratégia em organizações; inovação e sustentabilidade da gestão de ciência, tecnologia e inovação; operações de cadeias sustentáveis, de gestão de operações e logística; TI verde, inclusão digital e TI e mobilidade, de administração da informação; formação de gestores para sustentabilidade, de gestão de pessoas e relações de trabalho; ensino para a sustentabilidade, da área de ensino e pesquisa em administração e contabilidade.[15]

Uma pesquisa mostrou que em três eventos científicos, Engema, Enanpad e SBPO, foram apresentados 1.222 artigos sobre o tema gestão ambiental nos anos de 2005 e 2006. Desses, as autoras estudaram

---

[15] Sobre as áreas de administração do Enanpad, veja <http://www.anpad.org>. Acesso em 15/11/2010.

Gestão ambiental

detidamente 348 artigos e constataram que são trabalhos não conservadores, com atualizações constantes e 80% envolviam pesquisas empíricas.[16] Esse tema também se tornou frequente nas principais revistas acadêmicas da área de administração, como *RAE, RAP, RAUSP, CAD, Produção, Gestão & Produção*, entre outras. Foi criada uma revista específica sobre o tema: a *Revista de Gestão Socioambiental (RGSA)*.[17] Todo esse esforço no âmbito acadêmico caminha concomitante ao enorme interesse pela gestão ambiental por parte das empresas, governos, instituições de ensino e pesquisa, sindicatos e órgãos de defesa do consumidor.

Nos cursos de graduação em Administração, o crescimento do interesse pelo tema aumentou com a regulamentação atual que tornou os cursos mais flexíveis, permitindo que questões ambientais fossem tratadas nas atividades de formação complementar e disciplinas optativas, o que já faziam algumas como EAESP, FEA-USP, PUC-SP e UFRGS. Outro fator se deve à emergência da gestão ambiental como uma disciplina específica que também se aproveita dessa flexibilidade, podendo ser oferecida inclusive no elenco das disciplinas de formação profissional. Não só o avanço da gestão ambiental nas empresas e a intensa produção acadêmica comentadas anteriormente contribuíram para a consolidação dessa disciplina, como também a elaboração das normas de gestão ambiental da série ISO 14000 pela International Organization for Standardization (ISO) e os problemas relacionados com as barreiras técnicas ao comércio devido às não conformidades de natureza ambiental.

6.3. DISCIPLINA DE GESTÃO AMBIENTAL

Disciplinas específicas sobre gestão ambiental não podem ser consideradas substitutos para a EA. Porém, elas podem cumprir uma função educacional importante ao colocar as questões ambientais em pauta no meio de um elenco de disciplinas diversas que em geral nem tocam nesse assunto por várias razões, dentre elas a falta de tempo para cumprir o programa, a falta de conhecimento dos professores para tratar do

---

[16] ROSA; ENSSLIN, 2007.

[17] *Revista de Gestão Socioambiental*, disponível em <http://www.gestaosocioambiental.net>.

assunto transversalmente e a baixa interação entre eles para se valer de uma abordagem multi, inter e transdisciplinar.

Uma disciplina específica sobre gestão ambiental se justifica pela existência de problemas administrativos variados por causa das múltiplas interações da organização com o meio ambiente e que possuem dinâmicas próprias, apesar de valer-se de outras disciplinas específicas do curso. Situação parecida já ocorreu antes. O movimento da qualidade trouxe o entendimento de que qualidade é produzida com a participação de todos os integrantes da organização, de modo que todos deveriam ser envolvidos independentemente do nível e da função que ocupam. Isso tornou a qualidade um assunto de todas as áreas, inclusive da alta administração. Porém, certas questões sobre qualidade são tão especializadas que não cabem confortavelmente em nenhuma área em particular. Sem disciplinas específicas de qualidade, permaneceria uma lacuna que não seria preenchida adequadamente por nenhuma outra.

Da mesma forma, certos temas ambientais, como sistemas de gestão ambiental, auditoria ambiental, avaliação do ciclo de vida, logística reversa, rótulos ambientais, avaliação do desempenho ambiental e outros seriam mais bem tratados em disciplinas específicas em geral nomeadas Gestão Ambiental. Esta disciplina também contribuiria para uma visão geral dos problemas socioambientais de modo a compensar a visão fragmentada das demais disciplinas.

A disciplina de gestão ambiental será tanto mais ampla em termos de assuntos quanto menos as demais se envolverem com a questão ambiental. Por exemplo, na ausência de tratamento dado ao tema pelas disciplinas de direito, economia e contabilidade, os assuntos referentes à legislação ambiental, economia e meio ambiente e apuração de custos, ativos e passivos ambientais teriam que ser abordados em gestão ambiental. Se em alguma disciplina discutem-se critérios socioambientais para seleção e avaliação de materiais e fornecedores, esse tópico deixaria de constar do programa de gestão ambiental.

A inclusão de aspectos ambientais em produtos seria mais bem tratada nas disciplinas de gestão da inovação tecnológica e marketing, mas, se não for o caso, seria assunto para a disciplina específica. Os exemplos não param por aí. À medida que um tema ambiental viesse a ser abordado adequadamente em uma ou mais disciplinas

Gestão ambiental

convencionais, ele sairia do conteúdo programático de Gestão Ambiental e esta poderia, então, aprofundar os temas remanescentes. Pode ser que no futuro não sobre nenhum, mas enquanto existirem, a gestão ambiental é o lugar deles.

O elenco de temas cobertos pela disciplina de gestão ambiental em cursos de graduação em administração depende de como as demais disciplinas estão incorporando de forma transversal os temas ambientais relacionados. Entre os possíveis temas de uma disciplina para um curso de graduação em administração estariam os seguintes:

a. **Desenvolvimento e meio ambiente**: Os objetivos do desenvolvimento sustentável e o papel dos governos, das empresas e de seus administradores, dos consumidores e outros grupos de parceiros do desenvolvimento sustentável. A Agenda 21 global e a Agenda 21 brasileira. Debates e propostas em curso em entidades multilaterais e regionais e seus reflexos nos níveis nacionais e regionais, locais e empresariais.

b. **Instrumentos de política pública**: O meio ambiente na Constituição Federal; a distribuição de competências entre os entes federados; Política Nacional do Meio Ambiente; O SISNAMA e sua relação com outros sistemas nacionais; a responsabilidade civil objetiva dos entes públicos e privados e a responsabilidade dos seus administradores; a Lei nº 9.605 de 12/02/98 que dispõe sobre sanções penais e administrativas derivadas de condutas e atividades lesivas ao meio ambiente. Instrumentos de comando e controle (padrões de emissão, proibições etc.) e instrumentos econômicos (impostos, taxas, preços públicos etc.). Licenciamento ambiental e Estudo de Impacto Ambiental (EIA/RIMA).

c. **Gestão ambiental em organizações**: Controle da poluição × prevenção da poluição. Estratégia ambiental. Modelos de gestão ambiental (produção mais limpa, ecoeficiência, ecologia industrial etc.). Ecologia industrial. Ciclo de vida do produto e gestão orientada para o ciclo de vida. Avaliação do ciclo de vida; rotulagem ambiental, logística reversa e cadeia de suprimento em circuito fechado.

d. **Instrumentos específicos de gestão ambiental**: Sistema de gestão ambiental: normas internacionais de gestão ambiental;

Educação ambiental na formação do administrador

os requisitos da norma ISO 14001; avaliação da conformidade e certificação. Integração com os sistemas de gestão da qualidade, da segurança e saúde etc. Níveis de integração e métodos. Auditoria ambiental. Indicadores ambientais. Avaliação do desempenho ambiental, avaliação de locais e sítios, gerenciamento de risco ambiental. Comunicação e relatos ambientais.

6.4. Cursos de gestão ambiental

Diante da importância crescente do tema no âmbito das organizações em geral, diversos cursos de graduação em gestão ambiental foram criados a partir dos últimos anos do século passado em diversas instituições de ensino superior (IES), públicas e privadas, tais como Senac de São Paulo, Escola Superior de Agronomia Luiz de Queiroz da Universidade de São Paulo (ESALQ-USP), USP/Zona Leste, Universidade Federal do Paraná, Universidade Estadual do Rio Grande do Sul e Unigranrio. Esses são cursos de Administração com ênfase em gestão ambiental, uma vez que já não existem mais as habilitações conforme comentado na Seção 4.3.

Em geral o currículo desses cursos é constituído por disciplinas típicas de um curso de graduação em Administração (administração financeira, marketing, gestão da produção e operações, gestão de projetos, de pessoas, do conhecimento etc.); por disciplinas básicas de Biologia, Química, Física, Geografia, Geologia, Direito e outras relacionadas com o meio ambiente, tais como química dos poluentes, hidrologia, microbiologia, direito ambiental etc.; e por disciplinas de gestão ambiental, como sistemas de gestão ambiental, avaliação de impactos ambientais, avaliação do ciclo de vida e auditoria ambiental.

A valorização dos profissionais com formação em gestão ambiental tem estimulado o surgimento de incontáveis cursos de gestão ambiental de curta duração do tipo educação continuada para executivos e de pós-graduação *lato sensu*, não raro com a denominação de gestão da sustentabilidade ou equivalente. No âmbito dos programas de pós-graduação *stricto sensu*, diversas linhas de pesquisa estão trabalhando com esse tema, sendo essa a razão da enorme quantidade de artigos

Gestão ambiental

apresentados em eventos científicos da área de administração, como mostrado na Seção 6.2.

De fato, no Diretório de Grupos de Pesquisa do CNPq referente ao censo de 2008 constam 364 grupos de pesquisas com gestão ambiental em sua denominação e 57 com gestão do meio ambiente.[18] Esse número expressivo reflete a importância que esse tema adquiriu na academia brasileira e que por sua vez evidenciam que as demandas sociais estão em sintonia com o movimento do desenvolvimento sustentável.

6.5. Gestão e Educação Ambiental
CAMINHANDO JUNTAS NA PRÁTICA

O alheamento desses cursos em torno dessa temática não se justifica, pois desde que os problemas ambientais foram reconhecidos como graves a ponto de ameaçar o próprio planeta, principalmente depois das conferências de Estocolmo em 1972 e do Rio de Janeiro em 1992, não faltaram propostas apontando para a necessidade urgente de incluir o meio ambiente em todas as decisões empresariais, como também não faltaram exemplos bem-sucedidos de empresas que conseguiram implementar modelos de gestão que buscam uma relação mais harmoniosa com o meio ambiente, como se pode ver em diversos autores brasileiros e estrangeiros.[19]

É preciso reforçar a ideia de que a gestão ambiental como disciplina e a inclusão de temas de gestão ambiental transversalmente nas disciplinas do curso de graduação não se caracterizam como EA. Os objetivos são outros. No entanto, é razoável supor que os cursos de graduação em Administração que oferecem disciplinas específicas de gestão ambiental ou tratam os temas ambientais transversalmente nas disciplinas da sua grade curricular estão mais aptos para implementar a EA conforme estabelece a legislação do país.

[18] Veja os grupos de pesquisa no site do CNPq: <http://www.cnpq.br/buscagrupo>. Acesso em 21/11/2010.

[19] Por exemplo: Donaire, 1998; Graedel, 1995; Wever, 1996; Robert, 2002; Hart, 2005; Savitz e Weber, 2006; Barbieri, 2007; Nascimento, Lemos e Mello, 2008; Seiffert, 2008; Vilela Jr. e Demajorovic, 2010. Referências completas no fim do livro.

Referindo-se especificamente às atividades de uma IES, Dias entende por gestão ambiental um conjunto de medidas e procedimentos que permitam identificar os problemas ambientais gerados pela IES, como poluição e desperdícios, para rever seus critérios de atuação e incorporar novas práticas. Tomando como partida a gestão ambiental, Dias, um dos autores seminais em EA no Brasil, criou um Projeto de Educação Ambiental na Universidade Católica de Brasília, com resultados muito expressivos. A gestão ambiental e a EA se transformam na cara e coroa da mesma moeda, uma ajudando a outra. Por exemplo, a coleta seletiva, ação de gestão para reduzir desperdícios, torna-se um momento privilegiado para discutir o modelo econômico gerador de desperdícios e de desgraças socioambientais.

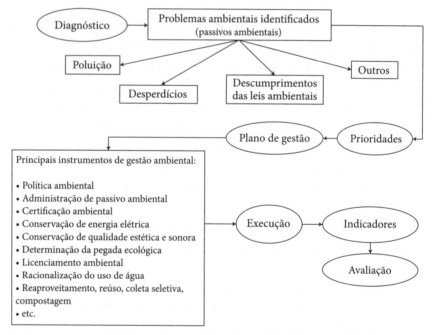

Figura 6.4 — Programa de Educação Ambiental: exemplo
Fonte: DIAS, G. F., 2006, p. 29

A Figura 6.4 ilustra alguns elementos desse programa, que tem como fase inicial a caracterização do perfil ambiental da IES, envolvendo sua cultura, valores, metabolismo energético e material, estrutura, funções e dinâmicas, a partir do qual são estabelecidos objetivos, prioridades, estratégias, recursos institucionais e as técnicas

Gestão ambiental

pertinentes.[20] Como se vê, são atividades típicas de gestão ambiental e em torno delas se desenvolvem as oportunidades de EA. Esse modelo tem sido aplicado com sucesso por diversas empresas.[21]

Em qualquer organização, seja pública, privada ou do terceiro setor, a gestão ambiental sistemática requer a realização de diagnósticos, elaboração de planos e programas, definição de objetivos e prioridades, execução e avaliação de atividades em bases permanentes. A realização dessas ações predispõe as pessoas envolvidas para novas percepções sobre o meio ambiente e pode facilitar as abordagens de EA com vistas a alcançar os objetivos estabelecidos na legislação do país e mencionados na Seção 3.2., dentre eles, desenvolver uma compreensão integrada do meio ambiente em suas múltiplas e complexas relações e fortalecer a consciência crítica sobre a problemática ambiental e social.[22]

A gestão ambiental de uma organização pode ser abordada de modo restrito, atenta apenas aos processos administrativos necessários ao cumprimento das normas legais a que a empresa estiver sujeita. Nesse caso, os processos de gestão enfatizam os processos de controle da poluição, pois a legislação pátria dá atenção especial a esse tipo de atuação. As necessidades de aprendizado no âmbito das empresas são em geral cobertas por meio de treinamento às pessoas que executam atividades administrativas e operacionais relacionadas ao controle da poluição, concentrando atenção em aspectos específicos, tais como procedimentos para avaliar a conformidade de um processo operacional de acordo com uma regulamentação recém-aprovada pelo órgão governamental competente. A transversalidade no processo de ensino e aprendizagem, nesse caso, faz-se pouco necessária, pois seu objetivo é o provimento de conhecimentos e habilidades especializados às pessoas que exercem funções específicas de gestão ambiental; por exemplo, o pessoal encarregado dos resíduos sólidos da empresa do gerente da área aos operadores de empilhadeiras. Esse é o patamar mínimo de gestão ambiental, pois atuar conforme a legislação é uma obrigação de todas as organizações.

---

[20] DIAS, 2006, p. 27-34.

[21] Idem, p. 114.

[22] BRASIL, Lei nº 9.795/1999, art. 5º.

Nesse tipo de gestão ambiental restrita, os treinamentos e outras práticas de transmissão de conhecimentos e desenvolvimento de habilidades, por serem limitados a questões ambientais específicas, em geral não são entendidos como ações de educação não formal, fato que a eximiria da obrigatoriedade legal estabelecida para a EA. O entendimento não se sustenta, pois o Decreto nº 4.281 de 2002 que regulamenta a Lei nº 9.795 de 1999, que institui a PNEA, estabelece que deverão ser criados, mantidos e implementados programas de EA integrados aos processos de capacitação de profissionais promovidos por empresas, entidades de classes, instituições públicas e privadas.[23] Ou seja, considerando que a EA de acordo com essa lei deve estar presente nos programas de treinamento e capacitação das empresas de um modo geral, independentemente do assunto que trata, com mais razão ainda deve estar nos programas que abordam questões próprias de gestão ambiental. A EA ampliaria o escopo da gestão restrita de modo que as pessoas envolvidas nos processos de capacitação se sensibilizem e se conscientizem a respeito dos problemas ambientais e suas implicações sociais, não se restringindo apenas aos aspectos técnicos das funções que exercem. Tomando o exemplo anterior, o gerente responsável pelos resíduos e os seus funcionários exercerão melhor suas funções se estiverem conscientes das questões ambientais amplamente consideradas e não apenas as relacionadas com as suas atribuições.

Outro tipo de gestão ambiental é a que pretende estar em sintonia com as três dimensões da sustentabilidade, conforme discutido na Seção 2.4., que pode ser denominada com maior propriedade de gestão socioambiental. A gestão ambiental refere-se aos processos de planejamento, direção, controle, definição de metas, alocação de recursos, distribuição de tarefas e outros voltados para obter efeitos positivos em termos econômicos, sociais e ambientais. A EA e esse tipo de gestão ambiental possuem pontos em comum que facilitam a convergência entre elas. Por exemplo, ambas incluem a dimensão social como componente essencial e devem ser realizadas de forma transversal como comentado.

---

[23] BRASIL. Decreto 4.281/2002, art. 6º, IV.

Gestão ambiental

Assim, as atividades de gestão socioambiental e de EA se articulam para cumprir os objetivos de ambas, na medida em que se tornam compatíveis e se reforçam mutuamente. A gestão ambiental proativa não espera os problemas acontecerem ou as leis exigirem. Para isso é necessário que as pessoas que atuam na organização adquiram o senso de responsabilidade e de urgência com respeito às questões ambientais, um dos objetivos da EA na Carta de Belgrado. Esse tipo de gestão ambiental requer a participação de todas as pessoas, e não apenas das que realizam funções ambientais administrativas e operacionais, participação esta que será tanto mais engajada quanto mais sensibilizadas e conscientes elas estiverem a respeito do meio ambiente como um todo e dos problemas relacionados com eles.

A gestão ambiental não tem como ser realizada de modo coerente sem uma compreensão sobre o meio ambiente e os impactos das atividades humanas, outro objetivo da EA. Enfim, para que as organizações possam deixar de gerar problemas ambientais e contribuir para solucionar os existentes, que são tão graves que afetam a própria expectativa de sobrevivência humana, elas necessitam de pessoal com percepções, conhecimentos, habilidades e atitudes compatíveis com esse desafio. É, portanto, imensa a importância da EA na formação de futuros administradores.

Referências

ABBAGNANO, N. *História da filosofia*. v. 7. Lisboa: Editorial Presença, 2000 a.

ABBAGNANO, N. *História da filosofia*. v. 8. Lisboa: Editorial Presença, 2000 b.

ABBAGNANO, N. *Dicionário de filosofia*. São Paulo: Martins Fontes, 2007.

ACOT, P. *História da ecologia*. 2. ed. Rio de Janeiro: Campus, 1990.

ALIER, J. M.; SCHLÜPMAN, K. *La ecologia y la economia*. México, DF: Fondo de Cultura Económica, 1991.

ARROW, K; BOLIN, B.; CONTANZA, R.; DASGUPTA, P.; FOLKE, C; HOLLING, C.S.; JANSSON, B.O.; LEVIN, S.; MÄLER, C.G.; PERRINGS, C.; PIMENTEL, D. "Economic growth, carrying capacity, and environment", *Ecological Economics*, n. 15, p. 91-95, 1995.

ASAMBLEA GENERAL DE LAS NACIONES UNIDAS. Resolución 57/254 aprobada en la 78ª sesión plenaria en 20 de enero de 2002. *Decenio de las Naciones Unidas de la Educación para el desarrollo sostenible*. Asamblea General. Nova York, ONU/ Sesión Plenaria, 2002.

ASSEMBLEIA-GERAL DAS NAÇÕES UNIDAS, *Pacto Internacional dos Direitos Econômicos, Sociais e Culturais*. Resolução 2.200-A, 1966. Ratificado pelo Brasil em 24/01/1992.

ASSOCIAÇÃO BRASILEIRA DE NORMAS TÉCNICAS. *NBR ISO 9001:2000*: Sistemas de gestão da qualidade: requisitos. Rio de Janeiro, 2000.

ASSOCIAÇÃO BRASILEIRA DE NORMAS TÉCNICAS. *NBR 16001:2004*: Responsabilidade social: sistema de gestão: requisitos. Rio de Janeiro, 2004.

ASSOCIAÇÃO BRASILEIRA DE NORMAS TÉCNICAS. *NBR ISO 14001:2004*: Sistemas de gestão ambiental: requisitos com orientação para uso. Rio de Janeiro, 2004.

ASSOCIATION FRANÇAISE DE NORMALISATION (AFNOR). *SD 21000*: Développement durable – Responsabilité sociétale des entreprises: guide pour la prise en compte des enjeux du développement durable dans la stratégie et le management de l'entreprise. Paris, 2003.

ACHTERBERG, W. Sustainability and associative democracy. In: LAFFERTY, M.; MEADOWCROFT, J. (orgs.). *Democracy and the environment*: problems and prospects. Cheltenham: Edgar Elgar Publishing, 1997.

AYRES, R. U.; UDO, E. S. Industrial metabolism: theory and policy. In: AYRES, Robert U.; UDO, E. S. *Industrial metabolism*: restructuring for sustainable development. Tokyo: United Nations University Press, 1994.

BARBIERI, J. *Gestão ambiental empresarial*. 2. ed. São Paulo: Saraiva, 2007.

BARBIERI, J. C.; CAJAZEIRA, J. E. R. *Responsabilidade social empresarial e empresa sustentável*: da teoria à prática. São Paulo: Editora Saraiva, 2009.

BELLEN, H. M Van. *Indicadores de sustentabilidade*: uma análise comparativa. Rio de Janeiro: FGV Editora, 2005.

BERTERO, C. O. *Ensino e pesquisa em administração*. São Paulo: Thomson Learning, 2006. Coleção Debates em Administração.

BRASIL. "Lei nº 4.769, de 9 de setembro de 1965. Dispõe sobre o exercício da profissão de Técnicos de Administração, e dá outras providências", *Diário Oficial da União,* Brasília, DF, 13 set. 1965.

BRASIL. Lei nº 4.771, de 15 de setembro de 1965, que estabelece o Código Florestal", *Diário Oficial da União,* Brasília, DF, 5 jan. 1967.

BRASIL. Lei nº 5.197, de 3 de janeiro de 1967. Dispõe sobre a proteção da fauna e dá outras providências", *Diário Oficial da União,* Brasília, DF, 5 jan. 1967.

BRASIL. Decreto nº 61.934, de 1967. Dispõe sobre a regulamentação do exercício da profissão de Técnico de Administração e a constituição do Conselho Federal de Técnicos de Administração, de acordo com a Lei nº 4.769, de 9 de setembro de 1965 e dá outras providências", *Diário Oficial da União,* Brasília, 5 jan. 1968.

BRASIL. Lei nº 6.938, de 31 de agosto de 1981. Dispõe sobre a Política Nacional do Meio Ambiente", *Diário Oficial da União,* Brasília, DF, 3 set. 1981.

Referências

BRASIL. Lei nº 7.321, de 13 de junho de 1985. Altera a denominação do Conselho Federal e dos Conselhos Regionais de Técnicos de Administração, e dá outras providências, *Diário Oficial da União*, Brasília, DF, 14 jun. 1985.

BRASIL. *Constituição da República Federativa do Brasil*. Brasília: Senado Federal, 1988.

BRASIL. Lei nº 8.028, de 12 de abril de 1990. Dispõe sobre a organização da Presidência da República e dos Ministérios, e dá outras providências. *Diário Oficial da União*, Brasília, DF, 13 abr. 1990.

BRASIL. Lei nº 8.078, de 11 de setembro de 1990. Dispõe sobre a proteção do consumidor e dá outras providências. *Diário Oficial da União*, Brasília, DF, 12 set. 1990.

BRASIL. Lei nº 9.131, de 24 de novembro de 1995. Altera dispositivos da Lei nº 4.025 de 20 de dezembro de 1961, e dá outras providências. *Diário Oficial da União*, Brasília, DF, 25 nov. 1995.

BRASIL. Ministério da Educação e Cultura/Conselho Federal de Educação. "Parecer nº 307, de 8 de julho de 1966. Currículo mínimo do curso de graduação em Administração. Brasília, 1996.

BRASIL. Lei nº 9.394, de 20 de dezembro de 1996. Estabelece as diretrizes e bases da educação nacional. *Diário Oficial da União*, Brasília, DF, 23 dez. 1996.

BRASIL. Ministério da Educação/Conselho Nacional de Educação. Parecer nº 776, de 3 de dezembro de 1997. Orientação para as diretrizes curriculares dos cursos de graduação. Brasília, 1997.

BRASIL. Resolução da Câmara de Educação Básica (CEB) nº 2, de 7 de abril de 1998, institui as Diretrizes Curriculares Nacionais para o ensino fundamental. *Diário Oficial da União*, Brasília, 14 abr. 1998.

BRASIL. Lei nº 9.795, de 27 de abril de 1999, que institui a Política Nacional de Educação Ambiental. *Diário Oficial da União*, Brasília, DF, 29 abr. 1999.

BRASIL. Lei nº 9.985 de 18/07/2000 – Regulamenta os incisos I, II, III e IV do §1º do Art. 225 da Constituição Federal, institui o Sistema Nacional de Unidades de Conservação da Natureza (SNUC) e dá outras providências. *Diário Oficial da União*, Brasília, DF, 19 jul. 2000.

BRASIL. Decreto 4.340 de 22/08/2002. Regulamenta artigos da Lei nº 9.985, de 18 de julho de 2000, que dispõe sobre o Sistema Nacional

Educação ambiental na formação do administrador

de Unidades de Conservação da Natureza – SNUC, e dá outras providências. *Diário Oficial da União*, Brasília, DF, 23 ago. 2002.

BRASIL. Ministério do Meio Ambiente; Instituto de Estudos da Religião (ISER). *O que o brasileiro pensa do meio ambiente e do consumo sustentável*: pesquisa nacional de opinião. Relatório de divulgação. Brasília, 2001. Disponível em <http://www.repams.org.br/docunloads/uso%20sust.%20dos%20RN.pdf>. Acesso em 10 set. 2009.

BRASIL. Ministério do Meio Ambiente. Sistema Brasileiro de Informação sobre Educação Ambiental e Prática Sustentável (SIBEA). *Declaração de Brasília para a Educação Ambiental*. Brasília, 1997. Disponível em <http://www.mma.gov.br/port/sdi/ea/decconf.cfm>. Acesso em 26 fev. 2002.

BRASIL. Decreto nº 4.281, de 25 de junho de 2002. Regulamenta a Lei nº 9.795, de 27 de abril de 1999, que institui a Política Nacional de Educação Ambiental, e dá outras providências. *Diário Oficial da União*, Brasília, DF, 26 jun. 2002.

BRASIL. Lei nº 10.933, de 11 de agosto de 2004. Dispõe sobre o Plano Plurianual de 2004/2007. *Diário Oficial da União*, Brasília, DF, 18 ago. 2004.

BRASIL. Ministério da Educação/Conselho Nacional de Educação/Câmara de Educação Superior. Parecer CES/CNE nº 329, de 11 de novembro de 2004. Carga horária mínima dos cursos de graduação, bacharelado, modalidade presencial. Brasília, 2004.

BRASIL. Ministério do Meio Ambiente. Centro de Informação, Documentação Ambiental e Editoração. *Programa Nacional de Educação Ambiental – ProNEA*. 3. ed. Brasília, 2005.

BRASIL. Ministério da Educação/Conselho Nacional de Educação/Câmara de Educação Superior. Resolução nº 1, de 2 de fevereiro de 2004. Institui as diretrizes curriculares nacionais do curso de administração, bacharelado, e dá outras providências. Brasília, 2005.

BRASIL. Ministério da Educação/Conselho Nacional de Educação/Câmara de Educação Superior. Resolução nº 4, de 13 de julho de 2005. Institui as diretrizes curriculares nacionais do curso de administração, bacharelado, e dá outras providências. *Diário Oficial da União*, Brasília, 19 jul. 2005.

Referências

BRASIL. Ministério da Educação/Conselho Nacional de Educação/Câmara de Educação Superior. Parecer CES/CNE nº 23, de 3 de fevereiro de 2005. Retificação da Resolução CNE/CES nº 1 de 2004. Brasília, 2005.

BRASIL. Ministério da Educação/Secretaria de Educação Superior. *Relatório do grupo instituído pela portaria ministerial nº 4.034, de 8 de dezembro de 2004*. Brasília, 2005.

BRASIL. Ministério do Meio Ambiente/Divisão de Educação Ambiental; Ministério da Educação/Coordenação Geral de Educação Ambiental. *Programa Nacional de Educação Ambiental (ProNEA)*. 3. ed. Brasília, 2005.

BRASIL. Decreto nº 6.101, de 26 de abril de 2007. Aprova a estrutura regimental e o quadro demonstrativo dos cargos em comissão e das funções gratificadas do Ministério do Meio Ambiente, e dá outras providências. *Diário Oficial da União*, Brasília, DF, 27 abr. 2007.

BRASIL. Lei nº 11.653, de 7 de abril de 2008. Dispõe sobre o Plano Plurianual para o período 2008/2011. *Diário Oficial da União*, Brasília, DF, 8 abr. 2008.

BRASIL. Ministério do Planejamento, Orçamento e Gestão. Secretaria de Planejamento e Investimentos Estratégicos. *Relatório de Avaliação do Plano Plurianual 2004-2007*: exercício 2008 - ano base 2007. Brasília, 2008.

BRASIL. Órgão Gestor da Política Nacional de Educação Ambiental (OG-PNEA). *Década da Educação para o Desenvolvimento Sustentável*: relatório da pesquisa aplicada junto ao público do V Fórum Brasileiro de Educação Ambiental. Brasília. (Série Documentos Técnicos – 4). Disponível em <http://www.mma.gov.br/estruturas/educamb/_arquivos/dt_04.pdf>. Acesso em 25/04/2009.

BRASIL. Órgão Gestor da Política Nacional de Educação Ambiental (OG-PNEA). *Mapeamento da educação ambiental em instituições brasileiras de educação superior*: elementos para políticas públicas. OG-ProNEA. Documentos Técnicos – 12, <http://www.mma.gov.br/estruturas/educamb/_arquivos/dt_14.pdf>. Acesso em 25/04/2009.

BROWN, L.R. *El vigésimo noveno dia*: las necesidades humanas frente a los recursos de la Tierra. México, D.F.: Fondo de Cultura Económica, 1982.

BUNGE, M. *Sistemas sociales y filosofia*. Buenos Aires: Editorial Sudamerica, 1999.

BÜRGENMEIER, B. *Economia do desenvolvimento sustentável*. Lisboa, Instituto Piaget, 2005.

CALDER, W.; CLUGSTON, R. M. "Progress toward sustainability in higher education", *Environmental Law Institute, News & Analysis*. Washington, DC: Environmental Law Institute, 2003.

CALDWELL, L. K. *Ecologia*: ciência y política medioambiental. Madrid: McGraw-Hill, 1993. 251p.

CAPRA, F. *Ecoliteracy*: the challenge for education in the next century. California, Berkeley, Center for Ecoliteracy, 1999.

CAPRA, F. Como a natureza sustenta a teia da vida. In: CAPRA, F.; STONE, M. K.; BARLOW, Z. (orgs.) *Alfabetização ecológica*: educação das crianças para um mundo sustentável. São Paulo: Editora Cultrix, 2006.

CARROLL, A. B. "A three-dimensional conceptual model of corporate performance", *Academy of Management Review*, v. 4, n. 4, 1979.

CARROLL, A. B. "The piramid of corporate social responsibility: toward the moral management of organizational stakeholders", *Business Horizont*, jul.-ago., 1991.

CASCINO, F. *Educação ambiental*: princípios, história, formação de professores. São Paulo: Editora Senac, 2000.

COIMBA, J. de Á. A. Considerações sobre interdisciplinaridade. In. PHILIPPS, A.; TUCCI, C. E. M; HOGAN, D. J.; NAVEGANTES, R. (edits). *Interdisciplinaridade em ciências ambientais*. São Paulo: Signus Editora, 2000.

COMISSÃO DA COMUNIDADE EUROPEIA. *Communication from the Commission Concerning Corporate Social Responsibility*: a business contribution to sustainable development. Brussels, COM 347 final, 2 jul. 2002.

COMISSÃO MUNDIAL SOBRE MEIO AMBIENTE E DESENVOLVIMENTO. *Nosso futuro comum*. Rio de Janeiro: Fundação Getulio Vargas, 1991.

COMISIÓN SOBRE DESARROLLO SOSTENIBLE (CDS). *Progreso general alcanzado desde la celebración de la Conferencia de las Naciones Unidas sobre el Medio Ambiente y el Desarrollo*: Informe

Referências

del Secretario General. Nova York, ONU/CDS, E/CN.17/1.997/2/Add.26, 1997.

COMMON, M.; STAGL S. *Ecological economics*: an introduction. Reino Unido: Cambridge University Press, 2007.

CONFERÊNCIA DAS NAÇÕES UNIDAS SOBRE MEIO AMBIENTE E DESENVOLVIMENTO. (CNUMAD). *Agenda 21*. Versão em português publicada no *Diário Oficial da União* em 02/08/1994.

CONFERENCIA MUNDIAL SOBRE LA CIENCIA PARA EL SIGLO XXI: UN NUEVO COMPROMISSO. *Declaração de Budapeste*. 26/07/1999. Disponível em <http://www.campus.oei.org.> Acesso em 7 jun. 2002.

CONSTANZA, R.; DALY, H. E.; BARTHOLOMEW, J. A. Goals, agenda and policy recommendations for Ecological Economics. In: CONSTANZA, R. (Org.). *Ecological Economics*: the science and management of sustainability. Nova York: Columbia University Press, 1991.

CORNELL J. B. *John Muir*: my life with nature. Nevada: Dawn Publication, 2000.

CORNELL J. B. *A sharing nature with children*. 2. ed. Nevada: Dawn Publication, 1998.

CORNWELL, J. *Os cientistas de Hitler*: ciência, guerra e pacto com o demônio. Rio de Janeiro: Imago, 2003.

CUMBRE MUNDIAL SOBRE DESARROLLO SOSTENIBLE (CMDS). *Plan de acción de la Cumbre Mundial sobre Desarrollo Sostenible*. Nova York, ONU/CMDS, 4 de setembro de 2002.

CURY, C. R. J. *Lei de Diretrizes e Bases da Educação*. Rio de Janeiro: DP&A Editora, 2004.

DALY, H. E. *A economia ecológica e o desenvolvimento sustentável*. Tradução de John Cunha Comerfort. Rio de Janeiro: Assessoria e Serviços a Projetos em Agricultura Alternativa, 1991. Textos para debates, 21 p.

DARWIN, C. *As origens das espécies*. Porto: Lello & Irmãos Editores, 1931.

DIAS, G. F. *Educação ambiental*: princípios e práticas. São Paulo: Editora Gaia, 1994.

DIAS, G. F. *Educação ambiental*: princípios e práticas. 9. ed. São Paulo: Editora Gaia, 2004.

Educação ambiental na formação do administrador

DIAS, G. F. *Educação ambiental e gestão ambiental*. São Paulo: Editora Gaia, 2006.

DIAS, G. F. *Pegada ecológica e sustentabilidade humana*. São Paulo, Editora Gaia, 2002.

DIEGUES, A. C. *O mito moderno da natureza intocada*. São Paulo: Hucitec, 1996.

DODSON, A. *Pensamiento político verde:* una nueva ideologia para el siglo XXI. Barcelona: Paidós, 1995.

DONAIRE, D. *Gestão ambiental na empresa*. São Paulo: Atlas, 1998.

DOUROJEANNI, M. J.; PÁDUA, M. T. J. *Biodiversidade*: a hora decisiva. Curitiba: Editora da UFPR, 2001.

DRESNER, S. *The principles of sustainability*. Londres: Earthscan, 2002.

DRUCKER, Peter F. *Inovação e espírito empreendedor*. São Paulo: Pioneira, 1986.

EDUCADORES PARA A SUSTENTABILIDADE. "Compromisso por uma educação para a sustentabilidade", *Revista Eureka sobre Enseñanza y Divulgación de las Ciencias,* v. 1, n. 3, 2004.

ELKINGTON, J. *Cannibals with forks*: the triple botton line of 21st century business. Capstone Publishing, 2000.

FIEND, J; TILBURY, D. The global challenge of sustainability. In: TILBURY, D; STENVENSON, R.B; FIEN, D.S. *Education and sustainability*: responding to the global challenge (orgs.). Suíça, Gland, IUCN/Commission on Education and Communication, 2002.

GADIANO, E. G. *Educação Ambiental*. Lisboa: Instituto Piaget, 2005 a.

GADIANO, E. G. Interdisciplinaridade e educação ambiental: explorando novos territórios epistêmicos. In: SATO, M.; CARVALHO, I. *Educação ambiental:* pesquisa e desafios. Porto Alegre: Artmed, 2005 b.

GADOTTI, M. *Pedagogia da Terra*. São Paulo: Peirópolis, 2000.

GALBRAITH, K. *A era da incerteza*: história das ideias econômicas e suas consequências. 2. ed. São Paulo: Pioneira, 1980.

GANDAVO, P. M. *Tratado da terra do Brasil:* história da província de Santa Cruz. Belo Horizonte: Itatiaia; São Paulo: Edusp, 1980.

GARCIA, R. Interdisciplinariedad y sistemas complejos. In: *Educación ambiental para el desarrollo sustentable*. Buenos Aires: Escuela de Educación Pedagógica y Sindical Marina Viste; Confederación de

Referências

Trabajadores de la Educación de la República Argentina (CTE-RA), 1999.

GARRARD, G. *Ecocrítica*. Brasília: Editora da Universidade de Brasília (UnB), 2006.

GLOBAL ENVIRONMENTAL MANAGEMENT INITIATIVE (GEMI). *Total quality environmental management*: the primer. Nova York: GEMI, 1993.

GOVERNO DO ESTADO DE SÃO PAULO; INTERNATIONAL UNION FOR CONSERVATION OF NATURE (IUCN); UNITED NATIONS ENVIRONMENT PROGRAM (PNUMA); WORLD WILD FUND (WWF). *Cuidando do planeta Terra*: uma estratégia para o futuro da vida. São Paulo, Governo do Estado de São Paulo, 1991.

GRAEDEL, T. E.; ALLENBY, B. R. *Industrial ecology*. New Jersey: Prentice Hall, 1995.

HÆCKEL, E. *A história da criação dos seres organizados segundo as leis naturais*. Porto: Lello & Irmãos Editores, 1961.

HÆCKEL, E. *Os enigmas do universo*. Porto: Lello & Irmãos Editores, 1926.

HART, S. *Capitalism at the Crossroads*. Wharton School of Publishing, 2005.

HASSELINK, F.; KEMPEN, P. P, van; WALS, A. International debate on education for sustainable development (ESDebate). International Union for Conservation of Nature and Natural Resource (IUCN)/Comission on Education and Comunication (CEC). Gland, Suíça, 2000. Disponível em <http://www.iucn.org>. Acesso em 21/03/2005.

HOLLAND, A. Sustainability, In: JAMIESON, Dale (Org.) *A companion to environmental philosophy*. Londres: Blackwell Publishing, 2003.

HOPKINS, C.; McKEOWN, R. Education for sustainable development: an international perspective. In: TILBURY, D.; STEVENSON, R.B.; FIEN, J.; SCHREUDER, D. *Education and sustainability*: responding to the global challenge. Gland, Suíça, IUCN Commission on Education and Comunication, 2002.

HUTCHISON, D. *Educação ecológica*: ideias sobre consciência ambiental. Porto Alegre: Artmed, 2000.

INSTITUTO ETHOS DE EMPRESAS E RESPONSABILIDADE SOCIAL. *Processos gerenciais*: Responsabilidade social empresarial. São Paulo: Instituto Ethos, 2005.

INSTITUTO NACIONAL DE ESTUDOS E PESQUISAS EDUCACIONAIS ANÍSIO TEIXEIRA (INEP). *Mais de 70% dos alunos do ensino fundamental têm educação ambiental*. INEP/Sala de Imprensa. Disponível em <http://www.inep.gov.br/imprensa/notícias/censo/escolar/news02_05_1mp.htm>. Acesso em 24/09/2009.

INTERNATIONAL CHAMBER OF COMMERCE (ICC). *ICC International code of practice on direct marketing*. Paris: ICC, 1992.

INTERNATIONAL CHAMBER OF COMMERCE (ICC). *International code of advertising practice*. Paris: ICC, 1987.

INTERNATIONAL ORGANIZATION FOR STANDARDIZATION (ISO). *ISO/FDIS 26000*: Guidance on social responsability. Genebra: ISO, 2010.

INTERNATIONAL UNION FOR CONSERVATION OF NATURE (IUCN); UNITED NATIONS ENVIRONMENT PROGRAM (PNUMA) & WORLD WILD FUND (WWF). *World conservation strategy*: living recourse conservation for sustainable development. Gland, Suíça, 1980.

INTERNATIONAL UNION FOR CONSERVATION OF NATURE (IUCN); UNITED NATIONS ENVIRONMENT PROGRAM (PNUMA) & WORLD WILD FUND (WWF). *Carring for the Earth*: a strategy for sustainable living. Gland, Suíça, 1991.

JONAS, H. *El principio de responsabilidad*: ensayo de una ética para la civilización tecnológica. Barcelona: Editorial Herder, 1995.

JONAS, H. *Pensar sobre Dios y otros ensayos*. Barcelona: Editorial Herder, 1992.

KANT, I. *Fundamentação da metafísica dos costumes e outros escritos*. São Paulo: Martin Claret, 2003.

KARLQVIST, A. "Going beyond disciplines: the meanings of interdisciplinary", *Policy Science*, n. 32, p. 379-383, 1999.

KIRPATRICK, S. *Inimigos do futuro*. Rio de Janeiro: Record, 1999.

Referências

KOTLER, P.; LEE, N.R. *Marketing contra a pobreza*. Porto Alegre: Bookman e Wharton School Publishing, 2010.

KOTLER, P.; KARTAJAYA, H.; SETIAWAN, I. *Marketing 3.0*: as forças que estão definindo o novo marketing centrado no ser humano. Rio de Janeiro: Campus, 2010.

LÉLÉ, S. M. "Sustainable development: a critical review", *World Development*, v. 19, n. 6, p. 607-621, 1991.

LEOPOLD, Aldo. *A sand county almanac*: and sketches here and there. Nova York: Oxford University Press, 1987. Primeira edição de 1949, publicada um ano após a morte do seu autor.

LÉRY, J. *Viagem à terra do Brasil*. São Paulo: Livraria Martins, 1941.

MARQUES, M.; HADDAD, J.; MARTINS, A. R. S. *Conservação de energia*: eficiência energética de equipamentos e instalações. Itajubá: Universidade Federal de Itajubá e Eletrobrás/Procel Educação, 2006.

MARTINS, C. B. "Surgimento e expansão dos cursos de administração no Brasil", Ciência e Cultura, v. 7, n. 41, p. 663-676, jul. 1989.

MASSON, J. M.; McCARTHY, S. *Quando os elefantes choram*: a vida emocional dos animais. São Paulo: Geração Editorial, 2001.

McCORMICK, J. *Rumo ao paraíso*: a história do movimento ambientalista. São Paulo, Relume-Dumará, 1992.

McNEILL, J. *Something new under the sun*: an environmental history of the twentieth century. Londres: Penguin Books, 2000.

McKEOWN, R. *Manual de educación para el desarrollo sostenible*. Universidade do Tennessee/Centro de Energia, Medio Ambiente y Recursos. Julho de 2002. Disponível em <http://www.edstoolkit. org>. Acesso em 27/03/2005.

MILLER Jr., G. T. *Ciência ambiental*. São Paulo: Cengage Learning, 2008.

MOTTA, F. C. P. *Teoria geral da administração*. 9. ed. São Paulo: Biblioteca Pioneira de Administração e Negócios, 1981.

MUIR, J. *Travels in Alaska*. Disponível em <http://www.dominiopublico. gov.br/download/texto/gu007345.pdf>. Acesso em 25/02/2010.

MUNFORD, L. *A condição de homem*: uma análise dos propósitos e fins do desenvolvimento humano. Rio de Janeiro: Editora Globo, 1955.

NAESS, A. The deep ecology movement: same philosophical aspects. In: LIGHT, A.; ROLSTON III, H. *Environmental ethics:* an anthology. Londres: Blackwell Publishing, 2003. Reimpressão de artigo de 1998.

NASCIMENTO, L. F.; LEMOS, A. D. C; MELLO, M. C. A. *Gestão socioambiental estratégica.* Porto Alegre: Bookman, 2008.

NICOLESCU, B. Um novo tipo de conhecimento: transdisciplinaridade. In: *Educação e transdisciplinaridade,* Brasília: UNESCO, 2000.

NORGAARD, R. B. *Development betrayed:* the end of progress and co-evolutionary revisioning of the future. Londres: Routledge, 1994.

NORTH, K. *Environmental business management:* an introduction. (Management Development Series n. 30, 2. ed). Genève, International Labor Office (ILO), 1997.

NUSSENZVEIG, H. M. *Curso de Física Básica* volume 2 – Fluidos, Oscilações e Ondas e Calor. São Paulo: Ed. Edgard Blücher, 1983.

O'RIORDAN, T. Democracy and the sustainability transition. In: LAFFERTY, W.M.; MEADOWCROFT, J. (orgs.) *Democracy and the environment:* problems and prospects. Cheltenham: Edward Elgar Publishing, 1997.

ODUM, E. P.; BARRET, G. W. *Fundamentos de ecologia.* São Paulo: Thomson Learning, 2007.

ODUM, E. P. *Fundamentals of Ecology.* Filadelfia, Sauders, 1953. No Brasil, o livro desse autor, *Ecologia,* publicado pela Editora Guanabara e que alcançou grande sucesso, é a primeira parte de *Fundamentals of Ecology.*

PALMER, J. A. *Environmental Education in the 21th century.* Londres: Routledge, 1998.

PEDRINI, A. G. "Educação Ambiental para o desenvolvimento sustentável ou sociedade sustentável? Uma breve reflexão para a América Latina", *Revista Educação Ambiental em Ação,* v. 17, 2006.

PEPPER, David. *Modern environmentalism:* an introduction. Londres: Routledge, 1996.

PEREZ, J. G. *La educación ambiental:* fundamentos teóricos, propuestas de transversalidad y orientaciones extracurriculares. Madrid: Editorial la Muralla, 1995.

PHILIPPE JUNIOR, A.; PELICONE, M C. F. (orgs.) Alguns pressupostos da educação ambiental. In: *Educação ambiental:* desenvolvimento de cursos e projetos. São Paulo: Signus Editora, 2000.

Referências

PORRIT, J. *Actuar con prudencia*: ciencia y medio ambiente. Barcelona: Blume, 2003.

PORTER, M.E. *Vantagem competitiva*: criando e sustentando um desempenho superior. Rio de Janeiro: Campus, 1989.

RIECHMANN, J. *Aldo Leopold*: una ética de la Tierra. Madrid: Los Libros de la Cantarata, 1999. Coleção Clásicos del pensamiento crítico.

ROBÈRT, K. H. *The natural step*: a história de uma revolução silenciosa. São Paulo: Cultrix, 2002.

ROSA, F. S.; ENSSLIN, S. R. A gestão ambiental em eventos científicos: um estudo exploratório nos eventos avaliados segundo critério Qualis CAPES. In: ENCONTRO NACIONAL SOBRE GESTÃO AMBIENTAL E MEIO AMBIENTE (Engema), 9, *Anais em CD Rom*, Curitiba, 2007.

SACHS, I. *Estratégias de transição para o século XXI*: desenvolvimento e meio ambiente. São Paulo: Studio Nobel e Fundação de Desenvolvimento Administrativo (Fundap), 1993.

SANDRONI, P. *Dicionário de economia do século XXI*. São Paulo: Record, 2006.

GOVERNO DO ESTADO DE SÃO PAULO, Secretaria do Meio Ambiente. *Meio ambiente e desenvolvimento*: documentos oficiais: Organização das Nações Unidas e Organizações Não Governamentais. São Paulo, 1993. Série Documentos.

SAUVÉ, L. "Currents in environmental education: mapping a complex and evolving pedagogical field", *Canadian Journal of Environmental Education*, v. 10, p. 11-37, primavera, 2005.

SAUVÉ, L. "Educação ambiental: possibilidades e limitações", *Educação e Pesquisa*, v. 31, n. 2, p. 317-322, maio-ago. 2005b. Tradução de artigo publicado na Revista de Educação Científica, Tecnológica e Ambiental da Unesco, v. 32, n. 1, 2002.

SAVITZ, A.W; WEBER, K.. *The triple bottom line*: how today's best-run companies are achieving economic, social and environmental success and how you can too. San Francisco: John Willey & Sons, 2006.

SEIFFERT, M.E.B. *ISO 14001 sistema de gestão ambiental*: implantação objetiva e econômica. São Paulo, Atlas, 2008.

SERRES, M. *O contrato natural*. Rio de Janeiro: Nova Fronteira, 1991.

SHRIVASTAVA, P. "Ecocentric management for a risk society", *The Academy of Management Review*. v. 1, n. 20, p. 118-137, jan. 1995.

SCHUMACHER, E. F. *O negócio é ser pequeno*: um estudo de economia que leva em conta as pessoas. Rio de Janeiro: Zahar Editores, 1979. Primeira edição em inglês, 1973.

SCHWARTZ, E. *A inflação da técnica*: o declínio da tecnologia na civilização moderna. São Paulo: Edições Melhoramentos, 1975.

SLYWORTZKI, A. J.; MORRISON, D. J. *A estratégia focada no lucro*: desvendando o segredo da lucratividade. Rio de Janeiro: Campus, 1998.

SOCIETY OF ENVIRONMENTAL TOXICOLOGY AND CHEMISTRY (SETAC); UNITED NATIONS ENVIRONMENT PROGRAM (UNEP). *Life cycle management*: a business guide to sustainability. Genebra: SETAC; UNEP, 2007.

SORRENTINO, M. De Tbilisia a Thessaloniki: a educação ambiental no Brasil. In: *Educação, meio ambiente e cidadania*: reflexões e experiências. São Paulo, Secretaria de Estado do Meio Ambiente/ Coordenadoria de Educação Ambiental, 1998.

STERN, D. I. "Rise and fall of the Environmental Kuznets Curve", *World Development*, v. 32, n. 8, p 1419-1439, 2004.

THOMAS, K. *O homem e o mundo natural*. São Paulo: Cia das Letras, 1983.

UNESCO. *Conferencia Intergubernamental sobre Educación Ambiental Celebrada en Tbilisi*: Informe Final. Paris: Unesco, 1997a.

UNESCO. *Educación para um futuro sostenible*: una visión transdisciplinaria para una acción concertada. Paris, Unesco, EPD-97/CONF.401/CLD.1, 1997b.

UNESCO. *Education for sustentabilidade*: from Rio to Johannesburg: lessons learnt from a decade of commitment. Paris: Unesco, 2002.

UNESCO/COMISSÃO MUNDIAL DA CULTURA E DESENVOLVIMENTO. *Nossa diversidade criadora*. Paris: Unesco; Campinas: Papirus, 1997.

UNESCO/PNUMA. *Estrategia internacional de acción en materia de educación y formación ambientales para el decenio de 1990*. Paris: Unesco, 1991.

Referências

UNITED NATIONS. Plan of Implementation on the World Summit on Sustainable Development. Washington, United Nations, 2002. Disponível em <http://www.un.org/esa/sustdev/documents>. Acesso em 25/10/2010.

URWICK, L.; BRECH, E. F. L. *La historia del management*. Barcelona: Oikos-tao ediciones, 1970.

VESPÚCIO. A. *Novo mundo*: as cartas que batizaram a América. São Paulo: Planeta, 2003. Com apresentação e notas de Eduardo Bueno.

VÁSQUEZ, A. S. *Ética*. São Paulo: Civilização Brasileira, 1999.

VICENTE DO SALVADOR, Frei. *História do Brasil – 1500-1627*. Belo Horizonte: Itatiaia; São Paulo: Edusp, 1982.

VINCENT, A. *Ideologias políticas modernas*. Rio de Janeiro: Jorge Zahar Editores, 1995.

VILELA JÚNIOR, A.; DEMAJOROVIC, J. *Modelos de ferramentas de gestão ambiental*: desafios e perspectivas para as organizações. São Paulo: SENAC, 2010.

VILLENEUVE, C. *Qui a peur de l'an 2000?*: guide d'education relative à l'environnement pour le développement durable. Paris: Unesco, 1998.

WACKERNAGEL M; REES, W. *Our ecological footprint*: reducing human impact on the Earth. Gabriola Island: New Society Publisher, 1995.

WASSERMAN. N. M. *From invention to innovation*: long-distance telephone transmission at the turn of century. Baltimore: The John Hopkins University Press, 1985.

WELFORD, R. *Corporate environmental management*: systems and strategies. Londres: Earthscan, 1996.

WEVER, G. *Strategic environmental management*: using TQEM and ISO 14000 for competitive advantage. Nova York: John Wiley and Sons, 1996.

WINTHER, J R. C. Parecer técnico jurídico sobre a PNEA — Política Nacional de Educação Ambiental — Lei nº 9.795 de 27 de abril de 1999. In: *Educação Ambiental Legal*. Brasília: Ministério da Educação/Secretaria de Educação Fundamental, 2002.

WORLD BANK. *World development report, 1992*. Nova York: World Bank and Oxford University Press, 1992.

Anexo 1

Declaração do Rio de Janeiro sobre meio ambiente e desenvolvimento

A Conferência das Nações Unidas sobre o Meio Ambiente e Desenvolvimento tendo se reunido no Rio de Janeiro, de 3 a 14 de junho de 1992, reafirmando a Declaração da Conferência das Nações Unidas sobre o Meio Humano, aprovada em Estocolmo em 16 de julho de 1972, e baseando-se nela com o objetivo de estabelecer uma aliança mundial nova e equitativa por meio da criação de novos níveis de cooperação entre os Estados, os setores-chave da sociedade e as pessoas, procurando alcançar acordos internacionais em que se respeitem os interesses de todos e seja protegida a integridade do sistema ambiental e de desenvolvimento mundial, reconhecendo a natureza integral e interdependente da Terra, nosso lar, proclama que:

PRINCÍPIO Nº 1 – Os seres humanos estão no centro das preocupações com o desenvolvimento sustentável. Têm direito a uma vida saudável e produtiva, em harmonia com o meio ambiente.

PRINCÍPIO Nº 2 – Os Estados, em conformidade com a Carta das Nações Unidas e os princípios do Direito Internacional, têm o direito soberano de explorar os seus próprios recursos, segundo suas próprias políticas de meio ambiente e desenvolvimento, e a responsabilidade de assegurar que atividades sob sua jurisdição ou controle não causem danos ao meio ambiente de outros Estados ou de áreas além dos limites da jurisdição nacional.

PRINCÍPIO Nº 3 – O direito ao desenvolvimento deve ser exercido de modo a permitir que sejam atendidas equitativamente as necessidades de gerações presentes e futuras.

Educação ambiental na formação do administrador

PRINCÍPIO Nº 4 – Para alcançar o desenvolvimento sustentável, a proteção ambiental deve constituir parte integrante do processo de desenvolvimento, e não pode ser considerada isoladamente deste.

PRINCÍPIO Nº 5 – Todos os Estados e todos os indivíduos, como um requisito indispensável para o desenvolvimento sustentável, devem cooperar na tarefa essencial de erradicar a pobreza, de forma a reduzir as disparidades nos padrões de vida e melhor atender às necessidades da maioria da população do mundo.

PRINCÍPIO Nº 6 – A situação e necessidades especiais dos países em desenvolvimento, em particular dos países de menor desenvolvimento relativo e daqueles ambientalmente mais vulneráveis, devem receber prioridade especial. Ações internacionais no campo do meio ambiente e do desenvolvimento devem também atender aos interesses e as necessidades de todos os países.

PRINCÍPIO Nº 7 – Os Estados devem cooperar, em um espírito de parceria global, para a conservação, proteção e restauração da saúde e da integridade do ecossistema terrestre. Considerando as distintas contribuições para a degradação ambiental global, os Estados têm responsabilidades comuns, porém diferenciadas. Os países desenvolvidos reconhecem a responsabilidade que têm na busca internacional do desenvolvimento sustentável, em vista das pressões exercidas por suas sociedades sobre o meio ambiente global e das tecnologias e recursos financeiros que controlam.

PRINCÍPIO Nº 8 – Para atingir o desenvolvimento sustentável e a mais alta qualidade de vida para todos, os Estados devem reduzir e eliminar padrões insustentáveis de produção e consumo e promover políticas demográficas adequadas.

PRINCÍPIO Nº 9 – Os Estados devem cooperar com vistas ao fortalecimento da capacitação endógena para o desenvolvimento sustentável, pelo aprimoramento da compreensão científica por meio do intercâmbio de conhecimento científico e tecnológico, e pela intensificação do desenvolvimento, adaptação, difusão e transferência de tecnologias, inclusive de novas e inovadoras.

PRINCÍPIO Nº 10 – A melhor maneira de tratar questões ambientais é assegurar a participação, no nível apropriado, de todos os cidadãos interessados. No nível nacional, cada indivíduo deve ter

Anexo 1

acesso adequado a informações relativas ao meio ambiente de que disponham autoridades públicas, inclusive informações sobre materiais e atividades perigosas em suas comunidades, bem como a oportunidade de participar em processos de tomada de decisões. Os Estados devem facilitar e estimular a conscientização e a participação pública, colocando a informação à disposição de todos. Deve ser propiciado acesso efetivo a mecanismos judiciais e administrativos, inclusive no que diz respeito à compensação e reparação de danos.

PRINCÍPIO Nº 11 – Os Estados devem adotar legislação ambiental eficaz. Padrões ambientais e objetivos e prioridades em matéria de ordenação do meio ambiente devem refletir o contexto ambiental e de desenvolvimento a que se aplicam. Padrões utilizados por alguns países podem resultar inadequadamente para outros, em especial países em desenvolvimento, acarretando custos sociais e econômicos injustificados.

PRINCÍPIO Nº 12 – Os Estados devem cooperar para o estabelecimento de um sistema econômico internacional aberto e favorável, propício ao crescimento econômico e ao desenvolvimento sustentável em todos os países, de modo a possibilitar o tratamento mais adequado dos problemas da degradação ambiental. Medidas de política comercial para propósitos ambientais não devem constituir-se em meios para a imposição de discriminações arbitrárias ou justificáveis ou em barreiras disfarçadas ao comércio internacional. Devem ser evitadas ações unilaterais para o tratamento de questões ambientais fora da jurisdição do país importador. Medidas destinadas a tratar de problemas ambientais transfronteiriços ou globais devem, na medida do possível, basear-se em um consenso internacional.

PRINCÍPIO Nº 13 – Os Estados devem desenvolver legislação nacional relativa à responsabilidade de indenização das vítimas de poluição e outros danos ambientais. Os Estados devem ainda cooperar de forma expedita e determinada para o desenvolvimento de normas de direito internacional ambiental relativas à responsabilidade e indenização por efeitos adversos de danos ambientais causados, em áreas fora de sua jurisdição, por atividades dentro de sua jurisdição ou sob seu controle.

PRINCÍPIO Nº 14 – Os Estados devem cooperar de modo efetivo para desestimular ou prevenir a realocação ou transferência para outros

Educação ambiental na formação do administrador

Estados de quaisquer atividades ou substâncias que causem degradação ambiental grave ou que sejam prejudiciais à saúde humana.

PRINCÍPIO Nº 15 – De modo a proteger o meio ambiente, o princípio da precaução deve ser amplamente observado pelos Estados, de acordo com suas capacidades. Quando houver ameaça de danos sérios ou irreversíveis, a ausência de absoluta certeza científica não deve ser utilizada como razão para postergar medidas eficazes e economicamente viáveis para prevenir a degradação ambiental.

PRINCÍPIO Nº 16 – Tendo em vista que o poluidor deve, em princípio, arcar com o custo decorrente da poluição, as autoridades nacionais devem procurar promover a internalização dos custos ambientais e o uso de instrumentos econômicos, levando na devida conta o interesse público, sem distorcer o comércio e os investimentos internacionais.

PRINCÍPIO Nº 17 – A avaliação do impacto ambiental, como instrumento nacional, deve ser empreendida para atividades planejadas que possam vir a ter impacto negativo considerável sobre o meio ambiente, e que dependam de uma decisão de autoridade nacional competente.

PRINCÍPIO Nº 18 – Os Estados devem notificar imediatamente outros Estados, de quaisquer desastres naturais ou outras emergências que possam gerar efeitos nocivos súbitos sobre o meio ambiente destes últimos. Todos os esforços devem ser empreendidos pela comunidade internacional para auxiliar os Estados afetados.

PRINCÍPIO Nº 19 – Os Estados devem prover, oportunamente, a Estados que possam ser afetados, notificação prévia e informações relevantes sobre atividades potencialmente causadoras de considerável impacto transfronteiriço negativo sobre o meio ambiente, e devem consultar-se com estes tão logo quanto possível e de boa-fé.

PRINCÍPIO Nº 20 – As mulheres desempenham papel fundamental na gestão do meio ambiente e no desenvolvimento. Sua participação plena é, portanto, essencial para a promoção do desenvolvimento sustentável.

PRINCÍPIO Nº 21 – A criatividade, os ideais e a coragem dos jovens do mundo devem ser mobilizados para forjar uma parceria global com vistas a alcançar o desenvolvimento sustentável e assegurar um futuro melhor para todos.

Anexo 1

PRINCÍPIO Nº 22 – As populações indígenas e suas comunidades, bem como outras comunidades locais, têm papel fundamental na gestão do meio ambiente e no desenvolvimento, em virtude de seus conhecimentos e práticas tradicionais. Os Estados devem reconhecer a identidade, cultura e interesses dessas populações e comunidades, bem como habilitá-las a participar efetivamente da promoção do desenvolvimento sustentável.

PRINCÍPIO Nº 23 – O meio ambiente e os recursos naturais dos povos submetidos à opressão, dominação e ocupação devem ser protegidos.

PRINCÍPIO Nº 24 – A guerra é, por definição, contrária ao desenvolvimento sustentável. Os Estados devem, por conseguinte, respeitar o direito internacional aplicável à proteção do meio ambiente em tempos de conflito armado, e cooperar para seu desenvolvimento progressivo, quando necessário.

PRINCÍPIO Nº 25 – A paz, o desenvolvimento e a proteção ambiental são interdependentes e indivisíveis.

PRINCÍPIO Nº 26 – Os Estados devem solucionar todas as suas controvérsias ambientais de forma pacífica, utilizando-se dos meios apropriados, em conformidade com a Carta das Nações Unidas.

PRINCÍPIO Nº 27 – Os Estados e os povos devem cooperar de boa-fé e imbuídos de um espírito de parceria para a realização dos princípios consubstanciados nesta Declaração e para o desenvolvimento progressivo do direito internacional no campo do desenvolvimento sustentável.

Fonte: Documento aprovado na Conferência das Nações Unidas para o Meio e Ambiente e Desenvolvimento, realizada no Rio de Janeiro em 1992. (Tradução elaborada pelo Ministério das Relações Exteriores). Disponível em <http://www.interlegis.gov.br>. Veja também em <http://www.unep.org>.

Anexo 2

Declaração de Tessalônica

1. Nós, participantes de organizações governamentais, inter-governamentais, e não governamentais (ONGs) e a sociedade civil de mais de 83 países presentes na Conferência Internacional em Ambiente e Sociedade: Educação e Conscientização Pública para a Sustentabilidade, organizada em Tessalônica pela Unesco e o Governo da Grécia, de 8 a 12 de dezembro, unanimemente adotamos a seguinte declaração.

Nós reconhecemos que:

2. As recomendações e planos de ação da Conferência de Belgrado em Educação Ambiental (1975), a Conferência Intergovernamental de Tbilisi sobre Educação Ambiental (1977), a Conferência de Moscou sobre Educação Ambiental e Treinamento (1987) e o Congresso Mundial de Toronto sobre Educação e Comunicação em Ambiente e Desenvolvimento (1992), são válidos e ainda não totalmente explorados.

3. Os progressos dos últimos cinco anos têm sido insuficientes após a Cúpula da Terra, no Rio, como já reconhecido pela comunidade internacional.

4. A Conferência de Tessalônica promoveu numerosos encontros regionais, internacionais e nacionais em 1997, na Índia, Tailândia, Canadá, México, Cuba, Brasil e Grécia, assim como na região do Mediterrâneo.

5. A visão da educação e conscientização pública foi adicionalmente desenvolvida e enriquecida por conferências de cúpula das Nações Unidas: Meio Ambiente e Desenvolvimento (Rio, 1992), Direitos Humanos (Viena, 1993), População e Desenvolvimento (Cairo, 1994), Desenvolvimento Social (Copenhague, 1995), Mulheres (Beijing, 1995) e Assentamentos Humanos (Istambul, 1996), assim como a décima

Educação ambiental na formação do administrador

nona sessão da Assembleia-Geral das Nações Unidas (1997). Os planos de ação dessas conferências, assim como o programa de trabalho da Comissão sobre o Desenvolvimento Sustentável das Nações Unidas adotada em 1996, estão para ser implementados por governos e sociedade civil (incluindo organizações não governamentais, juventude, empresas e comunidade educacional), além do sistema das Nações Unidas e outras organizações internacionais.

Nós reafirmamos que:

6. A fim de atingir a sustentabilidade, é necessária uma enorme coordenação e integração de esforços em diversos setores cruciais e uma mudança rápida e radical em comportamentos e estilos de vida, incluindo mudanças no padrão de consumo e produção. Para isso, uma educação apropriada e a conscientização pública devem ser reconhecidas como os pilares da sustentabilidade, juntamente com a legislação, a economia e a tecnologia.

7. A pobreza torna a educação e outros serviços sociais mais difíceis e acarreta no crescimento populacional e degradação ambiental. A redução da pobreza é então uma meta essencial e condição indispensável para a sustentabilidade.

8. Um processo de aprendizado coletivo, parcerias, participação igualitária e diálogo contínuo são necessários entre governos, autoridades locais, instituições de ensino, empresas, consumidores, ONGs, mídia e outros atores, a fim de se obter conscientização, busca de alternativas e mudanças comportamentais e estilos de vida, incluindo padrões de consumo e produção com vistas à sustentabilidade.

9. A educação é um meio indispensável para fornecer a todas as mulheres e homens no mundo a capacidade de conduzirem suas próprias vidas, exercitar suas escolhas pessoais e responsabilidades, e aprender ao longo de uma vida sem fronteiras, sejam políticas, geográficas, culturais, religiosas, linguísticas ou de gênero.

10. A reorientação da educação como um todo em direção à sustentabilidade envolve todos os níveis de educação, formal, não formal e informal, em todos os países. O conceito de sustentabilidade compreende não somente o ambiente, mas também a pobreza, a população, a saúde, a segurança alimentar, a democracia, os direitos

Anexo 2

humanos e a paz. A sustentabilidade é, em uma análise final, um imperativo moral e ético no qual a diversidade cultural e o conhecimento tradicional precisam ser respeitados.

11. A educação ambiental, como desenvolvida no quadro das recomendações de Tbilisi, e como evoluiu desde então, dirigindo-se para itens globais incluídos na Agenda 21 e nas Conferências das Nações Unidas, também tem sido voltada à educação para a sustentabilidade. Isso permite que esta possa também ser referida como uma educação para o meio ambiente e a sustentabilidade.

12. Todas as áreas relacionadas, incluindo as ciências humanas e sociais, precisam dirigir seus interesses para o meio ambiente e o desenvolvimento sustentável. Voltar-se para a sustentabilidade requer uma abordagem holística, interdisciplinar, que opere junto às diferentes disciplinas e instituições, mas ao mesmo tempo, que conserve suas identidades próprias.

13. Enquanto o conteúdo básico e o quadro de ação para o meio ambiente e a sustentabilidade têm amplo lugar, a tradução desses parâmetros na ação para educação precisa ter um lugar em um contexto local, regional ou nacional particular. A reorientação da educação como um todo, como consta no Capítulo 36 da Agenda 21, deve envolver não somente a comunidade educacional, mas também o governo, as instituições de financiamento e todos os outros atores.

Nós recomendamos que:

14. Governos e líderes em todo o mundo honrem os compromissos já realizados durante a série das conferências das Nações Unidas e ofereçam à educação as condições necessárias para cumprir seu papel na construção do futuro sustentável.

15. Planos de ação para educação formal em meio ambiente e sustentabilidade com metas concretas e estratégias para educação não formal e informal sejam elaborados em nível local e nacional. A educação deve ser parte integral das iniciativas locais da Agenda 21.

16. Conselhos nacionais para o desenvolvimento sustentável e outras instituições relevantes ofereçam à educação, conscientização pública e treinamento, um papel central para ação, incluindo uma melhor coordenação entre os ministérios nacionais relevantes e outras entidades.

Educação ambiental na formação do administrador

17. Governos e instituições financeiras internacionais, regionais e nacionais assim como o setor produtivo, sejam encorajados para mobilizar recursos adicionais e incrementar investimentos em educação e conscientização pública. O estabelecimento de fundos especiais para educação para o desenvolvimento sustentável deve ser considerado como um caminho específico para aumentar o apoio e a viabilidade do processo.

18. Todos os atores reinvistam seu trabalho no processo de ampliação da educação ambiental, informação, conscientização pública e programas de treinamento.

19. A comunidade científica desempenhe um papel ativo para assegurar que o conteúdo da educação e os programas de conscientização pública sejam baseados em informação atualizada.

20. A mídia seja sensibilizada e convidada a mobilizar o seu *know--how* e canais de distribuição para difundir mensagens-chave, auxiliando na tradução das questões complexas para um melhor entendimento do público. O amplo potencial dos novos sistemas de informação deve ser dirigido apropriadamente.

21. As escolas sejam encorajadas e auxiliadas a ajustar seus currículos para as necessidades do futuro sustentável.

22. Organizações não governamentais recebam adequado suporte institucional e financeiro, a fim de mobilizar a população em questões ambientais e de sustentabilidade, nas comunidades e nos âmbitos nacional, regional e internacional.

23. Todos os atores — governos, grupos de decisão, comunidade educacional, sistema das Nações Unidas e outras organizações internacionais, as instituições internacionais de financiamento, *inter alia* — contribuam para a implementação do Capítulo 36 da Agenda 21, e particularmente com o programa de trabalho em educação, conscientização pública e treinamento da Comissão sobre o Desenvolvimento Sustentável das Nações Unidas.

24. Ênfase especial deve ser dada ao fortalecimento e à eventual reorientação de programas de capacitação de professores e identificação e intercâmbio de práticas inovadoras. Deve ser dado apoio à pesquisa em metodologias de ensino interdisciplinares e à avaliação de impacto dos programas educacionais relevantes.

Anexo 2

25. O sistema das Nações Unidas, incluindo Unesco e UNEP, em cooperação com ONGs internacionais, grupos de decisão e outros atores, continuem a dar prioridade à educação, conscientização pública e treinamento para sustentabilidade, em particular no nível nacional e local.

26. O Prêmio Internacional Tessalônica, sob os auspícios da Unesco, seja estabelecido para premiar, sempre a cada dois anos, projetos educacionais exemplares para o meio ambiente e a sustentabilidade.

27. Uma conferência seja realizada em 2007, após dez anos, a fim de abordar a implementação e os progressos dos processos educacionais sugeridos.

Nós agradecemos

28. Ao Governo da Grécia por ter se unido à Unesco na organização da Conferência Internacional em Tessalônica.

Nós solicitamos

29. Ao Governo da Grécia que transmita os resultados dessa Conferência à Comissão sobre o Desenvolvimento Sustentável na sua Sexta Sessão em abril de 1998.

Anexo 3

Tratado de educação ambiental para sociedades sustentáveis e responsabilidade global

Este Tratado, assim como a educação, é um processo dinâmico em permanente construção. Deve, portanto, propiciar a reflexão, o debate e a sua própria modificação.

Nós, signatários, pessoas de todas as partes do mundo, comprometidos com a proteção da vida na Terra, reconhecemos o papel central da educação na formação de valores e na ação social. Comprometemo-nos com o processo educativo transformador através de envolvimento pessoal, de nossas comunidades e nações para criar sociedades sustentáveis e equitativas. Assim, tentamos trazer novas esperanças e vida para nosso pequeno, tumultuado, mas ainda assim belo planeta.

INTRODUÇÃO

Consideramos que a educação ambiental para uma sustentabilidade equitativa é um processo de aprendizagem permanente, baseado no respeito a todas as formas de vida. Tal educação afirma valores e ações que contribuem para a transformação humana e social e para a preservação ecológica. Ela estimula a formação de sociedades socialmente justas e ecologicamente equilibradas, que conservam entre si relação de interdependência e diversidade. Isto requer responsabilidade individual e coletiva em nível local, nacional e planetário.

Consideramos que a preparação para as mudanças necessárias depende da compreensão coletiva da natureza sistêmica das crises que

Educação ambiental na formação do administrador

ameaçam o futuro do planeta. As causas primárias de problemas como o aumento da pobreza, da degradação humana e ambiental e da violência podem ser identificadas no modelo de civilização dominante, que se baseia em superprodução e superconsumo para uns e em subconsumo e falta de condições para produzir por parte da grande maioria.

Consideramos que são inerentes à crise a erosão dos valores básicos e a alienação e a não participação da quase totalidade dos indivíduos na construção de seu futuro. É fundamental que as comunidades planejem e implementem suas próprias alternativas às políticas vigentes. Dentre essas alternativas está a necessidade de abolição dos programas de desenvolvimento, ajustes e reformas econômicas que mantêm o atual modelo de crescimento, com seus terríveis efeitos sobre o ambiente e a diversidade de espécies, incluindo a humana.

Consideramos que a educação ambiental deve gerar, com urgência, mudanças na qualidade de vida e maior consciência de conduta pessoal, assim como harmonia entre os seres humanos e destes com outras formas de vida.

Princípios da Educação para Sociedades Sustentáveis e Responsabilidade Global

1. A educação é um direito de todos; somos todos aprendizes e educadores.
2. A educação ambiental deve ter como base o pensamento crítico e inovador, em qualquer tempo ou lugar, em seus modos formal, não formal e informal, promovendo a transformação e a construção da sociedade.
3. A educação ambiental é individual e coletiva. Tem o propósito de formar cidadãos com consciência local e planetária, que respeitem a autodeterminação dos povos e a soberania das nações.
4. A educação ambiental não é neutra, mas ideológica. É um ato político.
5. A educação ambiental deve envolver uma perspectiva holística, enfocando a relação entre o ser humano, a natureza e o universo de forma interdisciplinar.

Anexo 3

6. A educação ambiental deve estimular a solidariedade, a igualdade e o respeito aos direitos humanos, valendo-se de estratégias democráticas e da interação entre as culturas.

7. A educação ambiental deve tratar as questões globais críticas, suas causas e inter-relações em uma perspectiva sistêmica, em seu contexto social e histórico. Aspectos primordiais relacionados ao desenvolvimento e ao meio ambiente, tais como população, saúde, paz, direitos humanos, democracia, fome, degradação da flora e fauna, devem ser abordados dessa maneira.

8. A educação ambiental deve facilitar a cooperação mútua e equitativa nos processos de decisão, em todos os níveis e etapas.

9. A educação ambiental deve recuperar, reconhecer, respeitar, refletir e utilizar a história indígena e culturas locais, assim como promover a diversidade cultural, linguística e ecológica. Isto implica uma visão da história dos povos nativos para modificar os enfoques etnocêntricos, além de estimular a educação bilíngue.

10. A educação ambiental deve estimular e potencializar o poder das diversas populações, promovendo oportunidades para as mudanças democráticas de base que estimulem os setores populares da sociedade. Isto implica que as comunidades devem retomar a condução de seus próprios destinos.

11. A educação ambiental valoriza as diferentes formas de conhecimento. Este é diversificado, acumulado e produzido socialmente, não devendo ser patenteado ou monopolizado.

12. A educação ambiental deve ser planejada para capacitar as pessoas a trabalharem conflitos de maneira justa e humana.

13. A educação ambiental deve promover a cooperação e o diálogo entre indivíduos e instituições, com a finalidade de criar novos modos de vida, baseados em atender às necessidades básicas de todos, sem distinções étnicas, físicas, de gênero, idade, religião ou classe.

14. A educação ambiental requer a democratização dos meios de comunicação de massa e seu comprometimento com os interesses de todos os setores da sociedade. A comunicação é um direito inalienável e os meios de comunicação de massa

Educação ambiental na formação do administrador

devem ser transformados em um canal privilegiado de educação, não somente disseminando informações em bases igualitárias, mas também promovendo intercâmbio de experiências, métodos e valores.

15. A educação ambiental deve integrar conhecimentos, aptidões, valores, atitudes e ações. Deve converter cada oportunidade em experiências educativas de sociedades sustentáveis.

16. A educação ambiental deve ajudar a desenvolver uma consciência ética sobre todas as formas de vida com as quais compartilhamos este planeta, respeitar seus ciclos vitais e impor limites à exploração dessas formas de vida pelos seres humanos.

Plano de Ação

As organizações que assinam este Tratado se propõem a implementar as seguintes diretrizes:

1. Transformar as declarações deste Tratado e dos demais produzidos pela Conferência da Sociedade Civil durante o processo da Rio-92 em documentos a serem utilizados na rede formal de ensino e em programas educativos dos movimentos sociais e suas organizações.

2. Trabalhar a dimensão da educação ambiental para sociedades sustentáveis em conjunto com os grupos que elaboram os demais tratados aprovados durante a Rio-92.

3. Realizar estudos comparativos entre os tratados da sociedade civil e os produzidos pelas Conferências das Nações Unidas para o Meio Ambiente e Desenvolvimento – UNCED; utilizar as conclusões em ações educativas.

4. Trabalhar os princípios deste Tratado a partir das realidades locais, estabelecendo as devidas conexões com a realidade planetária, objetivando a conscientização para a transformação.

5. Incentivar a produção de conhecimentos, políticas, metodologias e práticas de educação ambiental em todos os espaços de educação formal, informal e não formal, para todas as faixas etárias.

Anexo 3

6. Promover e apoiar a capacitação de recursos humanos para preservar, conservar e gerenciar o ambiente, como parte do exercício da cidadania local e planetária.

7. Estimular posturas individuais e coletivas, bem como políticas institucionais que revisem permanentemente a coerência entre o que se diz e o que se faz, os valores de nossas culturas, tradições e história.

8. Fazer circular informações sobre o saber e a memória populares; e sobre iniciativas e tecnologias apropriadas ao uso dos recursos naturais.

9. Promover a corresponsabilidade dos gêneros feminino e masculino sobre a produção, reprodução e manutenção da vida.

10. Estimular e apoiar a criação e o fortalecimento de associações de produtores e consumidores e de redes de comercialização ecologicamente responsáveis.

11. Sensibilizar as populações para que constituam Conselhos populares de Ação Ecológica e Gestão do Ambiente visando investigar, informar, debater e decidir sobre problemas e políticas ambientais.

12. Criar condições educativas, jurídicas, organizacionais e políticas para exigir que os governos destinem parte significativa de seu orçamento à educação e ao meio ambiente.

13. Promover relações de parceria e cooperação entre as ONGs e movimentos sociais e as agências da ONU (Unesco, PNUMA, FAO, entre outras), em nível nacional, regional e internacional, a fim de estabelecer em conjunto as prioridades de ação para a educação e meio ambiente e desenvolvimento.

14. Promover a criação e o fortalecimento de redes nacionais, regionais e mundiais para a realização de ações conjuntas entre organizações do Norte, Sul, Leste e Oeste com perspectiva planetária (exemplos: dívida externa, direitos humanos, paz, aquecimento global, população, produtos contaminados).

15. Garantir que os meios de comunicação se transformem em instrumentos educacionais para preservação e conservação de recursos naturais, apresentando a pluralidade de versões com

Educação ambiental na formação do administrador

fidedignidade e contextualizando as informações. Estimular transmissões de programas gerados por comunidades locais.

16. Promover a compreensão das causas dos hábitos consumistas e agir para transformação dos sistemas que os sustentam, assim como para a transformação de nossas próprias práticas.

17. Buscar alternativas de produção autogestionária apropriadas econômica e ecologicamente, que contribuam para uma melhoria da qualidade de vida.

18. Atuar para erradicar o racismo, o sexismo e outros preconceitos; e contribuir para um processo de reconhecimento da diversidade cultural, dos direitos territoriais e da autodeterminação dos povos.

19. Mobilizar instituições formais e não formais de educação superior para o apoio ao ensino, pesquisa e extensão em educação ambiental e a criação em cada universidade, de centros interdisciplinares para o meio ambiente.

20. Fortalecer a organização de movimentos sociais como espaços privilegiados para o exercício da cidadania e melhoria da qualidade de vida e do ambiente.

21. Assegurar que os grupos de ecologistas popularizem suas atividades e que as comunidades incorporem em seu cotidiano a questão ecológica.

22. Estabelecer critérios para a aprovação de projetos de educação para sociedades sustentáveis, discutindo prioridades sociais junto às agências financiadoras.

SISTEMAS DE COORDENAÇÃO, MONITORAMENTO E AVALIAÇÃO

Todos os que assinam este Tratado concordam em:

1. Difundir e promover em todos os países o Tratado de Educação Ambiental para Sociedades Sustentáveis e Responsabilidade Global, por meio de campanhas individuais e coletivas promovidas por ONGs, movimentos sociais e outros.

Anexo 3

2. Estimular e criar organizações, grupos de ONGs e movimentos sociais para implantar, implementar, acompanhar e avaliar os elementos deste Tratado.

3. Produzir materiais de divulgação deste Tratado e de seus desdobramentos em ações educativas, sob a forma de textos, cartilhas, cursos, pesquisas, eventos culturais, programas na mídia, feiras de criatividade popular, correio eletrônico e outros.

4. Estabelecer um grupo de coordenação internacional para dar continuidade às propostas deste Tratado.

5. Estimular, criar e desenvolver redes de educadores ambientais.

6. Garantir a realização, nos próximos três anos, do 1º Encontro Planetário de Educação Ambiental para Sociedades Sustentáveis.

7. Coordenar ações de apoio aos movimentos sociais em defesa da melhoria da qualidade de vida, exercendo assim uma efetiva solidariedade internacional.

8. Estimular articulações de ONGs e movimentos sociais para rever suas estratégias e seus programas relativos ao meio ambiente e educação.

GRUPOS A SEREM ENVOLVIDOS

Este Tratado é dirigido para:

1. Organizações dos movimentos sociais – ecologistas, mulheres, jovens, grupos étnicos, artistas, agricultores, sindicalistas, associações de bairro e outros.

2. ONGs comprometidas com os movimentos sociais de caráter popular.

3. Profissionais de educação interessados em implantar e implementar programas voltados à questão ambiental tanto nas redes formais de ensino como em outros espaços educacionais.

4. Responsáveis pelos meios de comunicação capazes de aceitar o desafio de um trabalho transparente e democrático, iniciando uma nova política de comunicação de massas.

Educação ambiental na formação do administrador

5. Cientistas e instituições científicas com postura ética e sensíveis ao trabalho conjunto com as organizações dos movimentos sociais.
6. Grupos religiosos interessados em atuar junto às organizações dos movimentos sociais.
7. Governos locais e nacionais capazes de atuar em sintonia/parceria com as propostas deste Tratado.
8. Empresários comprometidos em atuar dentro de uma lógica de recuperação e conservação do meio ambiente e de melhoria da qualidade de vida humana.
9. Comunidades alternativas que experimentam novos estilos de vida condizentes com os princípios e propostas deste Tratado.

Recursos

Todas as organizações que assinam o presente Tratado se comprometem a:
1. Reservar uma parte significativa de seus recursos para o desenvolvimento de programas educativos relacionados com a melhora do ambiente de vida.
2. Reivindicar dos governos que destinem um percentual significativo do Produto Nacional Bruto para a implantação de programas de educação ambiental em todos os setores da administração pública, com a participação direta de ONGs e movimentos sociais.
3. Propor políticas econômicas que estimulem empresas a desenvolverem e aplicarem tecnologias apropriadas e a criarem programas de educação ambiental para o treinamento de pessoal e para a comunidade em geral.
4. Incentivar as agências financiadoras a alocarem recursos significativos a projetos dedicados à educação ambiental; além de garantir sua presença em outros projetos a serem aprovados, sempre que possível.

Anexo 3

5. Contribuir para a formação de um sistema bancário planetário das ONGs e movimentos sociais, cooperativo e descentralizado, que se proponha a destinar uma parte de seus recursos para programas de educação e seja ao mesmo tempo um exercício educativo de utilização de recursos financeiros.

Anexo 4

Pegada ecológica: exemplos de cálculos

EXEMPLO 1:

Pergunta: quanta área de floresta será necessária para produzir a quantidade de papel consumida por um canadense médio por ano?

Dados: Cada canadense consome por ano cerca de 244 kg de papel. Considerando a adição de papel reciclado ao processo de produção de papel, para cada tonelada métrica de papel produzida no Canadá é necessário 1,8 m³ de madeira. Para a análise da pegada ecológica, estima-se uma produtividade média de 2,3 m³/ha/ano para a madeira usada no processo produtivo.

Resultado: o canadense médio requer

$$\frac{244kg/cap\ ano \times 1,8m^3/t}{1.000kg/t \times 2,3m^3\ ha/ano} = 0,19 ha/cap \text{ de floresta em produção contínua de papel.}$$

EXEMPLO 2:

Pergunta: qual a pegada ecológica dos Países Baixos considerando apenas quatro importantes categorias do consumo doméstico: terrenos construídos, alimentos, produtos florestais e energia fóssil.

Dados básicos: população do país em 1991 = 15.000.000 habitantes; área = 33.920 km²; terrenos construídos = 538.000 hectares; consumo energético comercial em 1991 = 2.197 PJ (petaJaules), menos 36 PJ de fontes não fósseis (a maioria, energia nuclear). Portanto, o consumo doméstico de combustíveis fósseis é 210 GJ per capita/ano (3.197 – 36/15.000.000 = 210 GJ/cap/ano).

Cálculos:

Florestas: considerando um consumo de 1,1 m³/cap/ano e uma produtividade florestal de 2,3 m³/ha/ano, este consumo corresponde a

$$\frac{(1,1m^3/cap/ano)}{2,3m^3/ha/ano} = 0,47 ha/cap \text{ de área florestal.}$$

Combustíveis fósseis: 210 GJ/cap/ano corresponde a

$$\frac{210GJ/cap/ano}{100GJ/ha/ano} = 2,10 ha/ano$$

Resultados:

Alimentos: terras agrícolas	0,45 ha/cap;
Pastagens	0,26 ha/cap;
Bosques: 1,1 m³/cap/ano corresponde a	0,47 ha/cap;
Combustíveis fósseis	2,10 ha/cap;
Terra degradada (caminhos e assentamentos) = $\frac{538.000ha}{15.000.000}$ =	0,04 ha/cap;
Total (pegada ecológica individual)	**3,32 ha/cap.**

Pegada ecológica agregada = $15.000.000 hab. \times 3,32\ ha/cap \times 0,001\ ha/km^2$ = 498.000 km².

Como os Países Baixos têm uma área total de 33.920 km², a sua pegada ecológica é 14,7 vezes o tamanho do seu território (498.000 km^2 / 33.920 km^2 = 14,7).

Fonte: WACKERNAGEL, Mathis; REES, Willian. Our ecological footprint: reducing human impact on the Earth. Gabriola Island: New Society Publisher, 1995. p. 81 e 95.

Anexo 5

Declaración
de Talloires

DECLARACIÓN DE LIDERES DE UNIVERSIDADES PARA UN FUTURO SOSTENIBLE

Nosotros, los rectores, vicerrectores, y vicecancilleres de las universidades de todo el mundo, estamos conscientes del rápido e impredecible crecimiento de la contaminación, de la degradación del medio ambiente y del agotamiento de los recursos naturales. De hecho, la contaminación del agua y del aire local, regional y global, la destrucción y la disminución de bosques, suelos y agua, la reducción de la capa de ozono y la emisión de gases contaminantes peligran en contra la supervivencia de los seres humanos y especies vivientes, la integridad de la tierra y su biodiversidad, la seguridad de las naciones y en contra de la herencia que permanecerá para las futuras generaciones. Estos cambios en el medio ambiente son causados por una producción desequilibrada e insostenible y por patrones de consumo que agravan los niveles de pobreza en muchas regiones del mundo.

Creemos así, que se requieren urgentes acciones para combatir y revertir la tendencia de los problemas anteriormente mencionados.

De esta forma, la estabilización de la población humana, la adopción de tecnologías agrícolas e industriales ambientalmente sanas, la reforestación y la restauración ecológica, son elementos esenciales en la creación de un futuro equilibrado y sostenible para que la humanidad esté en armonía con la naturaleza. Las universidades tienen un papel importante en la educación, investigación, formación de políticas y en el intercambio de informaciones necesarias para alcanzar estos objetivos.

Las universidades deben proporcionar así, el liderazgo y el apoyo para movilizar los recursos internos y externos, de modo que sus

Educação ambiental na formação do administrador

instituciones respondan a este urgente desafío. Nosotros, por lo tanto, hemos acordado en ejercer las siguientes acciones:

1. Aprovechar cada oportunidad para despertar la conciencia del gobierno, las industrias, las fundaciones y las universidades en expresar públicamente la necesidad de encaminarnos hacia un futuro ambientalmente sostenible.

2. Incentivar a la universidad para que se comprometa con la educación, investigación, formación de políticas e intercambios de informaciones de temas relacionados con población, medio ambiente y desarrollo y así alcanzar un futuro sostenible.

3. Establecer programas que formen expertos en gestión ambiental, desarrollo sostenible, demografía y temas afines para asegurar así que los egresados universitarios tengan una capacitación ambiental y sean ciudadanos responsables.

4. Crear programas que desarrollen la capacidad de la universidad en enseñar el tema del medio ambiente a estudiantes de pregrado, postgrado e institutos profesionales.

5. Ser un ejemplo de responsabilidad ambiental estableciendo programas de conservación de los recursos, reciclaje y reducción de desechos dentro de la universidad.

6. Involucrar al gobierno (en todos los niveles), a las fundaciones y a las industrias, en el apoyo a la investigación universitaria, educación, formación de políticas e intercambios de informaciones sobre desarrollo sostenible. Extender también este trabajo a las organizaciones no gubernamentales (ONG) y encontrar así soluciones más integrales a los problemas del medio ambiente.

7. Reunir a los profesionales del medio ambiente para desarrollar programas de investigación, formación de políticas e intercambios de informaciones para alcanzar de esta forma un futuro ambientalmente sostenible.

8. Asociarse con colegios de educación básica y media para capacitar a sus profesores en la enseñanza de problemas relacionados con población, medio ambiente y desarrollo sostenible.

9. Trabajar con la Conferencia de las Naciones Unidas para el Medio Ambiente y el Desarrollo, CNUMAD, El Programa

Anexo 5

de las Naciones Unidas para el Medio Ambiente, PNUMA y otras organizaciones nacionales e internacionales para promover un esfuerzo universitario a nivel mundial que conlleve a un futuro sostenible.

10. Establecer un Comité Directivo y un Secretariado para continuar esta iniciativa y para informarse y apoyarse los unos a los otros en el cumplimiento de esta Declaración.

DECLARAÇÃO DE TALLOIRES

SOBRE OS PAPÉIS CÍVICOS E RESPONSABILIDADE SOCIAL DO ENSINO SUPERIOR

Neste século de mudanças, pode-se perceber com otimismo que o acesso à educação universitária tem aumentado, e que metade dos estudantes matriculados em instituições de ensino superior vive em países de nações em desenvolvimento, e espera-se que o número de estudantes pelo mundo dobre entre 2000 e 2025. O potencial para a participação social por estudantes novos ou não, agora e nos anos que se seguem, é massivo. A extensão a que este potencial pode chegar depende das universidades ao redor do globo, mobilizando estudantes, docentes, funcionários e cidadãos em programas de benefícios mútuos.

The Talloires Network dedica-se a fortalecer o papel cívico e a responsabilidade social de nossas instituições. Empenhamo-nos em promover valores humanos comuns e universais. Persuadimos cem milhões de estudantes universitários, e outros muitos milhões de docentes, funcionários, graduados e membros de corpos governamentais ao redor do mundo a se juntarem a nós em iniciativas como esta.

Nós acreditamos que instituições de ensino superior existem para servir e fortalecer a sociedade à qual fazem parte. Pelo conhecimento, valores e do compromisso dos docentes, funcionários e estudantes, nossas instituições criam capital social, preparam estudantes para contribuir positivamente em comunidades locais, nacionais e globais. As universidades têm a responsabilidade de promover entre seu corpo docente, alunos e funcionários o senso de responsabilidade social e um

Educação ambiental na formação do administrador

compromisso com o bem social, o qual, acreditamos, é a base para o sucesso de uma sociedade democrática e justa.

Algumas de nossas universidades e faculdades são mais antigas do que as próprias nações em que estão localizadas; outras são jovens e emergentes; mas todas carregam a obrigação especial de contribuir para o bem público por meio da educação de estudantes, expandindo o acesso à educação, e criando e aplicando de forma eficaz novos conhecimentos. Nossas instituições reconhecem que não existimos isolados da sociedade, nem das comunidades em que estamos inseridos. Ao contrário, carregamos a obrigação única de ouvir, entender e contribuir para a transformação social e o desenvolvimento. O ensino superior deve se estender para o bem da sociedade e abraçar comunidades próximas ou distantes. Com esta ação, promovemos nossa missão de ensinar, pesquisar e prestar serviços.

A universidade deve usar o processo de educação e pesquisa para responder, servir e fortalecer suas comunidades para a cidadania local e global. A universidade tem a responsabilidade de participar efetivamente do processo democrático e dar voz aos menos privilegiados. Nossas instituições devem lutar para construir uma cultura de reflexão e ação por meio de docentes, funcionários e alunos que estará presente em qualquer aprendizado e pesquisa.

Portanto, nossos esforços estão voltados para:

* Expandir o engajamento cívico e programas de responsabilidade social de uma forma ética pelo ensino, pesquisa e serviço público.

* Embutir responsabilidade social por meio do exemplo pessoal e de políticas e práticas de nossas instituições de ensino superior.

* Criar estruturas institucionais para o encorajamento, recompensa e reconhecimento da boa prática em serviço social por estudantes, docentes, funcionários e parceiros da comunidade.

* Assegurar que os padrões de excelência, debate crítico, pesquisa escolar e critérios de observação sejam aplicados tão rigorosamente ao engajamento comunitário quanto o são para outras formas de empenho universitário.

* Promover parcerias entre universidades e comunidades para aumentar as oportunidades econômicas, fortalecer indivíduos

Anexo 5

e grupos, aumentar a compreensão mútua e consolidar a relevância, alcance e resposta da educação universitária e pesquisa.

* Levantar a conscientização entre governo, negócios, mídia, caridade, ONGs e organismos internacionais sobre a contribuição do ensino superior para o avanço social e bem-estar. Especificamente, estabelecer parceiros com o governo e fortalecer políticas que suportem os esforços de responsabilidade social e cívica do ensino superior.
* Estabelecer parcerias com escolas primárias e secundárias, e outras instituições de ensino, de maneira que a educação do cidadão ativo se torne parte integral do aprendizado em todos os níveis da sociedade e estágios da vida.
* Documentar e disseminar exemplos de trabalho universitário que beneficie comunidades e a vida de seus membros.
* Suportar e encorajar associações acadêmicas internacionais, regionais e nacionais, em seus esforços de fortalecer o engajamento civil universitário e criar reconhecimento escolar de serviço e ação em ensino e pesquisa.
* Divulgar assuntos de importância civil em nossas comunidades.
* Estabelecer um comitê com propósitos e redes internacionais de instituições de ensino superior para informar e manter todos os esforços para executar esta Declaração.

Nós nos engajamos com o compromisso civil de nossas instituições e para este fim estabelecemos a Talloires Network, como um site aberto para a troca de ideias e interpretações e para dar suporte a ações coletivas.

Convidamos outros a fazer parte desta Declaração e colaborar com nosso trabalho cívico.

Anexo 6

Ciência, Tecnologia
e Sociedade (CTS)

O Movimento denominado Ciência, Tecnologia e Sociedade (CTS) teve a sua origem após um período de euforia do pós-Segunda Guerra Mundial, no qual os desenvolvimentos científico e tecnológico foram vertiginosos comparados com os períodos anteriores. No fim da década de 1960, uma atitude crítica e cautelosa começou a rever as ideias a respeito da ciência e tecnologia (C&T), pois o mundo se deparava com as consequências negativas do progresso, como a degradação ambiental e o uso de conhecimentos científicos e tecnológicos na guerra do Vietnã, como o desenvolvimento de bactérias e desfolhantes. As constantes crises econômicas e sociais nos países desenvolvidos, com repercussões dramáticas nos não desenvolvidos, na época chamados Terceiro Mundo, também indicaram que se deveriam rever os modos de produção da C&T e dar uma dimensão ética e social a eles, eliminando a visão ingênua da neutralidade da C&T.[1] E assim, como forma de questionar conscientemente os avanços da C&T e seu uso, emergiu, na Universidade de Edimburgo em meados da década de 1970, um movimento que tenta estabelecer uma integração mais sólida entre a ciência, a tecnologia e a sociedade, visando a construção de novas teorias acerca das suas implicações e uma formação mais crítica dos futuros profissionais.[2]

Sendo um movimento amplo, ele se tornou muito heterogêneo, pois profissionais de diversos campos do saber (filósofos, historiadores,

---

[1] GARCÍA, M. I. G. et al. *Ciencia, Tecnología y Sociedad*: una introducción al estudio social de la ciencia y la tecnología. Madrid: Tecnos, 2000. p. 327.

[2] SALDAÑA, Juan José. "Epistemologia, história e sociopolítica das ciências". In: GAMA, Ruy (org.). *Ciência e técnica*: antologia de textos históricos. São Paulo: T. A. Queiroz, 1992, p. 17-29.

Educação ambiental na formação do administrador

sociólogos, antropólogos, pedagogos, economistas, físicos, químicos, administradores, engenheiros etc.) passaram a refletir e produzir conhecimentos. Com isso, foram criados conhecimentos de múltiplas facetas, não apenas pelas orientações disciplinares, mas sobretudo pelos interesses adversos. Esses interesses podem ser divididos em duas frentes principais ou duas escolas de CTS, apesar de ser um movimento sem divisões claras. Essas duas escolas da CTS têm em comum a busca por desmistificar a imagem tradicional e ingênua da produção das C&T, indicando a relevância das vertentes social e prática. Também há uma nítida rejeição da visão de ciência como forma autônoma de conhecimento e de tecnologia com ciência aplicada. Por outro lado, a visão do que vem a ser a dimensão social produziu orientações diferenciadas nas duas escolas.[3]

A escola norte-americana de CTS centra sua atenção nas consequências sociais e prioriza a tecnologia, sendo marcada por fortes quesitos éticos e educacionais. A escola europeia caracteriza-se por centrar suas investigações em questões relacionadas à ciência por meio de referências antropológicas, sociológicas e psicológicas. Esta escola apresenta um caráter mais teórico e centrado nos aspectos de desenvolvimento e aceitação das ciências, indicado que diversos fatores, tais como econômicos, políticos e culturais determinam o caminho da produção dos conhecimentos da C&T. Já a norte-americana tem um caráter mais prático, recaindo na observação das consequências sociais e na forma de vida e organização social que os produtos da C&T causam, sobretudo as inovações tecnológicas. Assim, ela teve uma importante indicação de que os processos de tomada de decisão nas políticas públicas sobre ciência, tecnologia, desenvolvimento e meio ambiente deveriam ser democratizados, não apenas por meio de debates em vários níveis da sociedade, mas com um forte componente educacional para que as novas gerações crescessem com a dimensão crítica sobre a C&T. Hoje, há uma convergência dessas duas escolas

---

[3] GARCIA DE RÍCART, M. Orientación CTS como posible eje organizador de contenidos del área de ciencias naturales en los primeros ciclos de la escolaridad. Biblioteca Digital da OEI (Organização dos Estados Ibero-americanos para a Educação, a Ciência e a Cultura). Madrid.1999. Disponível em <http://www.campus-oei.org/salactsi/garcia/htm>. Acesso em 20 de março de 2011.

Anexo 6

de CTS, pois a escola norte-americana passou a dar importância às origens sociais da tecnologia, e a europeia passou a considerar a importância dos aspectos práticos e dos instrumentos da tecnologia.

O movimento educacional promovido pelo enfoque CTS procura orientar professores e coordenadores de cursos para que não ensinem apenas os conteúdos científicos e tecnológicos, como é típico das abordagens tradicionais, mas que apresentem os contextos da produção do conhecimento e suas consequências políticas, sociais e ambientais, propiciando assim a formação de profissionais mais críticos e conscientes dos produtos dos seus trabalhos e das suas ações profissionais. O movimento CTS tem muitas contribuições a dar aos cursos de Administração, pois os administradores precisam entender as implicações das suas decisões, sobretudo com respeito aos processos de inovação que incorporam conhecimentos científicos e tecnológicos.

Índice remissivo

A

Administração:
    da produção e operações, 186
    da cadeia de suprimento: ver cadeia de suprimento
    de recursos humanos 109
    de tecnologia de informação (TI), 182
    estratégica, 108
    financeira, 103
    mercadológica: ver Marketing
Agenda 21, 29
Alfabetização ambiental *(ecological literacy)*, 6
Ambientalismo, 117
Antropocentrismo:
    antropocentrismo fraco, 124
    expansionismo moral, 124

B

Banco Mundial, 34
Berço ao túmulo: ver Ciclo de vida do produto
Biodiversidade, 54

C

Cadeia de suprimento, 150
Capacidade de suporte ou de carga, 158
Carta de Belgrado, 22
Ciclo de vida do produto, 13
Ciclos, 155
Ciência, 127

Ciência, Tecnologia e Sociedade, 239
Comissão Mundial sobre Meio Ambiente e Desenvolvimento, 8, 73
Conselho Nacional do Meio Ambiente (CONAMA), 73
Consumerismo, 178
Consumismo, 111
Consumo:
    consumo ético, 172
    consumo responsável, 172
    consumo sustentável, 172
    consumo verde, 172
Contabilidade, 103
Crescimento:
    crescimento exponencial, 159
    populacional, 158
Curso de Graduação em Administração:
    estrutura curricular, 102
    habilitações, 101
    perfil do profissional, 109
Curva Ambiental de Kuznets, 130

D

Darwinismo social, 121
Declaração:
    de Brasília, 84
    de Budapeste, 135
    de Estocolmo, 20
    de Talloires, 233
    de Tbilisi, 25

de Tessalônica, 215
do Rio de Janeiro, 209
Desenvolvimento econômico, 17
Desenvolvimento sustentável, 19
    desenvolvimento durável, 47
    desenvolvimento
        ecologicamente sustentável,
        161
    desenvolvimento socialmente
        sustentável, 152
    dimensões da sustentabilidade,
        190
Direitos Humanos, 144
    direitos humanos econômicos,
        sociais e culturais, 143
Disciplina:
    disciplina transversal, 147
    interdisciplinaridade, 148
    multidisciplinaridade, 147
    transdisciplinaridade, 148

E
Ecocentrismo, 118
Ecologia, 1
Ecologismo, 117
Economia, 43
Educação:
    formal, 23
    não formal, 23
Educação Ambiental, 65
    correntes de Educação
        Ambiental, 65
    iniciativas voluntárias, 66
    objetivos, 23
Educação para o Desenvolvimento
    Sustentável, 38

Decênio das Nações
    Unidas da Educação
    para o Desenvolvimento
    Sustentável, 37
Encontro Nacional de Gestão
    Empresarial e Meio Ambiente
    (ENGEMA), 167
Encontro Nacional de Pós-
    Graduação em Administração
    (ENANPAD), 182
Equidade:
    geracional, 144
    interespécie, 54
Estratégia empresarial, 45
Ética:
    da Responsabilidade, 139
    da Terra, 138
    contrato natural, 140
    valores para uma nova ética, 144

G
Gestão Ambiental, 167
    áreas temáticas, 168
    curso de gestão ambiental, 186
    disciplina específica, 183
    Sistema de Gestão Ambiental,
        168

H
Holismo, 119

I
Incerteza:
    princípio da precaução, 54
Inovação, 128
IUCN, 4

Índice Remissivo

L
Lei de Diretrizes e Bases (LDB), 74
Logística, 150

M
Marketing:
  marketing 3.0, 178
  marketing social, 178
Meio ambiente:
  conceito de, 113
  construído, 114
  natural, 114
Ministério:
  da Educação, 82
  do Meio Ambiente, 82

N
Necessidades Básicas, 29
Neoluddita, 133
Nosso Futuro Comum, 21

O
Organização dos Estados Ibero-
  -Americanos para a Educação,
  Ciência e Cultura (OEI), 70
Órgão Gestor da Política Nacional
  de Educação Ambiental, 165

P
Pegada ecológica, 54
Política Nacional de Educação
  Ambiental, 75
Política Nacional do Meio Ambiente,
  72
Parâmetros Curriculares Nacionais,
  80

Programa das Nações Unidas para o
  Meio Ambiente, 4
Programa Homem e Biosfera, 19
Programa Internacional de
  Educação Ambiental, 22
Programa Nacional do Meio
  Ambiente:
  PRONEA, 84
  ProNEA, 88

Q
Qualidade:
  Administração da Qualidade
    Total (TQM), 175
  Administração da Qualidade
    Ambiental Total (TQEM),
    175
  Prêmio Nacional da Qualidade
    (PNQ), 175
  Sistema de Gestão da
    Qualidade, 174

R
Relatório Brundtland: ver Nosso
  Futuro Comum
Responsabilidade Social, 137
  norma de gestão de
    responsabilidade social, 173

S
Sacralização, 162
6 Rs, 12
Sistema Brasileiro de Informação em
  Educação Ambiental, 87
Sistemas complexos, 156

Sistema de Saúde e Segurança do
  Trabalho, 92
Sociedade sustentável, 51
Sustentabilidade: ver
  desenvolvimento sustentável

T
Tratado de Educação Ambiental
  para Sociedades Sustentáveis e
  Responsabilidade Global, 55

U
Unesco, 19

Este livro foi impresso na
LIS GRÁFICA E EDITORA LTDA.
Rua Felício Antônio Alves, 370 – Bonsucesso
CEP 07175-450 – Guarulhos – SP
Fone: (11) 3382-0777 – Fax: (11) 3382-0778
lisgrafica@lisgrafica.com.br – www.lisgrafica.com.br